KB134118

사이버 윤리

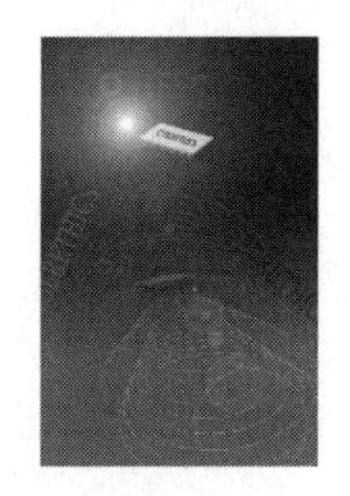

사이버 윤리

— 사이버 공간에 있어서 법과 도덕 —

리차드 스피넬로(Richard Spinello) 지음

이태건 · 노병철 옮김

인간사랑

CyberEthics : Morality and Law in Cyberspace by
Richard Spinello

Original English Language Edition Published by
Jones and Bartlett Publishers, Inc.
40 Tall Pine Drive
Sudbury, MA 01776

차 례

역자 서문

I

한국정보문화센터에 의하면 2000년도 우리나라의 PC보급률은 66%로 3가구 당 2가구가 PC를 확보하고 있는 것으로 집계되어 있다. 2001년도에는 90%를 넘어서 거의 모든 가구가 PC를 보유하게 될 것으로 전망되고 있다. 또한 한국인터넷정보센터의 자료에 의하면, 우리나라 인터넷 이용자 수는 최초 조사년도인 1994년에 138,000명에 불과하던 것이 2000년 말에는 19,040,000명에 달함으로써 6년 만에 무려 140 배 가까이 늘어났다.

이러한 인터넷 이용의 폭발적인 확산은 상거래로부터 의료 및 연구・교육에 이르기까지 우리 삶의 거의 모든 분야에 걸쳐 엄청난 영향력을 행사하면서 그 양상에 획기적인 변화를 일으키고 있다.

인터넷은 그 연결 범위가 전세계에 이르는데다가 정보 전달 속도가 아주 빠르기 때문에 우리 삶의 무대를 범세계적으로 확대시켜줌으로써 사람들의 사고 방식이나 생활 양식을 세계화(世界化)시키는 데도 결정적으로 작용하고 있다. 그것은 또한 권위의 철저한 분권화(分權化)를 특징으로 하는 새로운 사회・경제질서를 창출함으로써 우리에게 거의 '무정부상태'(anarchy)에 가까울 만큼의 자유로운 의사소통 마당을 새로이 제공하고 있다.

『웹스터 대학생용 사전』에 의하면 '무정부상태'(anarchy)라는 말은 두 가지 서로 대조되는 뜻을 지니고 있다. 그 하나는 "사회가 협력적이고 자율적인 개인과 집단의 연합체를 통하여 지배되는 이상사회"라는 뜻이요, 다른 하나는 "정치적으로나 사회적으로 무질서와 혼란 및 혼돈의 상태"라는 뜻이다. 이 단어의 이러한 이율배반적 의미구조는 '무정부상태'란 그 안에 몸담고 사는 사람들이 자율적으로 협력하여 좋은 질서를 잘 세워나가면 '이상사회'가 될 수도 있지만, 그렇지 못하면 무질서와 혼란과 혼돈의 상태로 전락해 버릴 수도 있는 것임을 시사한다. 이러한 문맥은 사이버 공간에도 그대로 적용된다. 즉, 사이버 공간 이용자들이 스스로를 잘 규율함으로써 좋은 질서를 세워나가면 그것은 얼마든지 유토피아가 될 수 있지만, 그렇지 못할 경우에는 무질서와 혼란과 혼돈의 상태로 여지없이 전락할 수도 있는 것이다.

최근 우리나라 사이버 공간의 상황은 유토피아 쪽보다는 오히려 무질서와 혼란 쪽으로 더 가까이 접근해 가고 있는 게 아닌가 하는 우려가 높아지고 있다. 경찰청의 최신 통계자료에 의하면, 1998년도에는 사이버 범죄 발생 건수가 394건에 불과하던 것이 2000년도에는 2,444건으로 무려 6.2배나 늘어났다. 그 유형도 다양화되어 통신 이용 판매 사기나 인터넷 게임 사기 등의 인터넷 사기(詐欺), 음란물과 각종 상용(商用) 프로그램 등의 불법 복제물 제작 판매, 음란 사이트나 사이버 도박 등의 불법 사이트 개설 운영, 개인 정보 침해 및 명예훼손 그리고 정보(전자기록 등) 조작 행위 등의 '일반 사이버 범죄'로부터 시작하여 해킹이나 폭탄메일, 또는 바이러스 유포 등의 '사이버 테러'에 이르기까지 천태만상이다. 최근에는 자살 사이트와 폭탄 제조 유도 사이트 등 유해 사이트가 극성을 부리더니 마침내 살인교사(殺人敎唆) 사이트라는 극단의 반사회적 사이트까지 등장함으로써 우리 사회에 심각한 반향을 불러일으키고 있는 판국이다.

정부는 작년 7월 말, 폭발적으로 증가하고 있는 국내 사이버 범죄에 대응하기 위하여 경찰청 산하에 '사이버 경찰청'을 공식 출범시킨 바 있다. 이는 이제 우리나라도 사이버 공간에 있어서의 윤리 문제가 심각하게 검토되어야 할 시점에 이르렀음을 보여주는 전형적인 일이 아닐 수 없다.

이 책은 Richard A. Spinello, *Cyberethics : Morality and Law in Cyberspace* (Sudbury, Massachusetts : Jones and Bartlett Publishers, 2000)를 완역한 것이다. 스피넬로는 분권적이고 그래서 자유로운 사이버 공간이 유토피아가 되기 위해서는 자율적인 자기 규제가 바람직하다는 전제 아래 사이버 공간에서의 도덕과 법에 관하여 진지한 논의를 펼치고 있다.

제1장과 제2장은 서론(방법론과 주제사항에 대한 총론)에 해당된다. 그가 주제사항을 다루는 방법론은 기본적으로 두 가지 특징을 지니고 있다. 그 하나는 규범적 접근과 사실적 접근 사이의 균형을 모색하고 있다는 점이고, 다른 하나는 중앙집권화된 국가 통제 방식과 분권화된 개인 자율 통제 방식의 변증법적 조화를 지향하면서도 국가 통제 쪽보다는 개인 자율 통제 쪽을 선호하는 시민 자유주의자(civil libertarianism)의 입장에 더 가까이 서서 주제사항을 다룬다는 점이다.

그는 레시그(Larry Lessig) 같은 법학자들이나 칸트(Immanuel Kant)나 푸코(Foucault) 같은 철학자들의 저술로부터 이론적 원리를 끌어낸다. 그가 주제사항을 다루는 분석의 틀은 ① 법, ② 규범, ③ 시장의 힘, ④ 암호(기술) 등 인간 행위를 규제하는 네 가지 요인과 ① 게재물 통제와 표현의 자유, ② 지적 재산권, ③ 프라이버시, ④ 안전보장 등 네 가지 주제 영역을 교직(交織)하여 구축된다. 저자는 각각의 영역에서 제기되는 문제점들을 공공윤리의 측면과 공공정책의 측면에서 구체적으로 분석한 다음, 그 문제들을 해결하기 위하여 법·규범·시장의 힘·암호 등 네 가지 요인들이 각각 어떻게 기여할 수 있는가에 대하여 고찰한다.

또한 그는 인터넷도 어떤 형태로든 질서를 필요로 한다는 전제 아래 그 질서가 어떻게 부과되어야 할 것인가 하는 문제를 제기한다. 그는 시장의 힘이나 규범, 암호 또는 법 등을 통하여 인터넷상의 행동을 어떻게 하면 효과적으로 규제할 수 있겠는가에 대한 심사숙고를 제안하는 데 더하여, 사이버 공간에 적합한 하나의 도덕관을 새로이 개발하고 그것을 존속시키는 일의 중요성에 대해서도 강조하고 있다. 그는 중앙집권적으로 강제되는 일련의 규제 방식보다는 기술의 도움을 받아 아래로부터 규제하는 자율적인 규제 방식이 훨씬 더 효과적일 수 있다고 본다. 그렇다고 하여 그가 자율적 규제 방식에 의존하는 데 수반되는 위험성을 간과하고 있는 것은 아니다. 그는 특히 건전한 기술을 가지고 사적(私的) 규제자의 권한을 강화해 줄 때, 불공정한 출판 규제나 무책임한 게재물 통제 권한이 사유화(私有化)되는 것과 같은 지나침이 있을 수도 있다는 사실을 인정한다. 따라서 그는 인터넷이 규율과 공정성으로 지배될 수 있도록 하기 위한 보다 포괄적인 위로부터의 규제의 필요성에 대해서도 진지하게 논의한다.

그는 기본적으로 "비록 기술이 그 자체의 힘을 가지고 있는 것이 사실이기는 하지만, 그렇다고 하여 그것이 정치적·사회적 힘으로부터 독립되어 있는 것은 아니다"라는 기술현실주의(technological realism)의 입장에 서 있다. 그는 기술과 그것의 대격(對格)인 도구적 합리성이 우리로 하여금 어떤 특정한 행동 방식을 선택하고 그것에 따라 행동하도록 압력을 행사한다는 사실을 인정은 하되, 정보 기술의 지배력을 극복하고 자유를 확보하기 위한 선택권이 인간에게 있다는 사실에 유의하면서, 근본적으로 "기술자의 암호가 아니라 도덕적 가치관이 사이버 공간의 규제자가 되어야 한다"고 주장한다.

환경윤리나 직업윤리 등 사회윤리의 개별 분야를 다루고 있는 저서들이 대개 그러하듯이, 이 책도 먼저 몇 가지 기본적인 윤리 이론들을 소개한 다음 거기서 공통분모가 되는 규범 원칙을 추출해내고, 그것을 사이버 공간의 현실에 적용하는 접근법을 취한다. 공리주의, 사회계약 이론, 자연법 이론, 도덕적 의무론(다원주의) 등을 검토한 끝에 ① 자율성의 원칙, ② 행악(行惡) 금지의 원칙, ③ 선행(善行), ④ 정의(正義) 등 네 가지 규범 원칙을 추출·제시하고, 이러한 도덕적 관점에 일치하게 행동할 것을 권하고 있다.

제3장에서 6장까지는 각론에 해당된다. 제3장은 사이버 공간에 있어서 표현의 자유와 게재물 통제의 문제를 다룬다. 먼저 사이버 공간에서의 포르노그라피를 문제로 제기하고, 이에 대한 미국 정부의 공공정책적 대응인 통신예절법(CDA I)과 그 개정판(CDA II)의 내용에 대하여 논의한 다음, 국가 통제를 반대하는 이들이 주장하는 게재물 자동 통제 방식으로서 최근에 인기를 끌고 있는 PICS(인터넷 게재물 선택지침)의 긍정적인 측면과 부정적인 측면에 대하여 상론하고 있다. 그리고 ① 증오적 표현, ② 익명의 표현, ③ 학생들의 웹사이트, ④ 자유로운 상업적 표현으로서의 스팸 등 그 이외의 여러 가지 표현 방식들의 허실(虛實)에 대해서도 구체

적으로 분석하고 있다.

제4장은 사이버 공간에 있어서 지적 재산권 문제를 다룬다. 스피넬로는 먼저 1부에서 재산권의 개념을 정의한 다음, 그것이 왜 사이버 공간에서 문제가 되는가를 설명한다. 그리고 ① 등록상표권, ② 특허권, ③ 저작권 등의 지적 재산에 대한 법적 보호 현황을 점검한 다음 지적 재산권에 대한 도덕적 정당화를 시도하고 있다. 이어서 지적 재산권의 미 정부 당국의 정책적 표현으로서 1995년도 클린턴 행정부의 지적 재산권에 대한 백서와 1998년도의 소니 보노 저작권 기한 연장법(CTEA)에 관하여 소개하고 있다. 2부에서는 ① 디지털 권리의 관리 문제, ② 소프트웨어 소유권의 미래, ③ 도메인 네임(이름)의 소유 문제, ④ 연결(linking)과 창 만들기(framing), ⑤ 메타 태그(meta tag) 그리고 ⑥ 창조적 보존(creative integrity) 등과 같은 인터넷 관련 쟁점들을 다루고 있다.

제5장은 인터넷 프라이버시의 규제 문제를 다룬다. 정보화시대가 기술 혁신을 통하여 프라이버시가 점차 위축되어 가는 개방사회를 만들어 가고 있음에 주목하면서, 저자는 먼저 프라이버시의 개념을 정의하고 관련 이론들을 소개하고 있다. 그리고 ① 인터넷상의 개인 정보, ② 인터넷상의 소비자 프라이버시, ③ 의료 프라이버시, ④ 직장에서의 프라이버시 등의 주제에 대하여 논한다. 그는 "프라이버시 보호가 검열인가?"라고 묻고, 유럽에서의 프라이버시 보호 실태를 개관하는 데 이어 데이터베이스와 이에 대한 검색 기술의 발전 등 프라이버시와 인터넷 기술의 관련성을 분석하고, 나름대로의 해결방안을 모색한다. 스피넬로는 ① 유럽과 같은 법적 규제를 통하여 이루어지는 정부의 규제와, ② 시장의 힘과 규범, 그리고 기술적 장치 등에 의한 다양한 규제 방법을 적절히 활용하는 자율 규제 등 기본적으로 두 가지 해결 방안을 예시

하고, 월드 와이드 웹 컨소시엄(World Wide Web Consortium)과 관련 기술들(예를 들어, P3P)이 프라이버시권과 경제적 효율성 사이의 올바른 균형을 성취할 수 있는 잠재력을 지니게 될 것으로 낙관하고 있다.

제6장은 전자 국경의 보호 문제, 즉 사이버 공간에 있어서 정보의 안전보장 문제를 다룬다. 우선 1988년도에 최초로 발생한 '웜 바이러스' (Internet Worm) 사건을 소개하고, 컴퓨터 바이러스 감염에 대한 논의를 진행한다. 이어서 사이버 공간에서의 무단침입 문제를 다루면서 "무단침입과 웹사이트 사이에 어떤 관계가 있는가?", "스팸은 불법침입에 해당하는가? 등의 '해킹 윤리' 문제를 제기한다. 그리고 공공정책의 관점과 윤리적 관점 등 두 가지 관점에서 인터넷에서의 암호화 문제를 둘러싼 논쟁을 다룬 다음, 끝으로 전자 상거래의 안전 문제를 논하는 것으로 책을 마무리하고 있다.

3

이 책은 세 가지 독특한 면을 가지고 있다.

그 첫번째 가장 두드러지는 특징은, 이 책이 www.jbpub.com/cyberethics라는 웹사이트와 함께 하고 있다는 사실이다. 역자가 실제로 연결해 살펴본 바에 따르면, 이 웹사이트는 저자의 말대로 이 분야에서 새로이 이룩되는 변화와 발전을 반영하기 위하여 끊임없이 새로운 자료들로 수정·보완되고 있었으며, 다른 관련 웹사이트들과의 연결 통로도 갖추고 있었다. 그리고 이 사이트에는 이 책을 강의용 교재로 사용하는 이들을 위하여 개발된 몇 가지

시범 교수요목과 강의계획서가 올려져 있었다. 그리고 강의 담당자나 학생들이 이 책의 저자 스피넬로 교수와 직접 대할 수 있는 통로가 마련되어 있어서 질문이나 논평을 할 수도 있었다. 이 책을 강의용 교재로 사용하는 이들에게는 큰 도움이 될 수 있을 것으로 여겨진다.

두 번째 특징은, 이런 형식의 다른 책들과 마찬가지로 각 장마다 그 끝에 〈토의문제〉가 제시되어 있어서 교수와 수강생들이 이것을 중심으로 마무리 토의를 벌임으로써 강의내용을 재정리하고 요점도 알뜰하게 갈무리할 수 있게 되어 있다는 사실이다.

세 번째 특징은 각론 부분의 각 장 끝에 그 장에서 다루어진 주제사항과 관련된 실제 또는 가상의 구체적인 사례(事例)들을 제시함으로써 추상적 논의에만 그치지 않고 구체적 사실과 연관시켜 주제사항을 되짚어볼 수 있도록 배려하고 있다는 사실이다.

4

이 책을 번역하는 과정에서 역자들은 인터넷 발상지 미국의 사이버 문화 선진국으로서의 위력을 새삼 실감할 수 있었다.

역자들은 물론 우리말에 대한 애정을 바탕으로 하여 가급적이면 많은 용어를 우리말로 바꾸어 보려는 강한 의지를 지니고 있었다. 그러나 도저히 번역할 수 없는 불가피한 용어를 만나 난감해 한 경우가 상당히 잦았다. 이 책이 발간되기에 앞서서 인터넷 문화가 우리나라에 들어와 널리 확산되어 있는 시점에서 번역에 착수하였기 때문에, 인터넷 용어들 가운데 상당수가 이미 원어 그대로 일반화되어 쓰이고 있는 상황이었던 것이다. 그것들을 우리말로 새롭게 옮겨 조어(造語)하는 것이 아무래도 무리라고 판단되는 경우가 적지 않았다. 어느 정도 가능하다고 판단되는 경우에는 우리말로 옮기려고 애를 썼지만, 보편적으로 쓰이고 있는 용어의 경우에는 그냥 그 발음을 우리말로 표기하고 원문을 괄호 속에 밝히는 데 그쳤다. 그리고 비교적 널리 알려져 있는 영문 약호(英文略號)는 그냥 원문으로만 표기하였다. 웹사이트의 이름 같은 불가피한 경우 역시 마찬가지였다. 이러한 의미에서 책의 말미에 나와 있는 〈용어해설〉이 큰 도움이 되리라고 여겨진다.

5

최근 우리나라 청소년 사회에 인터넷 문화가 급속히 확산되면서 야기되고 있는 여러 가지 양상의 사이버 윤리 문제들은 실로 심각한 수준에 이르고 있다. 이러한 저간의 사정은 학부모들을 비롯하여 국민 모두의 깊은 우려를 자아내고 있다. 교육부에서는 이에 대한 대처 방안으로 중·고등학교의 교과과정에 '인터넷 윤리' 과목을 개설하여 가르치도록 조치하였다고 한다.

문제 청소년의 배후에는 으레 문제 부모가 있게 마련이다. 다시 말하여 청소년 문제의 근원에는 거의 모든 경우에 어른의 문제가 도사리고 있다는 말이다. 요즈음 심각한 사회 문제로 제기되고 있는 각종 사이버 윤리 문제 역시 예외는 아닐 것이다. 청소년들의 음란 사이트 문제 배후에는 성인사회의 음란 문화가 그 배경으로 놓여 있고, 청소년들의 인터넷 채팅마당에 넘치고 있는 욕설과 표준말(맞춤법) 와해현상의 배후에는 성인사회의 언어 저속화가 그 바탕으로 깔려 있는 것이다. 그런 의미에서 성인들에 대한 사이버윤리 교육 또한 실로 시급하고 중차대한 국가적 과제가 아닐 수 없다.

PC 보급률과 인터넷 이용자수가 세계적으로 10위 권 이내에 들고 있다는 사실은 분명 기뻐할 일이다. 최근 전국적으로 개통된 인터넷 고속도로는 정보통신 행정의 일대 개가로서 앞으로 우리나라의 사이버문화 발달에 더욱 획기적인 전기를 마련해 줄 것으로 기대된다. 그러나 우리나라가 인터넷 이용자의 음란 사이트 방문 빈도수가 세계 1위라는 해외 관련 기관의 발표는 우리 사이버문화의 그늘진 면으로서 실로 부끄러운 일이 아닐 수 없다. 이 책이 부디 경향 각지의 많은 관심 있는 분들에게 두루 읽혀짐으로써 우리 사회의 건전한 사이버윤리 확립에 작은 기여라도 할 수 있었으면 하는 것이 역자들의 솔직한 바람이다.

바른 번역을 위하여 최선을 다한다고는 하였으나, 행여 오역(誤譯)이나 졸역(拙譯)이 섞여 있지 않을까 하는 염려가 없지 않다. 많은 분들의 거침없는 질정(叱正)과 충고(忠告)가 있기를 바란다.

잠시나마 아빠를 빼앗긴 아이들과 변함없는 이해와 격려로 과부 아닌 과부생활을 묵묵히 참아내 준 아내에게 고마움과 사랑을 전한다. 끝으로 작년 4월 역자들이 이 책의 번역·출판을 처음 제의하였을 때 선뜻 응락하였을 뿐 아니라 저자와의 계약 체결을 위한 수고까지도 마다하지 않으신 인간사랑 여국동 사장님과 이국재 부장님 그리고 보다 훌륭한 책을 만들기 위해 온갖 궂은 일들을 빈틈없이 꼼꼼하게 처리해주신 편집부 관계자 여러분께도 깊은 감사를 드리는 바이다.

2001년 2월

이태건 · 노병철

서 문

책 소개

인터넷의 개발은 지난 세기의 가장 괄목할 만한 기술 현상들 가운데 하나였다. 1980년대 초에 인터넷을 아는 사람은 과학자와 학자 몇 명뿐이었다. 그러나 지금은 1억 이상의 사람들이 정규적으로 인터넷을 이용하고 있으며, 많은 이들이 인터넷이 의료 행위로부터 교육에 이르기까지 만사에 혁명적인 변화를 일으킬 것이라고 전망하고 있다. 인터넷은 단지 하나의 통신망 이상의 의미를 갖는다. 그것은 범세계적인 연결성과 권위의 분권화를 특징으로 하는 새로운 사회경제적 질서의 창출을 돕는 하나의 하부구조이다.

인터넷의 성공은 최근의 전세계에 걸친 웹의 개발 없이는 불가능했을 것이다. 웹은 사용자들을 긴밀하게 연결시켜 줌으로써 활용 가능한 매체의 폭을 문자·영상·음향 등으로 다양하게 넓혀 왔다. 웹은 전자 상거래를 탄생시켰고, 인터넷 통신의 면모를 일신하였다. 새 천 년에 접어들면서 인터넷은 우리의 문화에 지배적인 영향을 끼치기 시작하였고, 일상생활의 다양한 측면에서 커다란 영향력을 행사하고 있다.

웹과 인터넷 경제의 이토록 빠른 발전이 사회적 비용의 지출

없이 거저 이룩된 것은 아니다. 참되고 값진 정보를 출판 · 보급하는 일이 쉬워지면 질수록 그만큼 남을 중상모략하는 문서나 허위문서, 그리고 음란물의 보급 역시 더 용이해질 것이다. 디지털화된 정보를 즉시 복사하여 공유하는 일이 용이해지면 질수록 그만큼 저작권 보호법을 어기는 일 역시 더 용이해질 것이다. 소비자들과의 개별적인 관계 구축이 쉬워지면 쉬워질수록 그만큼 소비자들의 행태를 감시하고 그들 개개인의 프라이버시를 침해하는 일 역시 더 용이해질 것이다. 따라서 인터넷의 엄청난 능력이 사유재산권을 무너뜨리고 전통적 의미에 있어서의 우리의 도덕적 속성을 파괴하는 데 잘못 사용될 가능성은 얼마든지 있다.

이 책의 일차적인 목적은 이 통신망과 정보망의 이용 확산으로 발생하는 사회적 비용과 도덕적 문제들을 주의깊게 검토하고자 하는 것이다. 이 문제들 가운데 더러는 낯익은 것들이다. 하지만 컴퓨터 윤리학이나 공공정책 분야에 관한 한 새로운 문제들이 대부분이다. 예를 들면, 지적 재산권이라는 화두(話頭)에 관하여는 많은 작업이 이루어져 왔으나 도메인 이름의 소유권이나 웹 페이지의 연결 수락 가능성과 같은, 웹사이트를 둘러싸고 제기되는 복잡한 재산권 문제들에는 그 동안 거의 주의를 기울여 오지 못한 것이 사실이다. 이러한 쟁점들을 검토하는 과정에서 우리는 앞으로 닥쳐올 더욱 복잡한 상황의 전형이 될 법적인 분쟁 사례 몇 가지를 가상해 볼 것이다.

인터넷은 또한 법 체계에 대한 하나의 도전이기도 하다. 법 체계는 이 범세계적인 기술 체계에 뒤떨어지지 않기 위하여 그 동안 무척 어려운 시기를 지내 온 바 있다. 얼마 전까지만 해도 인터넷은 미처 구조화되지 못한 전자(電子)의 한 영역에 지나지 않았다. 그것은 마치 규율이나 제약을 거의 받지 않는 서부 개척자

같았다. 그러나 사이버 공간이 우리의 경제적 거래와 사회적 상호작용을 위하여 널리 이용되는 거대한 광장이 되어 있는 이 시점에 이르러 무정부 상태는 어떤 형태로든 질서잡혀야 하고, 반사회적 이용자들을 제약하고 처벌하기 위한 새로운 법이 제정되어야 한다는 주장이 많은 이들에게서 나오고 있다. 하지만 시민적 자유를 주창하는 이들 가운데는 정부의 공격적인 개입에 대해서는 끈덕진 저항을 계속하고 있는 경우가 더러 있다. "우리의 '넷' (net)에서 손을 떼시오!"라는 게 그들이 가장 선호하는 구호이다. 그런데 상업화되어 버린 인터넷에 대하여 그러한 철학이 여전히 지켜질 수 있는 것인가, 아니면 그것은 단지 상업화된 인터넷을 위한 너무나도 낡아빠진 낭만적 구호에 지나지 않는가?

만약 우리가 인터넷도 어떤 형태로든 질서를 필요로 한다는 데 동의한다면, 핵심 문제는 그 질서가 어떻게 부과되어야 하는가, 또는 '인터넷'은 어떻게 다스려져야 하는가이다. 법과 규제가 하나의 해결책이다. 그러나 기술의 도움을 받아 아래로부터의 자율규제 방식에 더 크게 의존하는 해결책도 있다. 왜 기술로 하여금 스스로를 바로잡게 하지 않는다는 말인가? 결국 인터넷에서 제기되는 사회 문제들을 처리하는 데 활용 가능한 인터넷 장치는 있는 것이며, 그것은 아마도 중앙집권적으로 강제되는 일련의 규제들보다 훨씬 더 효과적일 수 있을 것이다. 이 두 가지 접근법은 미래의 사이버 통제에 대한 대표적인 선택안들이다. 이를 테면 국가가 음란물 금지법을 공포하고 이를 강제해야 하는가, 아니면 이용자 개개인이 음란물이 집안에 침투하지 못하도록 막아주는 차단장치에 의존하는 것이 좋은가? 중앙집권화된 국가 통제가 적정한 모델인가, 아니면 분권화된 개인의 자율 통제가 적정한 모델인가?

제2장에서는 인터넷을 통제하기 위하여 분권화된, 아래로부터의 접근법에 보다 크게 의존하는 방식에 대해 논의하고 있다. 이 접근법을 지지하는 사람들은 그것이 인터넷 매체의 '열린 구조'에 가장 적합하다고 주장한다. 그것은 또한 일종의 국제적인 통신망을 통제하는 데 수반되는 행정적 난점들을 극복할 수도 있을 것이다. 사실 어떤 특정 국가가 사이버 공간에서 이용 가능한 정보에 대하여 국내 사법권을 행사하기란 여간 어려운 일이 아닐 것이다. 하지만 구태여 정부의 둔중한 손을 빌리지 않고서도 기술 체계 스스로가 어떤 문제 행동을 제약하는 일은 흔히 볼 수 있지 않은가? 이러한 관점에 입각하여 보면 인터넷을 규제하기 위하여 정부가 개입하는 일은 최대한 신중을 기해야 한다. 인터넷 경제를 위협하는 독점행위 같은, 단순히 기술만으로는 처리될 수 없는 외부 요소나 시장의 결함 같은 것들이 있을 수 있다. 그러한 상황은 정부의 강력한 개입을 정당화하는 구실이 될 수도 있다. 그러나 그 밖의 경우에는 인터넷 투자자들의 자치(自治)가 허용되어야 할 것이다.

다른 한 편, 자율 규제에 의존하는 데에는 위험이 즐비하다. 특히 우리가 건전한 기술을 가지고 규제자의 권한을 강화해 줄 때 더욱 그러하다. 불공정 출판 규제나 무책임한 게재물에 대한 통제권의 사유화(私有化) 같은 위험성이 있을 수 있다. 이러한 지나침은 많은 학자와 분석가들로 하여금 인터넷이 규율과 공정성으로 지배되도록 보장해 줄 보다 포괄적이고 하향적인 규제를 요구하도록 이끌어 온 바 있다. 그들의 견해 또한 제2장에서 제시된다.

따라서 이 책의 두 번째 목적은 독자들로 하여금 인터넷 통제라는 광범위한 문제에 대하여 성찰하도록 자극하는 것이다. 우리가 이 근본적인 문제를 어떻게 해결하는가 하는 것은 인터넷의 폭발적인 성장에 의하여 야기되는 가공할 만한 사회 문제들을 간추리기 위한 하나의 중요한 문맥을 제공해 줄 것이다.

이 두 가지 목표를 달성하기 위하여 우리는 먼저 하버드 법과대학의 레시그(Larry Lessig) 같은 법학자나 칸트(Kant)와 푸코(Foucault) 같은 철학자들의 저술로부터 이론적 원리를 추출해낸다. 다음으로 우리는 게재물 통제와 언론의 자유, 지적 재산권, 프라이버시 및 안보 문제 등 네 가지 영역에 초점을 맞춘다. 이 네 가지 영역 각각에 대하여 우리는 그 동안 제기되어 온 공동윤리 및 공공정책의 문제들에 대하여 살피고, 그 문제들을 해결하기 위하여 기술이 어떻게 이바지할 수 있는가에 대하여 고찰한다.

첫번째 주제는 음란물, 욕설 및 '스팸'(아무 쓸모 없고 성가시기만 한 상업적 이메일—역자 주) 같은 인터넷 통신을 둘러싸고 일어나는 문제들과 관련된다. 우리는 음란물 문제에 관한 공공정책 결정의 역사를 돌이켜 보고, 자동화된 게재물 통제 방법의 적정성에 대하여 다룬다. 이러한 통제 방법은 기술적으로 접근 가능한가? 그리고 과연 그러한 통제 방법이 관련 인터넷 이해 당사자들이 도덕적으로 받아들일 만한 방식으로 이용될 수 있을까?

다음으로 우리는 인터넷의 끈덕진 상업주의와 웹사이트의 급증으로 인하여 야기되는 신종 지적 재산권 문제에 대하여 검토한다. 여기에는 도메인 이름의 소유권, 다른 웹사이트로의 연결(linking)권리, 창 만들기(framing)의 적정성, 그리고 메타 택(meta tags)의 적절한 사용 등이 포함된다. 우리는 또한 저작권 보호를 보장해 주는 전자 승인 시스템에 대해 더욱 의존하려는 경향에 관해서도 논의한다. 이러한 시스템들은 사이버 공간에서의 정당한 이용과 지적 재산권 사이에서 발생하는 긴장을 잘 해소시킬 수 있을까?

아마도 가장 널리 알려져 있고 언론에서 가장 자주 다루어지는 사회 문제는 인터넷이 개개인의 프라이버시를 침해한다는 심상치 않은 위협일 것이다. 인터넷은 우리 개개인의 프라이버시를 침해하고, 소비자로서 그리고 피고용자로서 우리의 삶을 종래의 그 어느 때보다도 더 투명하게 드러내 보일 가능성을 많이 지니고 있는 것 같다. 만약에 사정이 그러하다면, 개인 정보로 넘쳐나고 있는 온라인 데이터베이스에 관하여 우리가 해야 할 일은 무엇인가? 소비자들의 방문 웹사이트에서 은밀히 정보를 수집하고, "쿠키"를 이용하여 피고용자의 인터넷을 통한 거래를 엄격히 감시하는 등의 행위는 또 다른 쟁점이다. 여기서 우리는 다시 한 번 어떤 보호 장치가 해결책이 될 수 있는가를 탐색할 것이다.

마지막으로, 우리는 사이버 공간에 대한 끊임없는 불법 침입의 문제를 중심으로 안전보장이라는 결정적으로 중요한 영역을 검토할 것이다. 우리는 불법 침입이라는 범법 행위의 구성 요건이 무엇이며, 그것이 왜 그렇게 혐오스럽고 해로운 행위인가를 논의한다. 하지만 이 마지막 장의 주요 초점은 전송된 데이터가 신빙성 있고 안전한 것임을 보증하기 위한 수단으로서의 암호 사용이다. 암호 논쟁은 인터넷 관련 공공정책 분쟁의 대부분을 차지하는 정부의 통제권과 개인의 권리 사이의 투쟁의 전형이다. 인터넷 이용자들은 정부에 별도의 출입 통로를 제공하지 않은 상태에서도 자료를 암호화할 수 있어야 하는가? 연방정부의 암호화 정책에 대하여 대략적으로 개관하는 데 덧붙여, 우리는 이 딜레마를 약간은 다른 각도로 바라보는 도덕 이론에 입각하여 이 문제를 분석한다. 이 장은 전자 상거래에 수반되는 안전 문제에 관한 개관으로 마무리된다.

이제 이 책이 컴퓨터 윤리나 정보 윤리에 관한 종래의 책들보다 그 시각이 약간 더 좁혀져 있다는 사실을 분명히 알 수 있을 것이다. 그것은 주제가 사이버 공간에서 발생하는 특정한 도덕적 문제에 한정되어 있기 때문이다. 하지만 만일 우리가 인터넷의 빠른 진화와 웹 통신의 엄청난 잠재력을 고려한다면, 여기 제시되어 있는 내용들은 앞으로 상당 기간 동안 컴퓨터 윤리학자, 변호사, 그리고 공공정책 입안자들을 사로잡을 도덕적 쟁점의 새로운 차원을 보여줄 것이다.

또한 이 책에서 우리는 시종일관 '기술 현실주의'(技術 現實主義 ; technological realism)의 철학을 포용하고 있다. 그것은 기술을 사회 변동과 진보를 위한 하나의 강력한 추진력으로 보는 관점이다. 대부분의 유토피아적 관점과는 달리 이 입장은 기술이 기본 인권과 가치관을 해치고 무너뜨릴 가능성과 더불어 그것이 지니는 위험성과 결정론적 경향을 무시하지 않는다.

우리의 견해로는 기업과 개인들이 비록 정보화 기술로부터 크게 영향받고는 있지만 아직 그것에 종속되어 있는 것은 아니다. 기업과 개인들은 여전히 정보화 기술의 이용을 통제하고 그것이 낳을 해로운 부가효과를 줄일 수 있는 능력을 지니고 있다. 그러한 통제는 신중한 결정을 요구할 것이다. 그렇게 함으로써 컴퓨터 기술이 슬기롭고 조심스럽게, 그리고 인간 삶을 향상시키고 인간 번영의 기회를 증대시키는 방식으로 이용될 수 있도록 하는 데 도움을 줄 수 있을 것이다. 또한 정보화 기술의 이용에 대한 통제는 사이버 공간에서 야기되는 각종 사회 문제 해결을 겨냥한 기술을 포함하여 모든 정보화 기술이 정의와 공정성이라는 기준에 입각하여 보완될 것을 요구하게 될 것이다.

종래의 윤리에 관한 책들이 대부분 그러하듯 이 책도 사이버 공간에서의 인간 정신의 강인함과 도덕적 확신에 관하여 낙관적이다. 기술결정론자(技術決定論者 ; technological determinist)들은 기술의 힘이 이미 그 전쟁에서 승리하였다고 믿고 있다. 그러나 기술현실주의자들은 그 전쟁이 아직도 계속되고 있으며, 최종 결말은 좀더 두고 보아야 한다고 주장한다.

웹사이트

이 책은 www.jbpub.com/cyberethics라는 웹사이트와 함께 하고 있다. 책은 정태적 실체이지만 웹사이트는 역동적으로 살아 있는 실체이다. 따라서 이 웹사이트는 이 분야에서 새로이 이룩되는 변화와 발전을 반영하기 위하여 끊임없이 업데이트되고 수정·보완될 것이다. 우리는 교수와 학생 모두가 이 귀한 자원을 충분히 활용해 주기를 간곡히 권고한다.

이 웹사이트에는 다른 웹사이트들과의 귀중한 연결 통로가 포함되어 있다. 그 연결을 통하여 이 책이 다루고 있는 주제와 하위 주제들에 관한 추가 연구가 가능하게 될 것이다. 또한 다른 웹사이트와의 연결을 통하여 이 교재가 다루고 있는 몇몇 논쟁적 주제들에 관한 화두와 더불어, 각 장의 말미에 제시되어 있는 사례들에 관한 추가적인 배경 자료를 제공받을 수도 있을 것이다. 강사들은 또한 이 책을 교재로 하는 인터넷 윤리라는 주제의 강의를 설강하기 위한 시범 교수요목과 강의계획서를 제공받을 수도 있을 것이다. 끝으로 이 웹사이트는 교수와 학생들이 저자에게 반응을 보내거나 또는 질문이나 논평을 할 수 있는 기회를 제공하기도 할 것이다.

이 책과 부설 웹사이트는 사이버 공간 윤리 연구라는 학문적 경험을 보다 높이기 위하여 함께 활용하도록 의도되어 있다. 이 둘은 상호보완적이다. 우리는 강의실에서 이 책을 사용하는 이들과 일반 독자들 모두가 가장 최신의 보충 자료와 기타 보완 조치를 제공받기 위하여 이 웹사이트를 참고하기 바란다. 이 사이트는 인터넷 탐색과 거기서 제기되는 윤리 문제들이 가능한 한 최대한으로 교육적으로 쓸모 있고 얻을 것이 많은 것이 되게끔 설계되었다.

감사의 말

이 책에서 나는 다른 곳에서 출판된 몇몇 기고와 논문들로부터 자료를 끌어다 썼다. '스팸'에 관한 자료의 일부는 본래 『윤리와 정보 기술』(*Ethics and Information Technology*) 제1권 제3호에 실었던 "'스팸' 문제에 관한 윤리적 성찰"에서 인용한 것이다. 보일(James Boyle)의 지적 재산권 이론에 관한 논의 가운데 몇 문단은 본래 『윤리와 정보 기술』 제1권 제2호에 실린 것이다. 이메일 프라이버시에 관한 논의 가운데 몇 가지는 드뽈대학교에서 1998년 10월에 개최된 "제5회 기업윤리 촉진 연차 국제 학술대회"에서 발표된 "직장에서의 이메일과 조사권"이라는 제목의 논문의 한 부분이다.

이 책을 쓸 수 있도록 지적(知的)인 여건을 조성해 준 데 대하여 보스턴대학의 캐럴경영대학 동료들에게 고마움을 표한다. 이 연구를 너그럽게 뒷받침해 준 학술담당 부총장실에 대해서도 각

별한 감사를 드린다. 그 가운데서도 특히 마가렛 프레스턴 박사, 브렌든 콜린스 및 알레타 머스턴에게는 이 원고를 출판하는 데 사용된 기계를 다루는 일에 있어서의 친절한 협조에 대하여 고마움을 드린다.

또한 다음의 논평자들에게 그들의 통찰력 있고 귀한 충고에 대하여 감사를 드리고 싶다.

어네스트 퍼거슨(서남침례대)
마이클 보우조니(메트로폴리탄주립대)
로렌스 데일리(햄프턴대)
메어리언 벤-제이콥(멀시대학)
케빈 트로이(펄먼대)
도우널드 고테르반(동부테네시주립대)

또한 이 연구의 가능성을 믿고 이렇게 시의적절하게 출판되기까지 이 작업을 밀고 나갈 수 있도록 도와주신 '존스와 바틀렛 출판사' 직원들, 특히 마이클 스트렌츠와 브라이언 맥킨에게 큰 감사를 드린다. 마지막으로 아내 수잔 티 브린튼에게 무던히 참고 견디어 주었을 뿐 아니라 나서지 않는 은근한 내조로 뒷받침해 준 데 대하여 깊은 감사를 드린다. 그녀는 한 저자의 고독한 삶에 대하여 언제나 한결같이 놀라운 참을성을 보여주었다.

1999년 9월

리차드 A. 스피넬로

제1장
인터넷과 윤리적 가치

서론

인터넷이라고 불리는 전세계적인 신출내기 통신망을 통해 첫 번째 통신문이 발송된 지 삼십 년이 지났다. 그 때만 해도 오늘날과 같은 인터넷의 폭발적인 성장과 그것이 우리의 개인 생활과 직장 생활에 미칠 지속적인 영향력을 예견한 사람은 거의 없었다. 이 근본적으로 분권적인 통신망은 그 초기부터 이용자 한 사람 한 사람의 손에 엄청난 힘을 쥐어 주었다. 이를 테면, 인터넷 기술은 우리의 자유로운 표현 능력을 향상시켜 주었음은 물론, 심지어는 암호화를 통하여 개개인들에게 스스로의 표현 행위를 보호할 능력까지도 제공한 것이다.

많은 정부들이 이 분권적인 힘으로부터 위협받고 있다. 따라서 그들은 이 무정부적인 통신망에 대하여 중앙집권적인 통제를 가할 방안을 탐색해 오고 있음이 분명하다. 미국은 그 팔자도 기구한 '통신예절법'을 통하여 언론 활동 규제를 시도한 바 있고, 암호 해독 체계를 개발하여 암호화 기술의 사용을 제한하려 들기도 하였다. 인터넷과 그 이해 당사자들은 그러한 통제 부과에 대하여 신속하고도 끈질기게 저항하여 왔다. 이러한 상황은 많은 긴장과 논란을 불러일으킨 바 있는데, 바로 그것이 이 책이 시종일관 고찰하고자 하는 주제이다.

법과 규정을 통하여 기술을 통제하려는 노력은 헛수고에 그치고 마는 경우가 대부분이었다. 오히려 다른 기술을 가지고 어떤 기술을 "바로잡는" 방식이 훨씬 더 효과적이었다. 법으로 다스리는 방식은 인터넷상의 음란물 유포를 억제하는 데 어려움이 많았다. 꼴사나운 자료를 걸러내는 차단 소프트웨어 시스템이 훨씬 더 성공적이었다. 이 사실은 인터넷의 이율배반적인 특성을 반영한다. 즉, 그것은 개개인의 권한을 강화해 줌으로써 표현의 자유를 포함한 각종 권리를 보다 강력히 행사할 수 있도록 허용하기도 하지만, 다른 한편으로는 그러한 권리를 깎아내릴 수 있는 효과적인 통제도 또한 가능하게 하는 것이다.

이 책에 있어서 첫번째 논의의 주축은 인터넷상에서 제기되는 윤리 문제들이지만, 우리는 사이버 공간에 대한 규제와 공공정책이라는 관련 사항들에 대해서도 주의를 기울여야 하겠다. 따라서 우리는 인터넷이 허용하는 이 급진적인 권리 강화와 그러한 권리에 대하여 중앙집권적 통제를 가하고자 하는 충동 사이에서 야기되는 긴장을 상세히 탐색할 것이다.

이 서론에서의 우리의 목적은 보다 온건한 것으로서, 우리는 사이버 공간에 관한 여러 가지 규칙과 정책에 대한 우리 분석의 지침이 될 수 있는 전통적인 윤리 이론에 대하여 간단히 개관하고자 하는 것이다. 이들 윤리 이론들은 우리에게 '전자 신천지'(즉, 사이버 공간—역자 주)에서 제기되는 복잡미묘한 도덕적 문제들에 접근하기 위한 몇 가지 방도를 제시해 준다.

더욱 중요한 것은 우리가 이 장에서 이 작업의 바탕이 되는 두 가지 전제, 즉 (1) 사이버 공간에 대한 규제의 구도를 결정짓는 데 있어서 여러 가지 도덕적 이상과 원칙이 수행하는 '직접적인' 역할과, (2) 자유로우면서도 책임성 있는 사람들이 기술의 위력에 대하여 통제를 가할 수 있는 능력(기술현실주의)에 관해서도 자세히 논한다는 사실이다.

사이버 윤리와 "행마법"

이 저술의 첫 전제는 명백한 것 같다. 우리가 지금 사이버 공간이라고 부르고 있는 이 새로운 영역에서의 행동을 통제하고 규제하는 데 있어서 윤리가 맡아야 하는 역할은 분명히 있다. 그렇다면 그 역할은 무엇인가? 윤리는 이 사이버 공간의 새로운 법규들과 어떻게 연관되며, 그 공간에서 작동하고 있는 시장의 힘과 어떻게 겨룰 수 있을까? 예를 들어 레시그(Larry Lessig)의 유명한 논문인 「행마법(The Law of the Horse)」과 「사이버 공간법(The Laws of Cyberspace)」을 고찰해 보자.[1] 이 논문들의 중심축은 사이버 공간에서의 행동을 규제하는 법·규범·시장(市場) 및 암호 등 네 가지 제약에 대한 레시그 나름의 기술(記述)이다. 이것은 우리가 현실 공간에서 찾아볼 수 있는 규제들을 비추어 보여주는데, 그것은 곧 이들 네 가지 제약들의 기능이기도 하다.

저작권 및 특허권 보호법 같은 법들은 어떤 행동을 지시하거나 금지함으로써, 그리고 위반자들에 대하여 여러 가지 제재를 가함으로써 행동을 규제한다. 사이버 공간이 특정한 법을 필요로 하는가의 여부와, 현실 세계에서 적용되고 있는 법이 약간의 조정과 섬세한 조율을 거쳐 사이버 공간에서도 적용될 수 있는가의 여부에 관하여 활발한 논의가 벌어지고 있다. 이스터브룩(Frank Easterbrook) 판사는 레시그의 논문을 인용하여 "행마법"이 따로 필요 없는 것과 마찬가지로 "사이버 공간법"도 필요 없다고 말한 바 있다.[2)]

시장도 여러 가지 방법으로 행동을 규제한다. 즉, 광고가 어떤 인기 웹사이트에 몰림으로써 그 사이트들로 하여금 서비스를 향상시킬 수 있게 한다거나, 인터넷 제공자들의 가격 조정 방침이 인터넷에의 접속률을 결정한다거나 하는 사실이 그것이다. 시장의 제약들이 현실 공간에서 작동하는 양상과는 달리 사이버 공간에서는 상이하게 작동하는 경우가 자주 있다는 사실에 우리는 주목해야 한다. 예를 들면 사이버 공간에서의 음란물 배포는 현실 공간에서보다 훨씬 용이하고 비용이 저렴하며, 따라서 사이버 공간에서의 음란물 공급이 급속히 늘어나고 있는 것이다.

소프트웨어 코드, 즉 인터넷에서 사용되는 프로그램과 약정들 또한 행동을 제약하고 통제한다. 이들 프로그램은 흔히 '사이버 공간의 장치들' (architectures of cyberspace)이라고 불리기도 한다. 암호(code)는 사용자 이름(username)과 비밀번호(password)를 요구함으로써 특정 웹사이트에의 접속을 제한한다. 최근 들어 소프트웨어 프로그램이 '스팸'을 효과적으로 걸러낼 수 있다는 사실이 밝혀진 바 있다. '스패머들'의 무례하기 짝이 없고 반사회적인 행위를 규제하는 연방법은 없지만, 그런 행위를 걸러내는 암호는 있다.

끝으로 인터넷 예절과 사회 관습을 포함하여 사이버 공간에서의 행동을 규제하는 규범들이 있다. 예를 들면 인터넷에서 발끈하는 짓은 '나쁜 태도'로 간주되며, 그렇게 하는 사람들은 인터넷 공동체의 다른 구성원들에 의하여 따돌림받기 십상이다.

하지만 이러한 규범들은 고정된 윤리 기준과는 구별되어야 한다. 비록 그 규범들 가운데 더러는 그러한 기준에 근접해 있거나 그 기준에 기초한 것일 수도 있겠지만, 전반적으로 보아 그 규범들은 관습이나 널리 일반화되어 있는 태도, 여론, 및 기타 여러 가지 요인에 의하여 그 정당성이 결정되는 일종의 사회문화적 행동 지침이랄 수 있을 것이다.

레시그는 '규범'이라는 넓은 의미의 범주 속에 윤리 기준을 포함시키고 있는 것으로 보인다. 그러나 우리는 문화 규범은 윤리적 이상이나 원리들과는 구별되어야 한다고 본다. 문화 규범은 상대적이며, 주어진 사회 환경이나 문화 여건에 의존한다. 관습이 나라마다 다르듯이 사이버 공간의 사회 관습 역시 현실의 공간에서 발견되는 관습들과는 사뭇 다르다. 또한 인터넷이 계속 진화되어 감에 따라 이 관습들도 시간을 두고 변화되게 마련이다. 하지만 윤리의 근본 원리들은 보편적 정당성을 지니고 있기 때문에 메타-규범(meta-norms)이다. 그것은 우리가 베네수엘라에서 사업을 하든 사이버 공간에서 거래를 하든 간에 변함 없이 같은 모습으로 남아 있는 것이다. 문화 규범과 마찬가지로 윤리의 근본 원리들 역시 처방적(處方的)이다. 그러나 문화 규범과는 달리 윤리의 근본 원리들은 시간과 공간을 초월하기 때문에 영구적이고 지속적인 가치를 지닌다.

윤리와 관습(또는 문화 규범)이 구별되어야 한다는 우리의 전제는 이 두 가지를 동일시하는 윤리적 상대주의를 거부한다. 그러한 견해에 대한 포괄적인 논쟁은 이 책의 논의 범위를 벗어나 있다.

하지만 현대 철학자 푸트(Phillippa Foot)의 다음 성찰에 귀기울여 보자.

> 설사 서로 다른 문화적 배경을 지닌 사람들 사이에서 목표의 일치를 가정하는 것이 잘못이라고 하더라도, 사람들은 누구나 공통점을 많이 지니고 있다. 누구나 애정, 다른 이의 협력, 공동체 안의 한 자리, 그리고 곤란에 처했을 때의 도움 등을 필요로 한다. 사람들이 이런 것들이 결여된 채——고립되어 멸시당하거나, 갈등에 시달리면서 용기도 잃고 희망도 없는 상태에서——번영을 누릴 수 있다고 가정하는 것은 잘못이다. 만일 우리가 어떤 도덕 체계는 좋은 체계이고 다른 도덕 체계는 나쁜 체계라고 생각한다면, 그것이 우리가 단지 우연히 지니게 된 가치관을 표현하는 것만은 아닌 것이다.[3]

이 인용문의 어느 부분도 결코 레시그의 이론을 부당한 것으로 매도하고 있지 않다. 그의 가장 중요한 통찰은 "사이버 공간에서는 통제 장치로서의 암호와 시장과 규범과 법이 모두 함께 규제하는 데 비하여 현실 공간에서는 시장과 규범과 법이 각각 따로 규제한다"[4]는 것이다. 또한 레시그에 의하면, "법은 기술 변화에 영향을 끼치는 데 그치지만 소프트웨어의 기술 구조는 자유를 감소시키는 데까지도 작용할 수 있다. 장기적으로 볼 때, 프로그래머들에 의하여 만들어진 족쇄는 우리를 훨씬 더 많이, 그리고 철저히 제약할 수 있는 것이다."[5] 사설(私設) 암호가 공공(公共)의 법보다 더 강력한 구속력이 될 수 있다는 생각은 의미심장하다. 법의 대용물로서 암호의 사용은, 일단 법에 의하여 보호된 특정의 공공선이나 도덕적 가치가 이제 이 암호 개발자나 사용자들에 의하여 무시되거나 또는 절삭(切削)될 수도 있음을 시사한다. 더구나 정부가 몸소 그 장치를 보다 강력한 통제력을 지닌 것으로 만들기 위하여 사이버 공간 통제 장치의 개발에 가입하고 나설 수도 있는 것이다. 이를 테면 정부는 모든 인터넷 상거래를 추적할 수 있는 장치의 개발을 위촉함으로써 사이버 공간에서의 모든 거래를 감독하거나 감시할 수 있을 만큼 해당 부서의 능력을 증대시킬 수 있는 것이다. 사설기관에 의한 것이건 공공기관에 의한 것이건 사이버 공간에 대한 통제 장치는 이제 정말 엄청난 규제 능력을 지니게 되었다.

그러므로 레시그의 모델은 매우 교훈적이다. 이 책의 내용을 펼쳐 나가면서 우리는 이 모델에 폭넓게 의존하려 한다. 하지만 규제력의 하나로서 어느 정도 안정된 위상을 확보하고 있는 몇몇 윤리적 가치들에도 주목한다면, 이 모델은 이 책의 목적 달성을 위하여 훨씬 더 유익한 것이 될 것이다. 그러나 이들 가치들이 여타의 규제력들과 어떻게 조화를 이룰 것인가?

이 질문에 대답하기 전에 우리는 그러한 가치의 본질에 관하여 어느 정도 언급해야 하겠다. 인간 본성에 바탕을 둔 초월적인 도덕 가치들이 있다는 생각은 철학사에서 오랜 전통을 가지고 있다. 인간의 복지나 번영에 이바지하는 기본적인 선(善)이 있다는 사실은 직관적으로 보아 분명하다. 이 선이 무엇인가에 관해서는 몇 가지 상이한 주장들이 있는데, 그 주장들은 우리의 기대에 어긋나지 않을 만큼 놀라울 정도로 비슷하다. 무어(James Moor)의 인간의 핵심선(核心善) 일람표에는 생명·행복·자율성 등이 들어 있다. 이것은 피니스(John Finnis)의 전도덕적 선(前道德的 善) 일람표와 흡사한데, 거기에는 지식·놀이·미적(美的) 체험·사교성·종교 및 실천적 추론 능력(여기에는 자율성도 포함된다) 등이 들어 있다(이 두 사람의 저술들은 이 장의 뒷부분에서 논의된다). 피니스에 의하면, 이러한 선들은 우리가 가치 있는 삶을 영위해 나갈 수 있게 하고 순수한 인간 번영을 성취해 나갈 수 있도록 한다. 따라서 "우리의 선택은 언제나 인간 완성 또는 인간다움을 향하여 열려 있어야 한다"는 도덕성의 최고 원리는 존중되어야 한다. 지금껏 이루어져 온 연구나 추구되어 온 목표들 가운데 각 사람의 안녕과 행복을 존중하지 않아도 괜찮은 충분한 이유를 제시한 것은 없다. 인간의 안녕과 행복은 이들 인간적 기본 선(善)에의 참여 여부에 달려 있는 것이다.

따라서 인간 번영이라는 궁극의 선은 법 제정과 사회 제도 개발 및 인터넷 규제 등을 위한 하나의 토대로서 구실하는, 영구불변의 가치를 지향하는 처방적 이정표로서 기능해야 한다. 이 도덕적 이상은 너무나도 숭고해서 정책 결정에 적용하기가 여간 어렵지 않다. 결국 윤리학자들은 보다 정교한 이론을 개발하거나, 남을 해치지 않음과 정의로움 같은 매개적 윤리 원칙에 따를 것을 제안해 왔다. 이러한 매개적 윤리 원칙들은 핵심적 선으로부터 유추되면서도 도덕적 결정을 내리는 데 있어서는 보다 더 실천적인 지침으로 기능할 수도 있다. 이 장의 뒷부분에서 그러한 원리들을 활용하고 있는 접근법이 다루어진다.

그러므로 인간 번영에 필수적이며 영원히 존속될 이 도덕적 선들이 사이버 공간에 대한 규제에 있어서도 하나의 장치로서 '직접적인 역할'을 수행해야 한다는 것이 우리의 주장이다. 다시 말하여 이 선들이 암호·법·시장·사회 규범 등이 그 규제력을 행사하는 방식을 가르치고 이끌어야 한다는 말이다. 인간 번영이라는 가치는 현실 공간에서는 물론 사이버 공간에서도 우리의 행동에 대하여 내려지는 궁극적인 제약이다. 이상의 논의 결과에 따라 우리는 레시그의 모델을 〈그림 1〉과 같이 발전시켜 보았다.

〈그림 1〉 사이버 공간 활동에 대한 제약들(레시그 교수의 틀을 활용하여)

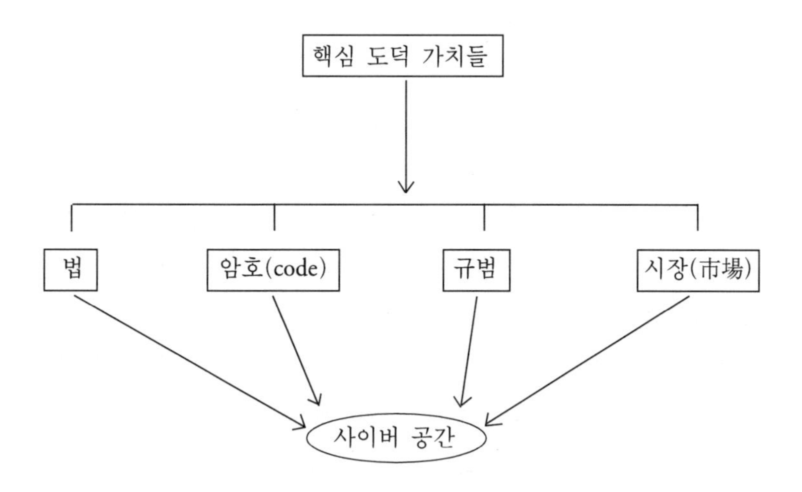

윤리의 역할에 대한 우리의 입장을 도식화하기 위하여 암호에 의한 규제에 대하여 고찰해 보자. 행동을 제약하는 암호의 개발에는 책임 있는 방식과 무책임한 방식이 있다. 제3장에서 보게 되겠지만, 차단 소프트웨어 시스템은 음란물로부터 어린이를 보호하기 위한 일반적인 방법이 되고 있다. 이 암호를 만든 이들은 차단의 범주를 개발하였다. 그들은 통상 이 범주들과 차단되는 특정 사이트를 밝히지 않는다. 그러다 보니 경우에 따라서는 성교육이나 건강 관련 사이트가 음란물 사이트와 함께 차단되는 수도 더러 있다. 이렇게 차단 작업이 적절치 못하게 수행되는 경우에 그 소프트웨어는 수정돼야 할 것이다. 이 차단 장치가 제대로 작동할 경우에는 학부모들에게 차단의 범위가 음란물에만 한정되지 않는다는 사실을 미리 알려야 할 것이다. 우리는 학부모들이 차단의 범주가 이 소프트웨어가 갖는 적절성에 관한 판단을 제대로 내릴 수 있게 하는지를 미리 알아야 하는 경우를 상정해 볼 수 있을 것이다. 이러한 정보를 미리 밝히지 않는 것은 곧 학부모의 자율성을 무시하는 것이다. 결국 우리는 그 기준이 완벽하게 은폐되는 경우, 그 암호가 '자율성' 이라는 핵심선과 일치하는 책임성 있는 방법으로 활용될 수 없다고 주장할 수 있을 것이다.

나는 이것이 명쾌한 문제라거나 또는 도덕적 원리가 사이버 공간 규제에 적합한 해답을 모두 제시할 수 있다고 주장하고 있는 것은 아니다. 나 역시 법과 암호 가운데 어느 쪽이 사이버 음란물(cyberporn)에 대한 보다 효과적인 제약인가에 대하여 판단을 내리고 있는 것이 아니다. 나는 단지 이러한 프로그램 제작자들이나 사이버 공간 규제법 제정자들이 하나의 지침으로서 윤리에 의존해야 한다고 주장하고 있을 뿐이다. 암호 작성자들은 자율성이나 프라이버시 같은 기본 도덕 가치 보존이라는 과제를 새로운 사이버 공간 구조 장치에 편입시킬 만큼 충분히 책임성 있고 사려 깊어야 한다. 더욱이나 사이버 공간에 대한 규제에 있어서 정부는 지나치게 강력한 통제를 가하고 싶은 유혹에 굴복해서는 안 된다. 규제자들 역시 높은 도덕적 표준에 따라야 하며, 자유와 프라이버시 등 기본적인 인간 가치를 존중해야 한다. 암호 자체가 하나의 강력한 독립된 힘이다. 따라서 적절히 개발되고 적용되지 않는다면 그것은 분명히 그러한 가치를 보존해 나가는 데 오히려 위협이 될 것이다.

이제 도덕성의 역할은 아주 명백하다. "도덕성은 사이버 공간에서의 모든 활동과 정책의 경계를 정하는 궁극적 규제자가 되어야 한다." 법 · 암호 · 시장 및 사회 규범이 가지는 힘은 사이버 공간에서 이루어지는 모든 상호작용과 거래가 온건하고 공정하고 정의로운 것이 되도록 도덕성을 중심으로 하여 방향지워지고 조화를 이루어 나가야 한다.

철창인가, 아니면 유토피아에의 입구인가?

설사 가정과 직장에 널리 확산되어 있는 통신 및 계산 기술에 어느 정도의 제약을 가할 필요가 있다는 사실에 우리가 대부분 동의한다고 하더라도, 이러한 기술들의 발전과 그로 인해 나타나는 결과들을 통제할 수 있는가라는 데에는 상당히 회의적이다. 사이버 공간을 규제하려는 우리의 시도는 단지 하나의 기괴한 환상일 뿐인가? 우리 역시 기술의 힘에 속박당하고 있는 것인가, 아니면 우리는 여전히 사이버 공간을 규제하는 암호를 지배할 수 있는 것인가?

서문에서 살펴본 바와 같이 철학자들 가운데는 오랜 동안 기술을 우리의 개성과 신뢰성을 위협하는 음흉한 힘으로 여겨 온 이들도 더러 있었다. 이들 기술결정론자들은 기술을 그것을 통제하는 인간의 능력을 뛰어넘는 독립적이고 비인간적인 힘으로 본다. 프랑스의 철학자 엘루(Jacque Ellul)는 그의 학회 발표 논문 「기술사회」에서 혼란스러운 기술관을 선보이고 있다. 그의 핵심 주장은 '기술'은 사람들을 압도하는 뛰어넘을 수 없는 하나의 가치가 되어 있다는 것이다. 그는 기술을 "인간 활동의 '모든' 분야에서 (주어진 발전 단계 동안) 합리적으로 도달되었고 절대적인 영향력을 지니는 방법들의 총체"라고 정의하고 있다.[6] 그에 의하면 기술은 우리의 통제를 벗어나 있다. 그것은 자율성을 갖게 되었고, "그 자체의 법에 따르고 일체의 전통을 폐기해 버린 닥치는 대로 행하는 세계를 만들어냈다."[7] 엘루에 의하면 현대 기술은 우리가 세상에서 살아 나가고 일하고 상호작용하는 방식을 돌이킬 수 없는 모양으로 고착시켜 버렸다.

그러한 비관주의적 기술관을 발전시킨 사람은 단지 엘루만이 아니다. 베버(Max Weber)는 기술 체계가 우리를 어떤 특정한 존재 양식이나 행동 방식 속에 가두어 버리는 현상을 표현하기 위해서 '철창' (iron cage)이라는 용어를 만들어냈다. 하이데거(Martin Heidegger)는 기술을 단순히 우리가 조작할 수 있는 도구로만 본것이 아니라, 또한 우리가 세계와 관계를 맺는 방식에 깊이 영향을 끼치는 "세계 속의 존재 방식"으로 보고 있다. 기술 체계가 우리를 강제로 이 "철창" 속에, 그리고 베버가 "도구적 이성" (instrumental reason)이라고 부르는 시각이 지배하는 단편화되고 협소한 사회에 가둔다는 게 정녕 사실이란 말인가? 이 질문에 대답하기 전에 우리는 먼저 이 스펙트럼의 반대쪽 끝을 살펴보아야 한다. 그것은 중립적 기술관(中立的 技術觀 ; neutrality thesis about technology)이다.

엘루와 하이데거의 기술 혐오 시각과는 달리 기술 중립론자(technology neutralitist)들은 기술이 인간의 목적과 목표에 완벽하게 토대를 두고 있는 중립적인 힘이라고 주장한다. 이 견해에 따르면 기술 체계는 편견으로부터 자유스러우며, 따라서 어떤 행동 방식을 다른 행동 방식보다 더 촉진시키지는 않는다. 기술 체계는 단지 도구일 뿐이다. 따라서 그것은 인간의 자유를 위태롭게 하지도 않고, 우리의 운명을 어떤 선택된 방향으로 고정시키지도 않는다——이 강력한 힘이 좋은 목적을 위하여 사용되는가 나쁜 목적을 위하여 사용되는가 하는 것은 전적으로 우리 인간 자신에게 달려 있는 것이다.

여기서 한 걸음 더 나아가 "기술 유토피아론"(technological utopianism)에까지 이르는 이들도 더러 있다. 이 관점은 어떤 특정 기술 체계가 우리의 생활 양식과 직장의 여건을 개선해 줌으로써 이상 세계를 이루어 줄 것으로 본다. 이 낙관적 견해는 인간성이 기술의 부정적인 효과를 거의 다 근절시키고, 이 도구를 인간 조건의 개선을 위하여 효과적으로 이용할 수 있다고 가정한다.

중립적 기술관(또는 기술 유토피아론)은 몇 가지 이유에서 논란의 여지가 있다고 생각된다. 기술은 어떤 "주어진 것"(givens)을 가지고 우리의 선택을 제약한다. 그것은 사실 우리가 완전히는 극복할 수 없는 제약이다. 위너(Langdon Winner)는 이것을 역적용(逆適用) 과정 또는 "이용 가능한 수단에 맞추어 목적을 조정하기"라고 묘사한다.[8)]

하지만 우리가 보기에는 기술이 우리를 철창에 가둔다고까지 주장하는 것은 역시 과장인 것 같다. 이 두 가지 극단적인 입장 사이의 중용적인 입장은 기술 현실주의(技術 現實主義 ; technological realism)라고 알려져 있는데, 그것은 "비록 기술 체계가 그 자체의 힘을 가지고 있기는 하지만, 정치적 및 사회적 힘으로부터 독립되어 있는 것은 아니다"라고 주장한다.[9)] 이 입장은 기술이 우리의 정치적 및 사회적 현실을 변화시켜 왔고, 인간의 행동에도 영향을 미친다는 사실은 인정한다. 그러나 기술이 우리의 삶과 일의 양식을 어느 정도 결정해 주는 면이 있기는 하지만, 우리는 여전히 그 방향을 다시 고쳐 잡거나 또는 필요할 때에는 그 작용을 억제할 수도 있는 것이다. 그 결과 우리는 여전히 어떤 특정한 기술 혁신을 촉진시키거나 억지하는 방법을 고안하여 내어놓을 수 있는데, 그것은 특히 기술이 보편적 선이나 인간 가치들과 갈등을 일으킬 때 그러하다. 우리 인간의 자유가 기술의 위력과 그것의 자율적인 경향에 의하여 약화된다는 사실은 의심의 여지가 없다.

그렇다고 해서 자유가 완전히 말살되는 것은 아니다. 우리는 여전히 이미 개발되어 있는 여러 소프트웨어들 가운데 어떤 것을 사용할 것인가를 선택할 수 있으며, 자율성이나 프라이버시 같은 기본적인 인간 권리를 보호하는 방식으로 새로운 암호를 개발할 수도 있는 것이다.

이 '포스트모던의 시대'(postmodern age)에, 그런 입장 역시 논리가 너무나도 단순하고 또한 시대에 뒤진 것으로 여겨질 수 있을 것이다. 사회심리학자들이 "자아의 사회적 구성"에 관해서 언급하고 있고, 라깡(Jacque Lacan) 같은 프랑스의 정신분석학자들이 자아의 통제 센터로서 무의식을 지적하고 있기도 하지만, 우리는 여전히 그보다 더 아래쪽 심층에서는 의식하고 생각하는 자아나 그 행동에 책임을 지며 여러 가지 기술 가운데 어떤 것을 채용할 것인가의 선택에 책임을 지는 도덕적 주체가 주도한다고 생각한다.

기술과 그것의 대격(對格)인 도구적 합리성이 이 사회에서 지배적인 힘이며, 우리로 하여금 어떤 특정한 방식을 선택하고 그에 따라 행동하도록 엄청난 압력을 행사한다는 사실에는 의심의 여지가 없다. 그러나 테일러(Charles Taylor)가 지적하는 것처럼 우리는 역사를 통틀어 기술에 저항한 경우들을 꽤 많이 찾아볼 수 있다. 더욱이 1970년대 동안 우리를 압도하였던 환경 위기 같은 어떤 특정 위험에 관하여 공동의 이해가 형성되기라도 할 경우, 그러한 저항은 성공을 거둘 것이며 또한 크게 고양될 것이다. 아마도 비슷한 정도의 공동의식이 개인의 프라이버시에 대한 위협과 관련하여 형성될 수도 있는 것이다. 이러한 현상은 정보 기술의 지배력을 극복하기 위한 인간의 선택을 촉진시킬 또 하나의 자극이 될 것이다. 기술이 가져다 주는 혜택을 거부할 수 있는 자유와 능력을 과신해서는 안 되지만, 우리가 이 세계에서 여전히 어느 정도의 자유를 누리고 있다는 사실만은 인정해야 한다. 따라서 우리는 테일러의 다음과 같은 논평에 동의한다: "정녕코 우리는 갇혀 있지 않다. 단지 우리가 하는 일마다에 미끄러지기 쉬운 비탈과 경사면이 있을 뿐이다."[10)]

그렇다면 우리는 이 치명적인 미끄러짐을 어떻게 하면 피할 수 있을까? 우리는 시장의 힘과 규범·암호 혹은 법을 통해 인터넷상의 행동을 어떻게 규제할 것인가를 심사숙고해야 할 뿐만 아니라, 하나의 도덕관을 개발하고 그것을 존속시키는 일이 얼마나 중요한가를 살펴보아야 하겠다.

여러 가지 윤리 이론과 디지털 세계

기술이 가지는 여러 가지 가능성을 평가하고 디지털 세계의 기본 규칙을 어떻게 정할 것인가를 결정하는 데 있어서 그러한 도덕관을 성실히 적용하기만 한다면, 우리는 이 미끄러짐과 거기에 뒤따르는 위험을 피할 수 있을 것이다. 우리는 이 도덕관을 어떻게 정의할 수 있을까? 굳패스터(Kenneth Goodpaster)에 따르면, 그것은 "그것으로 하여 모든 사람이 다 어떤 특별한 존엄성이나 가치를 지니게 되고, 그것으로부터 황금율*이 그 의의를 인정받게

* 신약성서 마태복음 5장에 나오는 예수 그리스도의 산상수훈(山上垂訓)의 한 구절 : Whatsoever ye would that men should do to you, do you even so to them(누구든지 남에게 대접을 받고자 하는 대로 너희도 대접하라).

되며, 또한 그것으로부터 '의무'나 '책무' 같은 말이 그 의미를 얻게 되는" 하나의 정신적이며 정서적인 입장이다.[11] 이는 우리 자신과 다른 사람의 인간적 번영을 촉진시키는 일이 곧 도덕의 근본 명령이라는 앞에서의 우리 주장과 그 맥을 같이한다.

도덕관에는 몇 가지 서로 다른 윤리적 추론 방식이 함께 하는데, 그것들은 우리에게 규범적 판단을 내리는 데 도움이 되는 하나의 도덕적 척도나 '나침반'으로서의 역할을 수행하는 기본 원리를 제공해 준다. 여기서 우리의 논의는 간단하다. 하지만 관심 있는 독자가 윤리 이론이나 응용 윤리에 관한 다른 책들을 많이 읽는다면 그것은 분명히 더 유용한 것이 될 것이다.[12] 우리는 사회적 유용성·자연권·계약권 및 도덕적 의무의 극대화를 강조하는 도덕 이론에 기초한 윤리적 추론의 몇 가지 모형들을 고찰할 것이다.

몇 가지 서로 다른 이론들이 도덕관을 구체적으로 표현하고 있다는 사실은 통합적인 도덕적 틀의 기초를 형성하는 핵심적 인간선에 관한 우리의 전제와 모순되지 않는다. 이 이론들 모두가 이러 저러한 형태로 그러한 선들을 인정하고 있다. 비록 '인간성'을 피니스(Finnis)와는 달리 정의하고 있지만, 칸트(Kant)는 우리의 모든 선택과 행동에 있어서 인간성을 존중해야 한다는 원칙을 견지하고 있다. 권리에 기초를 둔 이론들은 생명권, 자유권 및 행복추구권 같은 인권의 보호와 관련하여 핵심적인 인간선을 논한다. 공리주의적 접근은 행복을 매우 강조한다. 그리고 그 접근은 스스로의 입장을 고수하는 데 어려움이 적지 않겠지만, 포괄적인 이론 체계를 형성하는 데 있어서는 별 문제가 없을 것이다.

이 이론들은 모두 주의 깊게 고찰할 만한 가치가 있다. 그 이론들은 각각 그것으로부터 복잡한 도덕적 쟁점들에 다가가서 그것을 깊이 성찰할 수 있는 나름대로의 훌륭한 관점을 대표하고 있다. 이러한 이론들을 통해서 우리는 인터넷 전반에 걸쳐 생겨나기 시작한 여러 딜레마들을 해결하는 데 필요한 중요한 도덕적 분석을 할 수 있을 것이다.

이 이론들에 관하여 논하기에 앞서 우리는 현대의 도덕 이론들이 목적론적(teleological)인 것과 의무론적(deontological)인 것 등 두 가지로 크게 구분된다는 사실을 지적해 두는 것이 좋겠다. '목적론적'이라는 뜻의 단어 *teleological*의 어원은 그리스어 *telos*인데, 그것은 목표 또는 목적을 뜻한다. 목적론적 윤리 이론은 어떤 행동의 정당성 여부가 (이를 테면 '행복' 같은) 목적을 이루어내는 데 기여할 수 있는가의 여부에 달려 있다고 주장한다. 다른 한편, 의무론적 윤리 이론은 본래부터 정당 혹은 부당한 행동을 다룬다——그 행동의 정당성이나 부당성은 그것이 영향을 끼친 결과에 달려 있는 것이 아니라고 본다. 이 이론의 틀은 책무와 의무를 강조한다(그리스어 *deon*은 의무에 해당하는 단어이다).

공리주의

공리주의 철학은 밀(John Stuart Mill ; 1806～1873)과 벤담(Jeremy Bentham ; 1748～1832)에 의하여 발전되었다. 공리주의는 일종의 목적론적 이론인데, 그것은 어떤 특정한 목적이나 목표에 도달하는 것에 최우선 순위를 부여한다. 이 이론에 따르면 선(善 ; the good)이나 목적(telos)은 행복, 또는 더 자세히 말하여 "최대 다수의 최대 행복"이다. 이 선은 우리의 대중 복지나 대중 혜택, 또는 '유용성'이라는 용어로 묘사될 수도 있다. 밀은 유용성의 원리에 기초를 두고 도덕성을 정의하였는데, 그것을 다음과 같은 방식으로 표현하였다 : "행복을 증진시키는 행위는 옳은 행위이며, 행복을 저해하는 행위는 나쁜 행위이다."[13]

공리주의를 윤리적 이기주의와 혼동해서는 안 된다. 어떤 행동이 옳은 것은 그 행동을 한 사람의 최대 행복을 산출하는 경우라기보다는 그 행동에 영향받는 당사자들 모두의 행복을 증진시키는 경우이다. 공리주의는 우리가 일반선을 증진시키기 위하여 행동해야 한다는 도덕교의이다. 프랑케나(William Frankena)에 따르면 이 도덕관은 "옳고 그름과 의무에 대한 단 하나의 궁극적 기준이 '공리(功利)나 유익(有益)의 원리' 라고 말하고 있다"는 것인데, 그것은 우리가 행하는 모든 일에서 추구되어야 하는 도덕적 목적은 엄밀히 말해서 "악을 이기도록 선의 수준을 최대한으로 끌어올리기"라는 뜻이다.[14] 목적론적 이론들이 다 그러하듯이 공리주의는 어떤 특정 목적이나 목표의 최대화와 연계되며, 그 끝은 결과의 최적화이다.

실천의 수준에서 본다면 공리주의는 우리가 합리적이고 객관적인 비용/효과 분석에 따라 도덕적 결정을 내릴 것을 요구한다. 윤리적으로 진퇴양난의 형국에 처하는 경우, 우리에게는 대체로 몇 가지 가능한 대안이나 행동 경로가 있게 마련이다. 가장 그럴듯하면서도 상식에 어긋나지 않는 대안들을 가려내는 즉시 우리는 그 각각에 따르는 비용과 효과(직접 · 간접의)를 헤아려냄으로써 그 대안들을 평가한다. 이 분석에 기초하여 우리는 최대의 순기대효용치를 내는 대안, 다시 말하여 그 대안에 의하여 영향받을 공동체의 가장 넓은 범위에 걸쳐 최대의 순이익이나 또는 최소의 순비용을 낼 대안을 선택한다.

예를 들어 어떤 회사가 회사원들의 이메일 메시지 조사와 관련되는 어떤 정책을 결정해야 한다고 치자. 이는 근로자들이 업무 목적으로만 이메일을 사용할 뿐, 어떤 다른 허튼 짓을 하고 있지 않다는 사실을 확인하기 위한 일상적인 업무 수행 상황 점검책의 일환으로 시행함직한 일이다. 이러한 점검 행위는 완벽하게 합법적이다. 하지만 경영자들 가운데는 그것이 회사원들의 프라이버시 침해로 여겨질 수도 있기 때문에 과연 옳은 일일까 하고 의문을 갖는 이들도 더러 있다. 공리주의 모형에 있어서 옳고 그름은 비용/효과 분석에서 투명하게 예견되는 결과에 따라서 결정된다. 이 경우 경영자들은 다양한 선택의 폭을 다음 세 가지로 줄일 수 있을 것이다. (1) 평상시에 이메일을 조사하는 일은 없으며, (어떤 종류의 불법적이거나 범죄적인 활동이 포착되지 않는 한) 회사원들은 신뢰받는다. (2) 경영자들에 의하여 정기적인 이메일 조사가 실시된다. 그러나 이 방침은 사전에 회사원들에게 통보되며, 그 때마다 프라이버시 침해가 없도록 이메일 시스템에 로그인하도록 일깨운다. (3) 경영자들은 회사의 조사 방침을 알리지 않은 상태에서 회사원 개개인과 함께 정규적으로, 그러나 비공개리에 각자의 이메일을 읽는다. 이 대안들 가운데 어느 것이 일반선을 증진시킬 수 있을까, 다시 말하여 어느 대안이 최대의 순기대효용치를 산출할 수 있을까?

〈그림 2〉의 도표는 여러분에게 이 분석이 어떻게 수행될 수 있을까에 대한 아이디어를 제공해 줄 것이다. 이 연습을 통하여 우리는 행동이나 정책에 뒤따를 복잡한 결과를 '객관적으로' 계산하고 그것을 적절히 조정하기란 여간 어렵지 않다는 것을 알게 될 것이다. 바로 여기에 이러한 접근법을 사용하는 데 걸림돌이 되는 주요 장애가 가로놓여 있다. 그럼에도 불구하고 이러한 형태의 분석에는 그 나름의 가치가 있는데, 그것은 그러한 분석이 우

리를 우리 행동의 여러 가지 예상되는 결과들에 대하여 폭넓게 성찰하고, 여러 가지 기술 체계들을 개선·보완하는 데 드는 경제적인 비용은 물론 '인간적인' 비용까지도 참작하도록 이끌어 주기 때문이다.

이 이론은 상당한 강점을 가지고 있는 게 사실이지만 어떤 면에서 보면 매우 위험하기도 하다. 공리주의는 다수의 행복이나 이익을 위하여 소수의 개인들에게 고통을 가하는 행위를 정당화하는 데 쓰일 수 있다. 공리주의자들에게 본질적으로 부당하고 비도덕적인 행위란 없는데, 바로 이 점이 문제이다. 인권이 공리와 갈등을 일으킬 때 어떤 사태가 벌어질까? 일반선을 위하여 그러한 권리는 가끔은 억압되어도 좋은 것인가? 인권 억압에서 얻어지는 이익이 인권 억압 방지 비용을 능가하는 경우, 공리주의에는 인권 억압 사태 예방을 위한 아무런 대책도 없다. 결국 핵심적인 문제는 이 이론이 정의와 인권에 대한 실제적인 이상(理想) 지향의 감각을 결여하고 있다는 사실에 있다.

〈그림 2〉 비용/효과의 분석 도표

	비용	효과
(1) 이메일의 비밀 보장	근로자들에 대한 통제 차단, 이메일의 오용 방지 곤란, 회사가 모르는 상태에서 이메일이 사사롭게 남용될 가능성 있음.	근로자들의 사기 및 근로자 존중의 분위기 유지, 개개인의 프라이버시 보호.
(2) 회사 방침을 알린 상태에서 회사원들과 함께 이메일 조사	프라이버시 침해, 신뢰가 사라지고 사기가 떨어짐, 통신이 신뢰받지 못할 경우, 회사원들의 이메일 이용이 줄어들 가능성—그 대신 보안 수준이 떨어지는 통신 수단을 이용할 가능성이 높아질 것임.	이메일을 통한 직장 상사나 동료들에 대한 비방과 메일 오용 방지 가능, 근로자가 이메일 사용의 위험성을 인식할 가능성, 사적인 목적으로 이메일을 사용할 가능성이 줄어들 것임.
(3) 비공개리에 이메일 조사	대안 (2)와 동일, 다만 회사 방침이 알려질 경우 더 큰 신뢰 상실과 사기 저하를 결과할 가능성.	완벽히 합법적으로 거래상의 기밀 누설 등 회사원들의 잘못된 행위를 포착할 가능성이 높아질 것임.

계약권(계약론)

도덕관을 예시하는 또 하나의 추론 방식은 권리에 기초한 분석법인데, 그것은 더러 '계약론'(contractarianism)이라고 불리우기도 한다. 이 접근법은 문제가 되는 인간의 권리라는 관점에서 도덕적 논제를 바라본다. 여기서 '권리'란 단순히 무엇인가에 대한 자격 부여나 권익 주장이다. 이를 테면 수정헌법 제4조 덕택에 미국 시민들은 자기 집에서 부당한 수색이나 체포를 당하지 않도록 보호받을 자격을 갖게 되었다. 계약론을 지지하는 이들에게는 공리주의적 관점과는 반대로 어떤 행동의 결과는 도덕적으로 부적절하다. 모든 시민은 솔직하게 자기의 권리를 향유하며, 설사 다수의 복지를 최대화하는 데 도움이 되는 경우라 할지라도 그것을 핑계 삼아 소수의 권리를 보류시키거나 폐지할 수는 없다.

여기서 우리는 적극적 권리와 소극적 권리를 구별할 필요가 있다. 소극적 권리의 소유는 그 사람이 자기 일에 대한 외부의 간섭으로부터 자유스러움을 뜻한다.

소극적 권리의 예로는 표현의 자유, 재산권 및 프라이버시권 등이 있다. 모든 시민은 누구나 자기 가정에서의 프라이버시권을 가지고 있기 때문에 그것이 법을 위반할 가능성을 명백하게 보이지 않는 한, 전화 통화를 도청함으로써 국가가 시민의 사사로운 일에 간섭하거나 방해해서는 안 된다.

다른 한편, 적극적 권리란 이 권리를 지닌 사람은 자기의 합법적인 이익을 추구하기 위하여 필요한 것이면 무엇이든지 제공받을 것을 요구할 수 있음을 함축한다. 진료권과 교육권이 적극적 권리의 예이다. 미국에서는 보편적 건강관리권은 다소 모호하지만 교육권은 명백하다. 국가는 어린이들을 12학년까지 교육시킬 의무를 진다. 모든 사람에게 인터넷에 접속할 '권리'가 있다고 한다면, 정부 당국은 그렇게 할 만한 여유가 없는 이들에게 인터넷에 접속할 수 있는 여건을 제공할 의무를 수행해야 한다.

철학적으로 권리의 기초에 관한 논의는 몇 가지 방법으로 이루어진다. 로크(Locke)와 루소(Rousseau) 같은 근대 철학자들과, 롤즈

(Rawls) 같은 현대 철학자들은 개개인과 시민사회 사이에 묵시적으로 맺어진 사회 계약에 따라 우리에게는 기본권이 있다고 주장한다. 개인들은 조직된 시민사회 밖에서 일종의 계약에 동의하는데, 그 계약은 권리와 의무를 포함하여 자기가 소속되어 있는 연합체의 근본 원칙들을 명기하고 있다. 권리는 상호보상(相互補償)의 한 측면이다――시민사회의 법과 규정에 따르는 한, 우리는 (생명권 · 자유권 및 행복추구권 등의) 일정한 권리를 보장받는다. 켈블레이(Charles Kelbley)에 의하면, "우리가 논의하는 것은 사실이 아니라 사회제도와 그것에 대한 개선 노력의 도덕적 본질을 평가하기 위한 하나의 기준으로서 합리적 개인들이 수용할 수 있는 이상(理想)이기" 때문에,[15] 이 계약은 현실적인 것이 아니다.

이 관점에 의하면 도덕적 추론은 이들 개인의 권리 존중과 공정성의 이론에 의하여 이루어져야 한다. 굳패스터(Ken Goodpaster)의 주장대로 "공정성은 사회 제도에의 참여자로서 모든 개인이 평등하게 대우받을 때 확산되는 조건이다."[16] 요약하면, 권리에 기초한 윤리에의 접근법은 개개인의 법적 · 도덕적 및 계약의 권리를 정의와 공정성의 기초로서 존중해야 할 필요성에 초점을 맞추고 있다.

대부분의 권리에 기초한 이론들이 지니고 있는 문제점은 권리들간에 갈등이 일어날 때 실제적인 분규의 해결을 위하여 적절한 기준을 제시하지는 못한다는 점이다. 예를 들면, 인터넷에 스팸을 띄우는 사람들은 자기네들은 '표현의 자유'를 행사하고 있을 뿐이라고 주장한다. 그러나 그것을 받는 이들은 스팸은 아주 침입적(侵入的)이어서 자기들의 '프라이버시권'을 침해한다고 주장하는 것이다. 현실적인 어려움은 우리가 어느 쪽 권리를 보다 더 우선시할 것인가 하는 데 있다. 권리에 기초한 이론들이 이 결정을 내리는 데 있어서 반드시 도움이 되지는 못한다.

자연권

우리는 이 사회계약의 기반이 얼마나 확고한가에 대하여 의문을 갖고 있다. 그러한 계약에 토대를 두지 않는 기본 인권을 정당화할 수 있는 다른 방도는 없을까? 자연법 철학은 전통적으로 모든 사람은 인간 본질의 밑바닥에 근본적인 자연권을 타고났다고 전제하고 있다. 그것은 인간의 완성이나 인간의 번영이 존재의 최종 목표라는 점을 강조한다. 다시 말하여 인생에 있어서 사람들이 가지는 궁극 목적은 하나의 인격적 존재로서 자기의 가능성을 최대한 실현하는 것이다. 여기서 이 이론은 우리로 하여금 정보 관리의 관행과 정책을 유리한 입장에서 평가할 수 있도록 한다. 정보 관리의 관행과 실천이 인간의 안녕을 중요하게 여기고 촉진하며 인간의 번영에 기여하는가, 아니면 그것을 방해하는가?

이 시대의 자연법 이론가인 피니스(John Finnis)는 토마스 아퀴나스(St.Thomas Aquinas)의 철학으로부터 발전한 자연법 이론의 기본 노선을 벗어나지 않으면서도 오늘날의 상황에 맞는 자연법 윤리를 발전시켜 왔다. 인간으로서 우리의 번영에 핵심이 되는 일곱 가지의 전도덕적 선(前道德的 善)이 있다는 그의 주장을 상기해 보자. 즉, (1) 생명과 건강, (2) 지식, (3) 놀이, (4) 미적 체험, (5) 사교(우정), (6) 종교 및 (7) 실천적 추론 능력 등이 그것이다. 실천적 추론 능력에는 자율성이라는 가치가 포함되는데, 그것은 우리들이 다른 기본선에 참여하는 모양새를 결정해 주기 때문에 이 일곱 가지 선들 가운데서 가장 중요하다. 또한 실천적 추론 능력에는 하나의 요건이 있다. 그것은 "자기 자신에게 있어서건 타인에게 있어서건 간에" 기본적 가치 가운데 어느 하나에라도 직접적으로 반하는 선택을 하는 것은 비이성적인 일이라는 것이다.[17] 한 걸음 더 나아가서 이 의무에 뒤따르는 필연적 결과들 역시 명백한 인권이다. 예를 들면 생활권, 실제 의사소통에 있어서 진실을 요구할 권리, 잘못된 비난으로 매도당하지 않을 권리 등등이 그것이다.[18]

자연법/자연권의 전통은 대부분의 경영 및 컴퓨터 윤리 관련 서적에서 외면당해 왔다. 그것은 아마도 이 전통이 지니고 있는 비실용성 때문일 것이다. 하지만 이 전통은 우리에게 사이버 공간에서의 윤리적 난제들을 해결할 수 있는 유리한 고지를 제공해준다. 그것은 우리로 하여금 어떤 정책이나 행동이 인간의 번영과 그 맥을 같이 하는가, 다시 말하여 피니스가 지적해낸 핵심적 인간선의 실현에 기여하는가를 성찰하도록 한다. 아니면, 그 정책과 행동이 인간의 기본선 가운데 어느 한 가지에라도 반하지 않도록 신중히 선택되어야 한다는 의무로부터 연유되는 권리들과 충돌하지는 않는가? 이러한 문제가 만족스럽게 대답되어질 수 없다면, 그것은 분명히 뭔가가 심각하게 잘못되고 있다는 신호인 것이다.

피니스가 자신의 자연권 이론을 아퀴나스의 약간은 거추장스러운 형이상학으로부터 끌어내려고 시도하였지만, 그의 비판자들은 그가 성공하지 못하였다고 주장한다. 그들은 그의 전도덕적 선 목록이 자의적(恣意的)인 것이며, 자연법이 작동하기 위해서는 존재론적 기반이 필요하다고 주장한다. 이 비판에 따르면, 피니스가 선의 기본 형태에 대한 자신의 목록을 어떻게 정당화하고 있는가가 불분명된다. 피니스는 그것들은 이성적인 사람이라면 진지한 성찰 끝에 수용할 만한 기본선이라고 주장하고 있다. 하지만 리스카(Anthony Lisska)는, "우리는 기본선을 직관으로 아는데, 그 선들은 인간의 복리(福利)에 부합된다. 그러나 무엇이 그 인과관계를 형성하는가?"라고 묻고 있다.[19] 이는 분명히 더 이상 탐색해 나갈 수 없는 복잡한 문제이다. 하지만 피니스는 이 선(善)들 하나하나에 대하여 중요한 논리적 근거를 제시하고 있으며, 이것이 그의 입장을 객관성을 지닌 그럴 듯한 것으로 만드는 데 기여하고 있는데, 이 사실은 지적해 둘 만하다.

도덕적 의무(다원론)

마지막으로 제시하고자 하는 이론은 칸트(Immanuel Kant ; 1724~1804)의 도덕 철학에 기초를 두고 있다. 그것은 짧지만 난해한 그의 윤리학에 관한 대작인 『도덕에 관한 형이상학의 근본원리』에서 찾아볼 수 있다. 이 책은 도덕관은 사람들이 자기의 도덕적 의무를 분별하고 수행함으로써 가장 잘 표현된다고 가정한다. 이 의무 개념에 기초한 의무론적 윤리 이론을 가리켜 더러는 다원론(pluralism)이라고 부르기도 한다.

칸트는 어떤 행동의 결과는 도덕적으로는 적실성을 갖지 못한다고 믿고 있었다. 즉, "의무감에서 이루어지는 행동이 도덕적 가치를 지니는 것은 그 행동을 통하여 성취되는 목적에서가 아니라 그 행동의 모양새를 결정해 주는 행위 준칙에서이다."[20] 칸트에 따르면 행동이 도덕적 가치를 지니는 것은 오직 그것이 의무 수행을 위하여 행하여질 때뿐이다. 그러나 우리의 의무는 무엇이며, 그것을 어떻게 찾아낸단 말인가? 칸트의 철학 체계에 있어서 우리의 도덕적 의무는 간단하다. 도덕적 준칙을 따르되 합리적이면

된다. 여기서 도덕적 준칙은 과학이나 물리학의 법칙과 비슷하다. 또한 모든 합리적 법칙들과 마찬가지로 도덕 준칙 역시 보편적이어야 하는데, 그것은 보편성이야말로 합리성과 법칙의 공통되는 성질이기 때문이다. 이 보편적인 도덕 준칙은 "자기의 행위 준칙이 곧 보편적 법칙으로 될 수 있는 그런 방식이 아니면 결코 행동하지 말라"라는 정언명법(定言命法)으로 표현된다.[21] 이 명령은 "절대적"인데, 그것은 어떤 예외도 허용하지 않기 때문이다.

칸트의 정언명법에 준해서 본다면, '행위 준칙'이란 어떤 특정 행동의 기초가 되는 묵시적인 원칙이나 규칙이다. 이를 테면 내가 평소에 늘 약속을 어긴다고 치자. 그렇다면 나는 약속 어기기가 나에게 최선의 이익이 될 때에는 도덕적으로 수락될 수도 있다는 사사로운 행위 준칙을 따라서 행동하는 것이 된다. 그러나 우리는 이 행위 준칙을 채택하되 그것을 보편적인 도덕 준칙으로 바꿀 수 있을까? 보편적 준칙으로 이 행위 준칙을 표현하면 다음과 같이 된다. "그렇게 하는 것이 그에게 최선의 이익이 될 때에는 누구나 약속을 어겨도 된다." 하지만 그런 준칙은 부당하다. 왜냐하면 거기에는 논리적 모순이 따르기 때문이다. 누구나가 약속을 어긴다면 약속 맺기라는 관념이 아예 그 이해의 근거를 상실해 버릴 것이며, 따라서 '보편적인 약속 어기기'라는 말은 (마치 '네모진 동그라미'라는 말과 마찬가지로) 논리적으로 성립되지 않는다. 그런 분위기에서는 약속을 맺는 사람은 누구나 신뢰성 없는 사람이기 때문에 '약속'이라는 것 자체가 존재하지 않게 될 것이다. 따라서 이 행위 준칙은 명백히 모순이며, 그래서 그것은 보편적 법칙으로 바뀌자마자 자멸하게 된다. 칸트에 의하면, 이처럼 자기모순적인 보편적 행위 준칙은 도덕적으로 모두 금지된다.

칸트의 정언명법은 그의 궁극적인 윤리 원칙이다. 그것은 곧 어떤 행동의 옳고 그름을 판별하는 엄밀한 시험인 것이다. 보편화의 시험을 통과하지 못하는 행동은 금지된다. 정언명법은 우리에게 올바르고 일관성 있는 행동 과정을 결정하기 위한 믿음직한 방도를 제공하는 안내자 내지는 '도덕적 나침반'으로서 기능한다. 보위(Norman Bowie)에 의하면 "정언명법의 시험은 페어플레이의 원칙이 된다——페어플레이의 기본적 특징 가운데 하나는 자기 자신을 예외로 만들지 말라는 것이다."[22)]

우리는 또한 정언명법에서 계약 이행의 의무, 진실을 말할 의무, 남에게 상해를 입히지 않을 의무 같은 몇 가지 다른 의무들을 추출해낼 수 있다. 칸트는 이 의무들 역시 그 하나하나가 다 절대적이고 예외가 인정되지 않는다고 주장하였을 것이다. 왜냐하면 그런 예외가 바탕에 깔려 있는 행위 준칙은 보편적일 수 없기 때문이다.

우리는 칸트의 이론을 사이버 공간에서 펼쳐지고 있는 윤리적 딜레마에 어떻게 적용할 수 있을까? 스팸의 문제로 다시 한 번 돌아가 보자. 스팸 띄우기는 보편화될 수 있는 행동만을 하라는 칸트의 정언명법의 정신을 명백하게 위반하고 있다. 여기서 우리는 스팸 띄우기 방침에 입각한 온라인 광고에 관심을 갖고 있는 기관이나 상인들 모두가 사이버 공간을 통하여 정규적으로 엄청난 양의 이메일을 발송한다고 가정할 때 어떤 일이 벌어질 것인가를 상상해 보아야 한다. 의심의 여지없이 전세계의 이메일 시스템과 심지어는 인터넷 자체까지도 고장을 일으켜 금방 그 기능이 정지되어 버릴 것이다. 결국 스팸 띄우기는 합리적으로 보편화될 수 있는 행동 방식이 아닌 것이다.

칸트 윤리 체계의 중심에는 우리 행동에 대한 합리적 제약이 있을 수 있다는 관념이 자리잡고 있다. 우리가 어떤 행동, 이를 테면 엄청난 양의 아무 쓸모도 없이 그저 성가시기만 한 이메일 메시지를 보내는 따위의 행동을 하고 싶어할 수는 있을 것이다. 그러나 모든 사람이 똑같은 행동을 취한다고 가정할 때, 그것이 곧 무엇을 의미하는가를 심사숙고하고 그것이 초래할 엄청난 폐해를 고려하여 그러한 행위를 자제하지 않는다면 우리는 스스로 자기모순에 빠지게 될 것이며, 따라서 비윤리적으로 되고 말 것이다. 칸트에 의하면 우리 자신을 예외로 만드는 것은 비도덕적인 일이다. 스패머들이 '맹목적으로' 하는 행위가 바로 이것이다. 가장 간단한 용어로 표현하면, 칸트의 정언명법은 다음과 같은 문제를 제기하고 있다 : "당신이 하고 있는 일을 만일 모든 사람이 한다면 과연 어떤 일이 일어날까?" 결국 모든 사람이 스팸 띄우기를 마구 한다면 인터넷에 있어서 그 결과는 하나의 재난이 될 것이다.

칸트에 관한 논의를 결론짓기 전에 그의 제2의 정언명법, "너의 사람이건 다른 이의 사람이건 간에 사람을 오직 목적으로만 대할 뿐 수단으로 대하지 말라"를 인용하는 게 좋을 것이다.[23] 칸트나 피니스 같은 도덕론자들에게 있어서 인간을 목적으로 대한다는 원칙은 모든 사람의 행동의 자유를 제한하는 하나의 원칙으로 기능한다. 우리는 다른 사람을 착취할 수 없으며, 그들을 우리의 목적이나 목표를 달성하기 위한 수단으로 다룰 수도 없다. 우리의 계획이나 목표가 다른 사람의 가치를 능가할 수는 결코 없는 것이다. 이 원칙은 또한 '존경'(respect)의 관념으로 요약될 수도 있다. 보편적 도덕성을 표현하는 하나의 방법은 '다른 사람에 대한 존경'이라는 일반 원칙으로 표현하는 방법이다. 그들은 자유롭고 이성적인 인격이기 때문에 그러한 존경을 받을 자격이 있는 것이다.

칸트의 도덕 철학이 갖는 하나의 문제점은 그것의 경직성에 있다. 절대적 정언명법으로부터 나온 도덕 준칙에는 도대체 예외라는 게 없는 것이다. 여기서는 설사 우리가 거짓을 말하는 것이 오히려 이성적이고 적절한 행동일 때(예를 들어, 사람의 목숨을 구하기 위한 경우)를 상정할 수 있다고 하더라도 거짓말은 언제나 잘못이다. 이 경우 진실을 말해야 한다는 준칙과 위험에 처한 사람의 목숨을 구해야 한다는 준칙 사이에서 도덕 준칙의 충돌이 일어나고 있는 것인데, 우리는 이런 상황에 처하여 이 두 가지 준칙 가운데 어느 한 쪽에 대하여는 예외를 인정할밖에 다른 도리가 없는 것이다. 에빙(A. C. Eving)은 다음과 같이 지적하고 있다.

> … 두 가지 준칙이 충돌할 경우, 우리가 그 각각의 준칙에 따를 경우에 나타날 결과의 선악을 고려하지 않은 채 합리적인 결정을 내리기란 어렵다. 참을 말하는 것이 아무리 중요하고 거짓을 말하는 것이 아무리 죄악스런 짓이라 해도, 하나의 거짓말로 더 큰 죄악을 막을 수 있는 경우는 분명히 있다. 그 경우에도 거짓말이 잘못이란 말인가?[24]

칸트의 도덕 철학이 응용윤리학의 많은 분야들에서 그 적실성이 인정되고 있음에도 불구하고, 두 가지 준칙이 충돌할 경우 결과를 고려하는 선택을 피하기 어렵다는 에빙의 주장은 칸트의 도덕 철학이 지니고 있는 문제점을 잘 드러내 보인다. 현대 영국의 철학자 로스(William D. Ross ; 1877～1940)는 칸트의 경직성으로 인해 야기되는 딜레마를 극복하기 위한 시도로서 의무에 기초를 둔 하나의 대안철학(代案哲學)을 제안하고 있다. 로스는 그의 저서 『권리와 선』에서 우리는 더러 '명백한' (prima facie) 의무를 준행해야 하는 경우를 맞게 되는데, 간단한 성찰을 통해서도 우리는 그것을 직관으로 알 수 있다고 주장한다. 이 의무들은 조건적일 뿐

절대적인 것이 아니라는 의미에서 '명백한' 것이다. 이는 곧 정상적인 여건 아래서 우리는 어떤 특정한 의무를 준행해야 하지만, 의무들이 서로 충돌을 일으키는 비상의 상황에서는, 적어도 이 특수 상황 아래서 더 우선된다고 판단되는 의무가 그렇지 못하다고 판단되는 다른 의무를 무시하고 뛰어넘을 수도 있음을 의미한다. 로스에 의하면 도덕 규칙이나 원리는 칸트가 주장하는 것처럼 그렇게 정언적(定言的)이지는 않으며, 따라서 예외의 경우도 있게 마련이다. 그러므로 어떤 하나의 도덕 원리가 희생되거나 무시될 수는 있으나, 그것은 어디까지나 어떤 다른 도덕 원리를 위한 경우일 뿐, 자의적이고 이기적이거나 공리주의적인 이유 때문인 것은 아니다.

로스에 의하면 모든 도덕 행위자들이 이행해야 하는 '명백한' 도덕 의무 일곱 가지는 다음과 같다.

1. 약속을 지키고 진실을 말할 것(성실성)
2. 다른 사람에게 가해진 잘못을 바로잡을 것(배상)
3. 재화를 공정히 배분할 것(정의)
4. 덕, 지성 및 행복을 존중하는 쪽으로 다른 사람의 운명을 개선할 것(유익)
5. 덕과 지성을 쌓는 쪽으로 스스로를 개선할 것(자기 수양)
6. 그렇게 하는 것이 적절하다고 여겨질 때에는 언제나 고마움을 표시할 것(감사)
7. 다른 사람에게 상처를 입히지 말 것(상해 입히지 않기)

로스 이론에는 이중의 아킬레스 건이 있다. (1) 그의 의무 덕목은 자의적이다. 왜냐하면 그 덕목은 형이상학적으로나 철학적으로 기초지워져 있지 않기 때문이다. (2) 또한 이 덕목은 완성된 것으로 보이지도 않는다——예를 들어 남의 재산을 훔치지 말라는 의무 덕목은 어디에 있단 말인가? 그것은 제7항목에 포함될 수도 있겠지만 그나마 아주 애매모호하다. 더욱이나 모든 사람이 (다른 문화권에 속한 사람들조차도) 이 동일한 원칙들을 단지 '직관으로 안다'는 게 정말 사실일까? 결국 『권리와 선』이라는 책은 두 가지 '명백한' 의무 덕목 사이에서 충돌이 일어나는 딜레마를 해결하는 데는 거의 아무런 도움을 주지 못한다. 로스는 어떤 하나의 의무 덕목이 다른 덕목보다 더 긴급하고 절박한 때가 언제인가를 결정하기 위한 구체적 기준을 거의 제시하지 못하고 있는 것이다.

하지만 이러한 결점에도 불구하고 로스의 이론은 우리가 이미 고찰한 다른 이론들과 마찬가지로 장점이 전혀 없는 것은 아니다. 우리가 어떤 특정 상황에서 우리의 의무에(충돌하는 의무들에까지도) 사고의 초점을 맞추는 것은 어떤 궁지나 곤경에 관한 도덕적 추론의 출발점으로서는 가치 있는 일인 것이다. 더욱이나 도덕적 난제에 맞닥뜨릴 경우, 진지하면서도 합리적인 사람은 어떤 의무 덕목이 우선권을 가져야 하는가를 결정짓기 위한 건전하고도 객관적인 이유를 개발할 수 있는 것이다.

도덕 이론에 관한 후기

우리가 고찰한 바와 같이 이 이론들은 어느 것 하나 결점과 모순이 없는 것이 없다. 하지만 이 이론들은 특히 도덕적 문제점들이 도덕적 상식을 초월하는 것일 때, 그것들에 관한 합리적 추론의 길을 열어 나가는 데 각각 나름대로 기여하고 있다. 또한 그 이론들은 공통되는 몇 가지 요소를 가지고 있는데, 특히 '다른 사람'을 지향하고 있는 것, 즉 대안적 행동 계획을 평가하는 데 있어서 다양한 지지층의 입장을 고려해야 한다거나, 다른 사람의 도덕적 내지 법적 권리와, 다른 사람을 수단으로가 아니라 목적으로 대해야 한다는 의무 등을 고려할 필요성을 제기하는 것 등이 그것이다. 한 걸음 더 나아가 이들 이론들은 모두 인간의 권리 · 욕구 및 소망보다 개인이나 회사가 추진하는 프로젝트의 가치를 더 우선시할 수는 없다는 사실을 보여준다.

윤리 이론에 관한 논의를 맺기 전에 우리는 그 이론들이 사이버 공간의 전자 영역에서 일어나는 도덕적 난제를 해결하는 데 어떻게 적용될 수 있는가에 대하여 요약하기로 한다. 다음 표는 앞에서 논의한 세 가지 기본 이론들을 행동으로 옮기기 위한 요약된 틀을 제시하고 있다.

이론 형태	조작적 질문
결과론/공리주의	어느 행동이나 방침이 모든 관련 당사자들에게 최선의 결과나 최대의 기대효용치를 산출해 줄까?
의무에 기초한 윤리학	고려되고 있는 행동 방침의 기초를 이루고 있는 준칙은 과연 보편화될 수 있는가? 페어플레이의 원칙이 위반되고 있지는 않은가? 의무 덕목들 사이에서 갈등이 일어나고 있을 경우, 어느 의무 덕목이 더 중요한 것인가?
권리에 기초한 윤리학	관련된 개개인들의 인간적 및 법적 권리를 가장 잘 보호하는 행동이나 방침은 무엇인가? 제안된 행동이나 방침은 인간 번영을 위한 기본 요건들에 장애가 되지는 않는가?

이 세 가지 이론이 어떤 하나의 수수께끼에 대하여 동일한 해답을 수렴해내는 경우도 더러 있을 것이다. 또 가끔은 이 세 가지 이론이 서로 다른 해답을 제시하는 경우도 있을 것이다. 이 경우에 우리는 어느 이론이 다른 이론을 '제압' 하거나 또는 다른 이론보다 우선시될 것인가를 결정해야 한다. 이 결정에는 주의깊고 객관적인 추론이 요구된다. 책임 있는 행동을 하기 위해서는 종종 이 가외(加外) 단계의 이행이 요구될 것이다. 인터넷은 일찍이 칸트나 밀이 상정할 수 없었던 특이한 윤리적 도전을 불러일으키고 있다. 그러나 이들의 이론은 아직도 여전히 이 어려운 문제들에 다가갈 수 있는 일반적인 접근법을 제시해 준다.

이 이론 하나하나가 다 나름대로의 결점을 지니고 있기 때문에 두세 가지 이론의 중심 요소들을 결합시켜 보려는 시도가 종종 있어 왔다. 그러한 시도 가운데 하나가 무어(James Moor)의 정당한 결과주의 모델(model of just cosequentialism)이다. 무어는 '순수한 결과주의' (pure consequentialism)의 결함을 인정하고, 정의(正義)를 고려하여 그것이 제약되어야 한다고 주장한다. 도덕적 추론의 출발점은 정의의 원칙과 생명과 행복을 포함하는 인권 및 자율성 보호의 원칙이다. 물론 우리가 그러한 권리를 저해하는 일이 있어서는 안 된다. 하지만 우리가 어떤 권리를 저해할 필요가 있는 것이 언제인가는 어떻게 결정할 것인가? 무어는 "이러한 갈등을 푸는 데 유용한 정의에의 좋은 접근법으로서 도덕적 불편부당성의 개념을 제시하고 있다"고 하여 우리에게 거트(Bernard Gert)의 저서 『도덕성』을 추천한다.[25] 정의는 불편부당성(즉, 공정성)을 요구한다. 따라서 누군가가 다른 사람이 어떤 방침을 채택하는 것은 허용하지 않으면서 자기 자신은 그 방침을 채택한다면 그것은 부당하다는 것이다. 무어는 불완전한 컴퓨터 칩 설치 방침을 채택하는 경우를 예로 든다. 설사 아무 회사나 사람들에게 손해를 끼칠 수도 있는 불완전한 상품을 제조할 수 있는 것이 일반적인 방침이라 할지라도, 합리적인 사람으로서 그러한 방침을 받아들이는 경우는 없을 것이라는 것이다. 왜냐하면, 이성적인 사람 치고 자기 자신을 위험에 빠트리려 드는 사람은 없기 때문이다.

거트의 불편부당성 검사는 두 단계로 이루어진다. 즉, (1) 주어진 상황에 적용할 만한 도덕 준칙 결정하기와, (2) 그 준칙이 대중적으로 허용되어야 할 것인가의 여부 고려하기 등이다. 즉, 모든 사람이 그 준칙을 따른다면 그 결과는 어떻게 될 것인가? 거트는 이 불편부당성을, 문제의 준칙을 따르는 데서 예측되는 여러 가지 결과들에 대한 지식을 제거하지 않은 채, 그 여러 가지 결과로부터 누가 이익을 얻고 누가 손해를 입게 되는가를 고찰할 수 있도록 하는 "정의(正義)의 눈가리개"로 본다. 이 정의의 눈가리개 또는 불편부당성 검사는 칸트 철학을 방불케 하는 것으로서, 곧 결과주의에 대한 제약이다. 이 검사를 컴퓨터 운용 방침에 적용한다면 "모든 합리적이고 불편부당한 사람들에게 어떤 방침은 정의로운 것으로 여겨질 것이고, 다른 방침은 논란의 대상이 되기도 할 것이다."[26]

우리가 일단 불편부당성 검사를 통하여 어떤 방침들이 정당하다는 결정을 내리는 즉시 우리는 이 정책들 가운데 어떤 정책이 결과를 최적화(最適化)할 수 있는 것인가를 결정할 수 있을 것이다. 예를 들어 우리가 인터넷상에서의 프라이버시 증진을 위하여 정당한 정책 두 가지를 고려하고 있다고 할 때, 우리는 최선의 결과를 산출할 정책, 분명히 효과가 비용을 명백히 능가하는 방침을 선택해야 할 것이다.

그러므로 '정당한 결과주의'에는 몇 가지 명백한 이점이 있다.

우리는 이를 통해서 다수를 위한 유익한 결과를 최대화할 수 있다. 희생될 수 없는 정의와 인권의 문제에 적절한 관심을 갖고 결과라는 것을 통해 도덕적 딜레마를 분석할 수 있게 된다.

규범적인 원칙들

이론이 너무 추상적이어서 복잡한 딜레마에 적용하기 어렵다는 사실을 발견하는 이들에게는 원칙론(principilism)이라고 알려진 또 하나의 접근법이 유용하다. 이 접근법은 생의학(生醫學) 윤리에서 일반적으로 통용되고 있는데, 보샹(Beauchamp)과 차일드레스(Childress)의 저서를 통하여 널리 알려지게 되었다.[27] 이 중용적(中庸的)인 원칙들은 이 절에서 몇 가지로 나누어 설명되는 이론들 모두로부터 나온 것이며, 그것들과 양립될 수 있는 것이기도 하다. 그 이론들은 늘 힘을 발휘하기도 하지만 가끔은 갈등에 빠지기도 하는 '명백한' 의무 덕목들을 구성한다. 보샹과 차일드레스가 제안하는 네 가지 원칙은 (1) 자율성, (2) 행악(行惡) 금지, (3) 선행, 그리고 (4) 정의이다. 또한 이 접근법 주창자들은 하나의 '명백한' 원칙이 다른 원칙보다 더 중시되어야 하는 시기를 결정하는 "신중을 기해야 하는 요건들"을 제시하고 있다. 이 요건들에는 "우리가 명예로운 것으로서 선택한 도덕적 목표 달성에 현실적 전망이 있음을 확신하기, 서로 갈등을 일으키고 있는 두 개의 의무 덕목을 모두 명예롭게 만드는 대안적 행동 경로가 없음을 확정하기, 그리고 그 '명백한' 의무 덕목을 침해하는 부정적 효과를 최소화하기" 등이 포함된다.[28]

자율성의 원칙

칸트와 여타의 철학자들은 일관되게 사람의 사람다움을 규정하는 요소는 사람이 지니고 있는 자율(自律)의 능력 또는 자결(自決)의 능력이라고 주장해 왔다. 도우펠트(Gary Doppelt)에 의하면 "칸트적인 사람다움의 개념은 사람들에게서 규범적 자기 결정을 위한 합리적 추론 능력의 최고 가치를 도덕적으로 확인할 수 있다는 사실과 연계된다."[29] 합리적인 사람이면 누구나 핵심이 되는 도덕적 능력 두 가지를 지니고 있는데, 그것은 즉, (1) 그들은 자기들이 지니고 있는 훌륭한 삶의 이상을 추구하기 위하여 합리적 계획을 수립하고 그것을 수정해 나갈 수 있는 능력을 소유하고 있으며, (2) 그들은 또한 다른 사람들이 지니고 있는 이 동일한 자기 결정 능력을 존중할 수 있는 능력도 소유하고 있다는 등이다. 따라서 자율성은 도덕적 책임의 필요조건일 뿐만 아니라, 개인들은 이 자율성의 행사를 통해서 스스로가 지니고 있는 최선의 삶의 이상에 따라 자기 운명을 형성해 나가기도 하는 것이다. 누군가가 자율성을 박탈당할 때 그들의 계획은 방해를 받게 되며, 또한 그들은 자신들이 당연히 받아야 할 대우를 받지 못하게 된다. 자율성의 존중이 여타의 도덕적 고려사항 및 주장들과 균형을 이루어야 함은 물론이다.

행악 금지의 원칙

행악 금지의 원칙은 "무엇보다도 먼저 남을 해치지 말라"라는 도덕 명령에 잘 요약되어 있다. 이 핵심 원칙에 따르면, 가능한 한 우리는 남에게 불필요한 해악을 끼치거나 상해를 입히는 일을 피해야 한다. 남에게 상해를 입히지 말라는 이 소극적 명령은 더러는 '최소한의 도덕'이라고 불리우기도 한다. 우리가 아무리 도덕적 행위 준칙을 새로이 개발하고자 할 수 있다고 하더라도 이 명령에는 특별한 지위가 부여되어야 마땅하다. 우리가 이미 앞에서 논의한 이론들에서 본 바와 같이 대부분의 도덕 체계들은 이 최소한의 요구 조건들을 충분히 충족시키고 있다. 그렇다고 하여 그것이 이 원칙의 핵심적 중요성을 감소시키지는 못한다. 군네먼(Jon Gunneman)과 그의 공저자(共著者)들에 의하면,

> 인류학이나 비교윤리학 문헌에서 우리는 남에게 해악을 끼치지 말라는 명령이 빠진 도덕 준칙을 가진 사회를 본 일이 없다. 교정(矯正)과 복권(復權)의 방식은 물론이고, '해악'이나 '사회적 상해'라는 특수 개념이 사회마다 다양하게 차이를 보일 수는 있지만, 이 명령만은 반드시 포함하고 있다.[30)]

선행(善行)의 원칙

선행(beneficence)은 여러 가지 방식으로 정식화되어 온 일종의 적극적 의무이다. 가장 간단한 용어로 표현하면 선행이란 그렇게

할 수 있을 때 우리가 다른 사람의 복지를 증진시키는 방식으로 행동해야 함을 의미한다. 달리 표현하면 우리는 다른 사람을 도와야 할 의무가 있다는 것이다. 그러나 이것은 진정 무엇을 의미하는가? 내가 어떤 다른 사람이나 기관을 도와야 하는 것은 어느 때인가? 우리가 모든 사람을 다 도울 수는 없는 일이고, 또한 누군가가 도움을 필요로 한다고 해서 그 때마다 그 상황에 끼여들 수도 없는 노릇이다. 따라서 그러한 도덕적 의무가 발생하는 것이 언제인가를 결정하기 위한 특정한 기준이 필요하다. 일반적으로는 다음과 같은 조건에서 우리는 다른 사람들을 도와야 할 의무를 갖는다고 말할 수 있을 것이다.

☆ 도움이 절실하게 또는 긴급하게 필요하다.
☆ 우리가 그러한 상황을 알고 있거나 의식하고 있다.
☆ 우리에게 도움을 줄 수 있는 능력이 있다[여기서는 "당위(當爲)는 가능(可能)을 전제로 한다"가 작동 원칙이다].

예를 들어 올림픽에 출전했던 수영 선수가 어떤 사람이 해변에서 익사의 위험에 처해 있는 것을 보고 있다고 치자. 이 경우 그에게는 그 사람을 구출하려고 시도해야 할 의무가 있는 것이다. 그 사람을 구출할 방도가 그것뿐이고, 수영 선수 출신의 생명에 위험이 거의 없는 경우에는 특히 그러하다. 이 원칙은 사회가 보편적인 인터넷 서비스를 제공해야 한다는 약간은 문제가 될 만한 선행의 의무를 평가할 때 어느 정도의 적실성을 갖는다.

정의의 원칙

비록 여러 정의론들이 다양한 차이를 보이고는 있지만, 다음 기본 원칙만은 공통적으로 지닌다 : "동일한 경우는 동일한 방식으로 다루어야 한다." 무엇보다도 먼저 정의는 공정한 대우와 불편부당성을 필요로 한다. 이것은 정의의 형식적 원칙이다. 여기에 "동일한" 경우가 무엇인지를 결정하기 위한 기준이 보완될 필요가 있다. 이는 다시 분배적 정의의 이론으로 나아가는데, 이 이론은 사회가 보유하고 있는 희소 자원의 배분 방법에 바탕이 될 원칙을 정립한다. 몇몇 이론들은 재화가 균등하게 배분되어야 한다는 점을 강조한다. 이를 테면 롤즈(John Rawls)는 그것이 모든 이들, 특히 가장 가난한 이들에게 도움이 되는 경우에는 재화의 불평등한 배분을 수락할 수도 있다(차등의 원칙)고 주장하고 있으면서도 기본적으로는 평등주의 접근법을 채용하고 있다.[31] 다른 이론들은 다음 명제에 정식화되어 있는 것처럼 기여(寄與)와 노력(努力)을 강조한다. "혜택이나 자원은 각 개인이 사회 목표 증진을 위하여 기여한 정도에 따라서 배분되어야 한다." 또 하나의 정의론은 사회주의와 연관되어 있는데, "각자로부터는 그들의 능력에 따라서, 각자에게는 그들의 필요에 따라서!"라고 하여 필요에 기초한 분배를 주장하고 있다.[32]

여기서 우리의 목적은 어떤 한 이론을 반대하여 다른 이론을 옹호하려는 데 있지 않고 도덕적 판단은 정의의 형식 원칙에 기초하여 이루어져야 하며, 어떤 집단이나 사회에서 혜택이나 부담이 공정하게 배분되는 방법에 관한 어떤 기준이 고려되어야 한다는 사실을 논증하고자 하는 것이다.

이 책에서 고찰하고 있는 논쟁적인 문제들에 대해서 이 중용적 도덕 원리를 적용하지 못할 이유가 없다. 그것은 분명히 보편적이어서 생명 윤리 분야는 물론 컴퓨터와 인터넷 윤리 분야에도 적용이 가능하다. 이들 실천적 원칙에 유의하여 행동 방침을 선택하고 정책을 개발하는 사람은 확실히 도덕적 관점에 일치하는 주의성(注意性)과 신중성(愼重性)을 가지고 행동하고 있다고 할 수 있을 것이다.

토의문제

1. 목적론적 윤리 이론과 의무론적 윤리 이론의 기본적인 차이는 무엇인가?
2. 칸트의 도덕론을 설명하고 비판적으로 분석하라.
3. 도덕적 추론의 과정에서 결과에 대한 고려를 배제하는 게 가능한 일일까?
4. '정당한 결과주의'를 설명하고 비판하라.

주석

1) Lessig, L., *The Law of the Horse and The Laws of Cyberspace*, Available at http://cyber.harvard.edu/lessig.html.
2) Easterbrook, F., 1996. Cyberspace and the Law of the Horse. *University of Chicago Law Forum* 207.
3) Foot, P., 1979, *Moral Relativism*, Lindley Lecture, Department of Philosophy, University of Kansas.
4) Lessig, L. *The Laws of Cyberspace*, p. 5.
5) Lessig, L. 1997. Tyranny in the Infrastructure. *Wired* 5.07:96.
6) Ellul, J., 1964. *The Technological Society*. Trans.John Wilkinson. New York: Vintage Books. p. xxv.
7) Ellul, J., p. 14.
8) Winner, L., 1977. *Autonomous Technology: Technics-out-of-control as a Theme of Political Thought*. Cambridge: MIT Press, p. 229.
9) Regan, P., 1995. *Legislating Privacy*. Chapel Hill, NC: University of North Carolina Press, p. 12.
10) Taylor, C., 1991. The Ethics of Autheticity. Cambridge, MA : Harvard University Press, p. 12.
11) Goodpaster, K., 1985. Some Avenues for Ethical Analysis in Management. In Matthews. J. et al. *Policies and Persons*. New York : McGraw-Hill, p. 495.
12) 예를 들어, Spinello, R. A., 1995, *Ethical Aspects of Information Technology*, Englewood Cliffs, NJ: Prentice Hall의 제2장이나, Rachels, J., 1986, *The Elements of Moral Philosophy*, New York : Random House ; 그리고 Frankena, W. K., 1963, *Ethics*, Englewood Cliffs, NJ: Prentice Hall 등을 보라.

13) Mill, J. S., 1976, *Utilitarianism*, in Glickman, J., *Moral Philosophy*, New York: St. Martin's Press, p. 540.

14) Frankena, W.K., p. 29.

15) Kelbley, C., 1975, Freedom from the Good, in Johann, R., *Freedom and Value*, New York: Fordham University Press, p. 173.

16) Goodpaster, K., p. 497.

17) Finnis, J., 1980, Natural Law and Natural Rights, New York: Oxford University Press, p. 225.

18) Finnis J., p. 225.

19) Lisska, A., 1996, *Aquinas' Theory of Natural Law*, New York: Oxford University Press, p. 161.

20) Kant, I., 1959, *Foundations of the Metaphisics of Morals*, Indianapolis: Bobbs Merrill, p. 16.

21) Kant, I., p. 18.

22) Bowie, N., 1999, *Business Ethics: A Kantian Perspective*, Oxford: Blackwell Piblishers, p. 17.

23) Kant, I., p. 36.

24) Ewing, A. C., 1965, *Ethics*, New York: Free Press, p. 58.

25) Moor, J., 1998, *Just Cosequetialism and Computing*, CEPE 1998 Proceedings, London: London School of Economics, p. 3.

26) Moor, J., p, 4.

27) Beauchamp, T., & Childress, J. F., 1994, *Principles of Biomedical Ethics*, 4th ed., New York: Oxford University Press.

28) Kaczeski, M., 1998, Casuistry and the Four Principles Approach, in Chadwick, R., *Encyclopedia of Applied Ethics*, vol. 1. San Diego: Academic Press, p. 430.

29) Doppelt, G., 1988, Beyond Liberalism and Communitarianism: A Critical Theory of Social Justice, *Philosophy and Social Criticism* 14(3/4), p. 278.

30) Gunneman, J., et al., 1972, *The Ethical Investor*, New Haven: Yale University Press, p. 20.

31) Rawls, J., 1971, *A Theory of Justice,* Cambridge, MA: Harvard University Press, pp. 85-90.

32) Marx, K., 1938, *Critique of Ghoha Program,* London: Lawrence and Werhart, p. 14.

제2장
인터넷의 관리와 규제

서론

아동과 십대 청소년들이 인터넷에 과다하게 빠져드는 현상이 가지는 위험성에 대해서 쓰여진 글들이 많다. 그 가운데서도 최근 《뉴욕 타임즈》의 "유혹적인 마약 문화, 인터넷에 만연되다" 라는 제하의 기사가 특히 불길하다. 그 기사는 요즈음 인터넷이 불법 마약류를 선전하고 그 제조·재배·소비를 부추기는 웹사이트들로 얼마나 범람하고 있는가를 설명해 주고 있다. 이 웹사이트들은 대부분 마약을 신나고 매혹적인 것으로 여기게만 만들 뿐, 그 복용의 위험성에 대해서는 아무런 언급도 하지 않는다. 문제는 "인터넷이 과장이나 명백한 허구로부터 정확한 사실을 구별해낼 수 있는 통제 메커니즘을 제대로 갖추고 있지 못하다"는 데 있다.[1] 마약 문화의 만연을 염려하는 토론들이 올려지고는 있지만, 이 토론들조차도 통제 메커니즘을 제대로 갖추지 못하여 결과적으로 모든 연령층의 미국인들에게 불법 활동을 조장하고 있는 셈이 되고 있으니 문제는 더욱 심각해지는 것이다.

이런 상황은 분명히 우리를 혼란스럽게 한다. 하지만 그것이 그다지 놀라운 사태 진전은 아니다. 아무래도 그것은 이 널리 보급되어 있는 기술(인터넷—역자 주)의 장래를 위하여 좋은 징조는 아니다. 그 초창기부터 자유분방의 정신이 사이버 공간에서의 담론을 지배해 오고 있다. 카츠(Jonathan Katz)에 의하면 "사이버 공간이야말로 가장 자유로운 공간이다."[2] 전세계적으로 공공정책 입안자들이 직면하고 있는 가장 부담스러운 문제 가운데 하나가 이 자유롭고 방해 없는 정보의 흐름에 제한을 가할 것인가의 여부이다. 이를 테면 외설음란물 확산에 제한을 가한다거나 불법 약품 사용을 조장하는 악질적인 웹사이트를 금지·통제한다거나 하는 것이 그 예이다. 설사 그렇게 하기로 정책을 정한다 하더라도, 인터넷의 복잡성과 전세계에 미치는 그 광대한 영향력을 감안해 보면 그 결정의 집행이 그리 만만한 일은 아니다. 불법 행위를 조장하는 인터넷이나 웹사이트상의 외설음란물에 관한 논란만 하더라도 인터넷을 어떻게 규제 또는 관리할 것인가에 관한 문제의 심각성을 반영하고 있다. 인터넷의 무정부 상태와 구조 결여 상태가 약간은 지나친 게 사실이지만, 인터넷 이용자들은 거기에 엄격한 중앙집권적 통제가 가해지는 것을 원치 않는다. 예를 들어 시민자유론자들은 인터넷이 번창하는 것은 바로 거기에 중앙집권적 지배 권위가 없기 때문이라고 주장한다. 그 결과 그들은 전통적인 형식의 규제가 전자 상거래와 아이디어의 자유로운 흐름을 오히려 방해할 것이라고 믿어 정부의 간섭 대신에 분권화와 지속적인 자율성을 선호한다. 그들은 인터넷은 그 자체의 독특한 정치 구조를 개발할 수 있어야 하고, 적절한 기준을 설정, 그 안에서 발생하는 분규를 스스로 처리할 수 있어야 한다고 주장한다.

하지만 인터넷 상거래 관계자들 가운데는 이 분권적이고 자율적인 인터넷 특유의 정치 구조가 효과적으로 작동할 수 있을지에 대하여 그리 낙관적이지 않은 이들도 더러 있다. 그들은 전자 상거래를 방해하지 않는 한에서 온건한 중앙 통제를 더 선호하는 경향을 가지고 있다. 그들은 사이버 공간에서의 적절한 공중 질서를 보장하기 위하여 규칙 제정권을 가진 권위당국자가 필요하다는 사실을 인정한다. 통상 혼돈상태가 매력적인 사업 여건을 이끌어내지는 못하기 때문이다.

몇몇 사업가들에게 이러한 혼란과 무정부 상태는 법적 지뢰밭일 수도 있고, 엄청난 비용이 들지도 모를 부담을 안겨줄 수도 있다. 그린위치 빌리지의 블루 노우트 재즈 클럽과 미주리 주의 블루 노우트 나이트 클럽이 맞붙은 경우의 사례를 보자. 뉴욕의 나이트 클럽이 그 이름에 대한 연방정부 허가의 상표를 가지고 있었지만, 미주리 주의 재즈 클럽은──상표법상 "지리적 분할"이라고 하는──미주리 주 지방에서만은 그 상표를 사용할 수 있는 권리를 획득하였다. 하지만 후자의 블루 노우트가 그 자체의 웹페이지를 개설하자 뉴욕의 블루 노우트는 미주리 주의 클럽이 인터넷상 전세계적인 위상을 갖추게 됨으로써 자기의 상표가 손상을 입게 되었다고 반발하고 나선 것이다. 이 사건의 결과로 사법계에서는 아직도 여전히 인터넷상의 사업을 "사법권의 모든 법 아래 둘 것인가 아니면 일부의 법 아래 둘 것인가, 또는 어느 하나만의 법 아래 둘 것인가"의 결정을 놓고 고심중이다.[3)]

인터넷과 전자 상거래는 정말 더 이상의 단속과 조정이 없는 채로 번창을 계속할 수 있을까? 엄격한 법의 지배가 없는 상태에서 반사회적인 이용자들과 무분별한 사이버 건달들을 충분히 억제할 수 있을까? 확실히 암호가 법보다 더 엄격한 통제를 가할까? 아니면 보다 더 질서 있고 공정한 여건을 조성하기 위해서 중앙 집권적이고 위계적인 통제가 필요한가?

이 복잡한 문제에 대한 논의에 뛰어들기에 앞서 우리는 먼저 인터넷의 유래를 알아보고, 그 기술체계를 살펴보는 것이 바람직하겠다. 사이버 관리를 위한 여러 가지 가능성을 평가하기 위해서는 인터넷 장치들에 대한 이해를 가지는 것이 중요하다. 여기에 월드 와이드 웹(WWW) 개관과 최근의 전자 상거래 급증 현상 및 거기에 뒤따르는 사회 문제 몇 가지에 대한 검토가 이어진다. 그리고 이 주제에 실질적인 관심을 가지고 있는 기본 인터넷 이해 당사자들에 대하여 고찰하는 것 또한 바람직할 것이다.

하지만, 이 장의 첫째 목적은 윤리적으로 중요한 함의를 갖는 정치적·사법적 쟁점들을 논하는 것이다. 우리는 가장 뛰어난 사이버 관리의 모델을 하나 제안하고, 규제를 위한 아래로부터의 접근 가능성에 대하여 고찰할 것이다. 어떠한 세력간 조합 방식이 채택된다고 하더라도, 사이버 공간에서는 국가를 포함한 모든 인터넷 이해당사자들이 자유와 표현의 자유, 그리고 프라이버시 등의 핵심되는 인간선(人間善)들을 존중하며 분별력 있게 행동해야 한다. 그렇게 함으로써 우리는 비로소 각종 규제 조치들에 뒤따르는 부작용을 최소화할 수 있을 것이다.

인터넷 약사

어떤 이들에게는 인터넷이 전세계적으로 널리 보급되어 있는

World Wide Web과 비슷한 말이 되어 있다. 그러나 인터넷은 그 이상이다. 가장 간단히 말하여 인터넷은 여러 가지 형태로 자료 연결이 이루어지는 마당이다. 웹은 그 가운데 하나의 마당일 뿐이다.

인터넷의 기원은 미 국방성 소속 연구기관의 하나인 '선진연구 기획처' (the Advanced Research Projects Agency : ARPA)의 아르파넷 연구계획(ARPANET project)으로까지 거슬러 올라갈 수 있다. 1969년에 이 기관은 믿을 만한 디지털 통신망을 개발하기 위해 대학과 기업들에게 연구비를 제공하였다. 이것은 특히 국가 비상시에 믿을 만한 통신 매체로 기능할 수 있는 하나의 연결망(network)을 구축하기 위하여 가장 적절한 방법을 찾아내려는 실험적 연구 기획이었다. 이 통신망은 일대 성공을 거두었다. 그것은 곧바로 원거리에 떨어져서 일하는 수많은 연구자들을 하나로 연결시키는데 이용되었다. 그 당시에는 핵심적인 컴퓨터학자들만이 이 통신망의 존재를 알고 있었다.

1980년대 초, 이 체계는 '아르파넷' (ARPANET)과 '밀넷' (Milnet) 등 두 개의 통신망으로 분리되었다. 한 걸음 더 나아가 이용자들이 이 두 개의 통신망 사이에서 통신할 수 있도록 하는 연결방법도 개발되었다. 이 두 통신망간의 교신이 인터넷(internet)이라고 알려지게 된 것이다. 1980년대 말, '아르파넷' 은 다섯 대의 초대형 컴퓨터에 의존하여 대학과 정부의 연구자들을 연결시키는 '국립과학재단통신망' (the National Science Foundation network : NSFNET)으로 대체되었다. '국립과학재단통신망' 은 학술기관들이 개발한 다수의 소규모 통신망들까지를 망라하기 시작하였으며, 점차 오늘날 우리가 알고 있는 형태의 상호 연계 통신망의 미로(迷路)인 인터넷이 탄생하게 된 것이다.

초기에는 연방정부가 인터넷에 보조금을 지급하여 장려했었다.

그 결과 어떤 상업적 이용도 금지되었다. 인터넷은 정부 소속 연구원 · 학자 · 대학 교수 및 자기의 연구 결과나 학문적 정보를 공유하기 위하여 그것을 사용하는 이들만의 영역이었다.

그러나 그 후 수년 내로 인터넷이 상업적 성격을 지니고 있다는 사실이 알려지면서 '국립과학재단'은 인터넷에 더 이상 재정지원을 하지 않게 되었다. 1990년대 초, 인터넷은 회사 관계 이용자들이 사용할 수 있게 되었으며, '엠시아이'(MCI)와 '컴퓨서브'(Compuserve) 같은 이메일 공급사들이 이메일 통로를 개설하였다. 1993년까지에는 29%의 주(主) 컴퓨터(host-computer)가 회사 소속 인터넷에 연결되었다. 지금은 인터넷 교신의 거의 60%가 상업적 용도라고 추산되고 있다.

이 기간 동안의 인터넷 이용의 전세계적인 확산은 아주 놀라운 현상이었다. 1983년에는 단지 500대의 컴퓨터가 인터넷에 연결되어 있을 뿐이었는데, 1998년까지에는 1600만 대 이상의 등록된 주 컴퓨터가 인터넷에 연결되기에 이르렀다. 오늘날에 와서 그것은 60개국 이상의 수천 만 이용자들을 연결해 주는 거대한 범세계적인 '통신망의 왕 중 왕'이 되어 있다. 비록 인터넷의 급속한 확산이 놀라운 일이기는 하지만, 선진국과 후진국 사이에는 그 확산의 정도에 있어서 여전히 격차가 있다. 다행히도 인도 같은 개발도상국들은 그들 나름의 인터넷 하부 구조 구축을 통하여 이 격차를 줄여보려고 많은 투자를 하고 있는 중이다. 예를 들어 인도 정부는 향후 5년 이내로 인터넷 접속 인구를 현 25만 명 수준에서 5백만 명 수준으로 끌어올릴 것을 목표로 하여 지방 주민들에게 인터넷을 보급시키고 있다.[4]

인터넷이 제공하는 이 범세계적 연결 가능성은 아마도 인터넷이 지닌 가장 매력적인 특징일 것이다. 그것은 전세계에 걸쳐 수천 만

명의 사람들과 수만의 기관들을 하나로 묶어줌으로써 《이코노미스트》지가 일컫는 바, '거리(距離)의 소멸'을 이루어내는 데 결정적으로 도움이 되었다. 그것은 곧 사업 경영에 있어서 하나의 장벽이라고 할 수 있었던 '지리적 접근성'이라는 난제를 극복한 것이다.

어떻게 이 모든 일이 이루어질 수 있는가? 사실 인터넷에 물리적인 요소는 거의 없다. 핵심 접합 부위에 몇 개의 전용 컴퓨터가 장착되어 있을 뿐이다. 그러나 "마치 기생충처럼 인터넷은 수억만 달러어치의 전화 통신망을 숙주(宿主)로 이용, 통신 비용의 대부분을 감당케 한다."[5] TCP/IP라고 불리는 통신망 기술을 통하여 자료가 전달된다. TCP/IP 프로토콜(약정)은 인터넷상의 완벽한 정보공용 가능성(情報共用 可能性)을 참작, 컴퓨터들이 서로 상이한 작동 체계나 적용 소프트웨어를 가지고 있어도 서로 통신할 수 있게 한다. 그러므로 TCP/IP는 결과적으로 최종 이용자들에게 그들이 이용하고 있는 시스템이 무엇이든지 간에 통신망이 투명한 것이 되도록 만들어 주며, 결국 인터넷으로 하여금 단일 통합 통신망으로 기능할 수 있도록 한 셈이다.

TCP/IP는 두 부분으로 구성되어 있다. 첫 번째 부분은 IP(the Internet Protocol), 즉 인터넷 약정으로, 인터넷에 연결되는 하나하나의 시스템에 대하여 숫자로 이루어진 고유한 주소(소수점으로 나눠져 있는 0에서 255까지 범위의 네 개의 숫자)를 하나씩 설정해 준다. IP는 자료가 가장 효율적인 방법으로 적정한 행선지로 송달될 수 있도록 꼬리표를 다는 수단이다. 두 번째 부분은 TCP(the Transmission Control Protocol), 즉 전송(음성·영상·신호·메시지 등의 정보를 케이블이나 전자파로 보내는 일—역자 주) 통제 약정으로, 이것은 인터넷을 뛰어넘는 망통신(網通信)을 가능케 한다. 자료는 패킷(packets : 정보의 다발—역자 주)이라고 불리는 부분들로 쪼개어진다. 각 자료 다발의 첫 부분에는 그것이 가야 할 주소가 기재된다. 그 다음 그 다발들은 '라우터'(router), 즉 인터넷 주소를 추적하는 인터넷상의 서버에 의하여 보내진다. 자료들은 그 최종 행선지에 도달할 때까지 몇 개의 다른 컴퓨터를 거칠 수도 있다. 일단 그 정보 다발들이 다 도착하면 그 메시지나 자료는 즉시 각 다발의 '머리말'(header : 각 데이터의 머리 표제 정보—역자주)에 기재되어 있는 일련번호를 토대로 재구성된다.

최근에 통용되고 있는 인터넷 장치들은 사이버 공간을 관리하기에 적합한 몇몇 독특한 특성을 가능케 한다. 첫째, 인터넷은——전화 통화와는 달리——**비동시적**(asynchronous)이다. 메시지 보내는 사람과 받는 사람 사이에 시간적 일치가 필요 없다. 이를 테면 하나의 이메일이 어떤 메일 보관함에 보내졌다고 치자. 그 보관함의 소유자는 어느 때에나 그 메일에 접속하여 꺼내 보면 된다. 둘째, 인터넷은 **다수 대 다수의 통신 방식**을 가능케 한다.[6] 이메일·게시판·웹사이트 및 기타 장치들을 이용하여 다수의 이용자가 다수의 다른 이용자들과 어울릴 수 있는 것이다. 인터넷은 신문과 같은 전통적인 매체와는 달리 상호작용적인데, 그것은 이용자들이 서로 화답할 수 있기 때문이다. 셋째, 인터넷은 **분할 통신망**, 즉 정보를 다발(패킷)의 형태로 나누어 송신하는 기술에 의존하는 통신망이다. 우리가 이미 본 바와 같이 그것은 분권적인 환경이다. 인터넷에는 중앙 본부가 따로 없다. 즉 중앙 서버나 단일의 통제 당국이 따로 없으며, 따라서 정보는 중앙 허브(hub : 몇 개의 장치가 접속된 대장치—역자 주)를 거치지 않고서도 이 장소에서 저 장소로 옮겨다닐 수 있다. 이 때문에 이용자들이 정보의 흐름을 통제할 수 있는 것이다. 또한 인터넷은 일종의 다발 형식에 기초하는 통신망이기 때문에 그런 정보를 검열하기가 여간 어렵지 않다. 끝으로 인터넷은 매우 신축적(scalable)이다. 다시 말하여 인터넷은 새로운 컴퓨터 접속기기가 첨가되거나 제거될 때 그 기능에 직접 영향받지 않는다. 따라서 인터넷은 다른 특허 통신망 기술에 비하여 그 확장이나 축소에 있어서 훨씬 더 융통성이 크다. 그 기본틀이 범세계적인 접속과 참여를 촉진하도록 되어 있는 것이다.

그래서 인터넷은 실로 융통성이 큰 하부 구조로 인식되어야 한다. 그것은 정보 공유 가능성을 최대화하도록, 즉 소프트웨어 프로그램 · 하드웨어 플랫폼 및 기타 기술들로부터 완벽하게 독립하여 작동할 수 있도록 설계되었다. 그 결과 그것은 새로운 여건에 적용하기에 매우 적합하며, 결국 소프트웨어와 하드웨어 양자의 혁명적 발달에 쉽게 부응할 수 있는 것이다. 따라서 이러한 가변성을 지니고 있기 때문에 오늘날의 인터넷이 그대로 미래의 인터넷일 것이라고 가정하는 것은 너무 단순한 생각이다. 생각컨대 사이버 공간의 장치들은 향후 이 삼 년 안에 주요한 변화를 겪을 수도 있을 것이다. 제1장에서 논의된 바와 같이, 만일 정부가 디지털 신분증명서를 의무화하거나 또는 인터넷 서비스 제공사들(the Inter-net Service Providers : ISPs)을 통한 접속을 통제함으로써 그러한 장치들에 영향을 끼치기로 한다면 사이버 공간은 아주 판이한 마당이 될 수도 있을 것이다.

월드 와이드 웹(WWW)

인터넷이 누리고 있는 인기에 있어서 가장 최근에 일어난 일대

파동은 월드 와이드 웹(www)의 등장이라고 할 수 있다. 웹은 실질적으로 인터넷을 뛰어넘어 달리는 하나의 서비스이다. 웹은 '유럽분자물리학연구소'(the Eurpoean Particle Physics Lab)에서 전세계에 흩어져 있는 물리학자들간의 고(高)에너지 물리학에 관한 자료 교환 수단으로 개발되었다. 이 단체는 에이취티엠엘(HTML) 또는 하이퍼 텍스트 표시용 언어'(Hypertext Markup Language)라고 알려져 있는 하나의 표준을 개발하였다. 그것은 인터넷 도처에 자리잡고 있는 다른 문서에 그것을 연결시키는 어떤 단어나 문구에 "꼬리표"나 "방아쇠"를 매다는 절차를 지원한다. HTML에 의하여 창출된 문서는 멀티미디어 방식을 취할 수 있는데, 그것은 그 문서 안에는 비디오·문서·그림 그리고 음향까지도 포함될 수 있기 때문이다. "www.bc.edu." 같이 구체적인 주소를 가지고 있는 문서들은 웹사이트에 소속된다. 마지막 세 철자는 '가장 높은 수준의' 신원(身元)을 표상하고(예를 들면 edu는 교육을, com은 상업적 기업을 상징하는 등), 그 이름의 가운데 부분은 실제 사이트를 가리킨다(bc = 보스턴대학).

넷스케이프(Netscape)사의 네비게이터(Nevigator)나 마이크로소프트(Microsoft)사의 인터넷 익스플로러(Internet Explorer) 같은 넷브라우저(Net browsers)들은 이용자들로 하여금 거의 아무런 노력을 들이지 않고서도 웹을 "검색"할 수 있게 해준다. 하이퍼링크스[Hyperlinks : 문서·비디오·그래픽·음향 등을 짜맞추어 다각적인 정보로 제시하기 위해 연결하는 링크(link)나 드레즈(threads)—역자 주]는 가끔 이용자들을 혼란스럽게 만들기도 하지만, 연구와 조사를 위한 기회를 엄청나게 확장시켜 주기도 하는 문서와 웹사이트가 상호 연결된 미로(迷路)를 창출할 수도 있다.

짧은 역사에도 불구하고 월드 와이드 웹은 이미 그 자체가 하나의 복잡한 대형 통신망이 되어 있다. 웹사이트는 지금 사이버 공간을 통틀어 초·중·고등학교와 대학, 병원, 회사 및 기타 수많은 기관들에까지 확산되어 있다. 개인들과 소규모 사업체들조차도 자기 자신의 웹 페이지를 개설해 놓고 있는 실정이다. 이 웹 페이지들이 전자 상거래를 위시하여 교육이나 기금 조성과 같은, 통신망을 기초로 하여 펼쳐지는 여러 가지 활동들을 활성화하기 위한 수단이 되리라는 사실에는 의심의 여지가 없다. 웹을 이용한 판매 행위는 의미 있는 결과를 낳기 시작하고 있으며, 그 결과 우리는 광고 전단과 상업성 메시지들을 사이버 공간의 거의 모든 영역에서 발견할 수 있게 되었다.

웹사이트의 과잉은 정보 밀도의 과잉을 조성함으로써 오히려 이용자들이 어떤 특정 사이트를 찾아내기 어렵게까지 만들었다. 야후(Yahoo)사가 제공하는 것 같은 검색장치(search engines)들이 여기서 도움이 될 수 있다. 그러나 그 장치들조차도 가끔은 엄청나게 많은 양의 자료를 만나면 무력해지고 마는 경우가 있다. 물론 문제는 웹이 너무 크고 또한 비지속성을 지니기 때문에 적절히 찾아보기가 어렵다는 사실이다. 웹은 이미 3억 2천 만쪽 이상을 저장하고 있지만 검색장치로 찾아낼 수 있는 것은 이 가운데 단지 조금뿐이다.

검색장치 이외에 이용자들은 웹의 출입문이나 출발점 구실을 하는 보조 검색창에 의존하는 경우가 점차 늘고 있다. 이 검색창은 늘 웹의 한복판에 자리한 채 스스로 가용상태(可用狀態)로 대기함으로써 이용자들을 돕는다. 검색창은 검색장치·대화방·뉴스 및 기타 여러 가지를 포함하는 각종 서비스를 제공한다. 이 검색창이 결국은 보통 이용자들의 웹 체험을 오히려 통제하게 될 것이라고 예측하는 이들도 더러 있다.

이와 같이 이용자들이 사이버 공간을 통하여 자기 나름의 통로를 운항하려고 시도하면서 부딪치는 어려움들이 적지 않지만, 그러한 상황에 관계없이 웹은 급속히 그 인기를 확장해 나가고 있다. 그것(www)은 이용자 대중을 위한 도서관, 출판 카탈로그, 그리고 심지어는 전통적인 뉴스 매체에까지 올려짐으로써 빠른 속도로 그 자체가 하나의 독특한 제도가 되어가고 있다. 그것은 연구, 뉴스와 정보 및 오락의 풍부한 원천이 될 수 있다. 그리고 갈수록 더 많은 이용자들이 자기 자신의 사이트를 개발함에 따라 그것은 인터넷 공상가들이 예견했던 '정보의 민주화'를 이룩하는 데 도움이 되었다.

전자 상거래

전자 상거래(e-commerce)는 전자 통신망을 통해 이루어지는 모든 형태의 상업적 컴퓨터 대 컴퓨터 거래를 총칭하는 넓은 의미의 용어이다. 여기에는 "전자 자료 교환——사업체간의 구매 주문, 송장(送狀)을 위시한 여러 가지 거래 문서 취급——으로부터 시작하여 전자 결재 시스템, 신용 카드, 그리고 최근에 폭주하고 있는 상품과 용역의 판매촉진(마케팅)에 이르기까지 날로 다양화되고 있는 모든 거래들의 처리"[7]가 다 포함된다. 이 용어는 이제 거의 모든 인터넷 상거래를 기술(記述)하는 데에 사용되고 있다. 인터넷 경제학은 분명히 대부분의 사업 형태가 물리적 영역으로부터 사이버 공간의 영역으로 이동해 오는 것을 반기고 있다.

몇몇 연구기관에 의하면 1998년 한 해 동안에 인터넷 상거래는 총수입 기준 320억 달러에 달하였다. 이 통계는 기업체와 기업체 사이의 거래에 대한 것이고, 소비자간의 직거래를 통하여 기록된 것만도 72억 달러에 달한다. 전자 상거래 계획은 매우 다양하지만, 온라인 사업이 앞으로 10년 이내에 1조 달러 규모에 이를 것이라고 어림하고 있는 이들도 더러 있다.[8)]

어플리게이트(Lynda Applegate)에 의하면 전자 상거래에는 세 가지 기본 형태가 있다. 즉 (1) 고객과 기업체간, (2) 기업체와 기업체간 및 (3) 조직 내부간의 거래가 그것이다.[9)] 이 마지막 범주에는 통상 조직 전체에 정보를 살포하기 위한 인트라넷(Intranet ; 조직 내 컴퓨터를 연결하는 종합 통신망—역자 주) 이용이 포함된다. 기업체와 기업체 사이의 전자 상거래는 점점 더 일상화되고 있다. 이를 테면 전자 상거래 응용은 성가신 출전명시(出典明示)의 과정을 크게 단순화시킬 수 있다. 피-앤-지(Proctor & Gamble ; P&G)사는 월마트(Wal*Mart)사에 대한 주 공급업체이다. 이 두 회사는 최근 피-앤-지사에 물품 청구서를 보내는 자동화된 조달 인터넷 통신망 체계를 설치하였는데, 피-앤-지사는 인터넷을 통하여 받은 자료에 따라 자동으로 상품을 해당 월마트 창고로 선적(船積)하는 것이다.

전자 상거래 활용 중 가장 빠른 성장을 보인 부분은 고객과 기업체 사이의 거래, 즉 판매와 판촉 영역에 있어서의 흐름의 변화이다. 고객과의 대화를 위한 기본 장소로 웹을 사용함으로써 이것이 지니고 있는 인기를 활용하려 하는 기업들이 점점 더 늘어나고 있다. 인터넷은 고객 서비스를 위한 좋은 도구가 되고 있는데, 그것은 인터넷이 대부분의 조직 내에서 환류기제(還流機制 ; feedback mechanisms)를 활성화시킬 수 있기 때문이다. 인터넷은 회사들로 하여금 고객의 불만사항과 그들이 제기해 오는 문제점에 대하여 탄력성 있게, 그리고 수응적(酬應的)으로 대응할 수 있게 해준다. 그것은 또한 회사들에게 시의적절히 고객의 반응을 파악할 수 있는 환류 체계를 제공하는데, 이 체계야말로 신제품 개발과 같은 활동에 커다란 도움을 줄 수 있다.

가장 폭발적으로 늘어나고 있는 전자 상거래 활용은 소비자들에 대한 직접 판매이다. 이미 1억 명의 사람이 등록하고 있는데, 그 잠재력은 실로 엄청나다. 소비자 입장에서의 가장 큰 매력은 편의성이다. 단 한번의 마우스 클릭으로 웹사이트에서 의류·서적·와인 또는 식료품을 주문할 수 있는 것이다. 소매상인의 입장에서 핵심이 되는 이점은 저렴한 비용이다. 즉, 컴퓨터 시스템 설치를 위하여 최초의 투자는 꽤 많이 해야겠지만, 종래의 소매상인들과는 달리 소득을 올리기 위하여 새 가게를 내거나 여타의 물적 자산을 새로 늘이는 데 계속 새로운 투자를 할 필요는 없는 것이다.

전자 상거래가 물건을 사고 파는 방식을 혁명적으로 변화시키지는 못할는지도 모른다. 그러나 온라인을 통하여 자기 물건을 판매함으로 하여 상인들은 완벽한 경쟁 모델에 근접한 더욱 공정한 시장을 창출하고 있다. 이는 (1) 정보에의 접근 가능성 증대 및 (2) 시장 참여를 가로막는 장벽의 감축 등 두 가지 현상에 기인하는 것으로 볼 수 있다. 다양한 제품과 용역에 대한 풍성한 온라인 정보는 정보 불균형이라는 시장의 오랜 결함을 극복하는 데 큰 도움이 되고 있다. 고객들은 비교구매(比較購買 ; comparison shopping)를 위하여 이 자료들을 훨씬 더 잘 이용할 수 있게 될 것이다. 더욱이나 자본 투자 필요성의 감소로 인하여 경쟁이 더 용이해짐으로써 다수 상인들의 시장 참여를 가로막아 오던 장벽 또한 훨씬 더 낮아지게 되었다. 이 두 가지 발전으로 인해 소비자들의 권한은 다소 변하게 되었다. 즉, "보다 낮은 가격으로 보다 좋은 서비스를" 획득할 수 있게 된 것이다.

아마존 닷 컴(Amazon.com)이나 온라인 경매회사인 이베이(eBay) 같은 회사의 성공에도 불구하고 전자 상거래 이용을 꺼려하는 소비자들이 아직도 많다. 인터넷 거래의 익명성(匿名性) 때문에 저지르기가 더욱 쉬워진 사기나 '스팸'의 피해자가 되는 것을 두려워하는 이들도 더러 있다. 어떤 이들은 인터넷의 취약한 보안성(保安性)을 염려하기도 하고, 또는 약간의 편의성을 얻기 위하여 프라이버시를 잃어버리게 될지도 모른다고 걱정하기도 한다. 고객들이 온라인 기업체와의 거래에 있어서 안전함을 느끼지 못한다면 전자 상거래가 그 잠재력을 최대한 발휘할 수는 결코 없을 것이다.

온라인 상거래가 갖는 주요 이점은 판매와 광고를 소비자 개개인의 취향에 맞출 수 있다는 사실이다. 사이버 공간에서의 웹 구매자의 행동 하나하나가 다 추적될 수 있기 때문에 상인들은 어떤 소비자 한 사람이 선호하는 바가 무엇인가에 대한 파일을 만들어 가질 수 있게 된다. 《이코노미스트》지에 따르면, "이 환류 체계로 하여 온라인 상인들은 자신들의 상점이나 서비스를 고객 개개인의 취향에 맞춤으로써 동종의 업계에서 스스로를 더욱 차별화할 수 있게 된다."[10)]

온라인 서적 취급 업체인 '아마존 닷 컴'사는 협력적 걸러내기 기술(collaborative - filtering technology)을 이용한다. 그것은 이 회사로 하여금 고객의 구매 경향을 분석, 비슷한 구매 경력을 지닌 사람들이 구매한 기록을 바탕으로 그것에 근거하여 고객이 좋아할 만한 다른 서적을 권할 수 있게 해준다. 동시에 '아마존 닷 컴'은 서적 소매 연쇄점들보다 훨씬 광범위한 선택폭을 제공해 주기도 한다. 그 결과 고객의 취향에 맞춘 서비스와 광범위한 선택폭 제공이라는 두 가지 요소의 강력한 결합은 매우 많은 고객으로부터 매력을 끌 것이고, 온라인 상거래의 성장을 촉진시킬 것이다. 물론 고객의 구매 내력에 대한 조사는 만일 그것이 고객의 허락 없이 제3자에게 매매되기라도 한다면 곧 프라이버시 침해로 이어질 수도 있을 것이다. 이런 일이 일어날 가능성과 그 윤리적 파급 효과에 대해서는 제5장에서 더 깊이 논의할 것이다.

전자 상거래 웹사이트들이 미국에서 가장 큰 발전을 이루어 오고 있기는 하지만, 이 웹사이트들은 중국을 위시한 많은 다른 나라들에서도 확산일로에 있다. 중국 정부는 개인들에게 웹에 기초를 둔 사업 개발을 권장하여 왔으며, 여기에 기업들이 열광적으로 호응하고 있다. 이 사이트들이 인기를 얻게 됨에 따라 중국은 시대에 뒤진 소매 기업 형태에 변화를 가져 올 수 있었고, 제조업자들이 공급업자들로부터의 구매를 자동화시킬 수 있게 되었다. 《비즈니스 위크》(Business Week)지에 의하면 "이러한 현상이 전지구적으로 갖는 의미는 엄청나다——웹에 기초를 둔 전자 상거래의 확산에 따라 전세계의 무역업자들은 중국 전역의 공급업자 및 소매상인들과 직접 연결할 수 있게 된 것이다."[11] 지나 닷 컴(Sina.com)이나 차이나 닷 컴(China.com) 같은 중국어 접속창들 또한 중국 시민들을 위한 인터넷 출입문으로서의 역할을 담당하기 시작하고 있다.

이제는 인터넷을 친밀하고 지적인 온라인 공동체로 만들어낸 고급 기술자들이나 학자들만이 어쩌다 한 번씩 방문하던 이전의 평온한 시절로 되돌아갈 수는 결코 없는 것 같다. 전자 상거래가 활성화됨에 따라 인터넷은 계속 진화하여 갈 것이다. 인터넷의 장래는 인터넷 초기에는 관여하지 않았던, 그리고 초기의 창설자들보다 훨씬 더 실용적이고 이익지향적인 태도를 지닌 많은 이해 당사자들의 손에 달려 있다고 하겠다.

인터넷 이해 당사자

이해 당사자 분석법(stakeholder analysis)은 전략적 경영과 사회적 책임에 있어서 제기되는 많은 쟁점들을 다루기 위한 하나의 강력한 도구로 등장하였다. 그것은 회사들이 다양한 단골 고객에 대한 "시장외적" 책임을 평가하는 데 도움이 될 수 있다. 여기서 이해 당사자란 회사의 목표 달성에 영향을 끼칠 수도 있고 또는 그것에 의하여 영향을 받기도 하는 어떤 집단이나 개인을 말한다. 어떤 일에 "이해 관계"(stake)를 갖는다는 것은 정확히 무엇을 의미하는가? 프리맨(Edward Freeman)에 의하면 이해 관계에는 세 가지 유형이 있다. 그 첫번째는 지분적(持分的) 또는 소유권적 이해 관계이다. 분명히 회사 이해 당사자들은 이 종류의 지분적 이해 관계를 가지고 있다. 그 두 번째는 경제적 또는 '시장적' 이해 관계이다. 이러한 이해 관계는 그 조직의 행동이 그 조직의 이해 당사자에게 직접적인 경제적 영향을 끼친다는 사실로부터 연유된다. 고용인들 역시 이 범주에 들 것이다. 이해 관계의 세 번째 유형은 "영향력 있는 사람" 또는 "훈수꾼"을 의미한다.[12] 딜(Dill)에 의하면 영향력 있는 사람이란 "설사 시장에서처럼 직접적은 아니더라도, 회사가 하는 일이 어떤 방식으로든 자기에게 영향을 끼치기 때문에 그것에 관심을 가지고 있는 사람"이다.[13] 실상 인터넷에는 어떤 소유주가 따로 없다. 따라서 첫번째 유형, 즉 지분적 내지 소유권적 이해 관계는 인터넷에는 적실성이 없다. 하지만 인터넷의 장래에 대하여 '경제적'이거나 '훈수꾼적'인 이해 관계를 가지고 있는 집단은 많다.

우리가 지적한 바대로 인터넷에는 중앙이 따로 없다. 규칙과 정책의 궁극적 원천이 되는 범지구적인 중심 권위나 통치 기구가 따로 없는 것이다. 그리고 인터넷은 물론 일종의 기술적 하부 구조이지 조직은 아니다. 따라서 우리가 제너럴 모터스(GM)사가 그 이해 당사자들에 대하여 가지는 의무에 관해 언급하는 것과 똑같은 방식으로 인터넷이 그 이해 당사자들에 대해서 가지는 의무에 관해 언급할 수는 없다. 이들 고객들은 인터넷의 계속되는 생명력과 생존력에 크게 의존하고 있다. 여타의 집단들은 인터넷이 레크리에이션이나 교육 같은 기본적인 활동에 침투함으로써 약간의 영향을 받을 뿐이다.

일종의 분권적 하부 구조로서 인터넷이 갖는 지위는 우리가 기본적으로 이해 당사자들 자신의 관점에서 이해 당사자 분석에 종사함을 의미한다. 즉, 그들의 인터넷에 대한 관심과 염려는 무엇이며, 어떤 특정 방식으로 인터넷을 이용함에 따라 그들에게 어떤 의무가 발생하는가에 대하여 분석한다는 말이다. 한 걸음 더 나아가 우리는 이들 여타의 이해 당사자들이 사회적으로 책임감 있게 행동하기를 바라는 한, 인터넷상에서 능동적이고 어떤 방식으로든지 이 하부 구조에 영향력을 행사할 능력을 지닌 사람들이 이들 이해 당사자들의 이익을 고려해 주어야 한다고 주장한다.

인터넷의 영향력이 계속 확장됨에 따라 거의 모든 사람이 인터넷에 나름대로의 이해 관계를 지니게 된다. 우리가 여기서 고찰하려고 하는 것은 개인 이용자들과 개개의 이용 가정, 언론매체, 정부, 기업, 비영리 단체 및 연구 단체, 인터넷 문제점 해결에 전념

하는 이익집단, 그리고 마지막으로 인터넷 검색이나 전자 상거래를 가능하게 해주는 인터넷 서비스 제공사들(ISPs), 그리고 기타 소프트웨어 회사들을 포함하는 몇몇 정보화 기술 소매상 등이다(〈그림 1〉). 이 그림은 반드시 전부를 총망라한 표는 아니다. 단지 현재의 시점에서 인터넷의 주요 고객들을 나타낼 뿐이다.

〈그림 1〉 인터넷 이해 당사자들

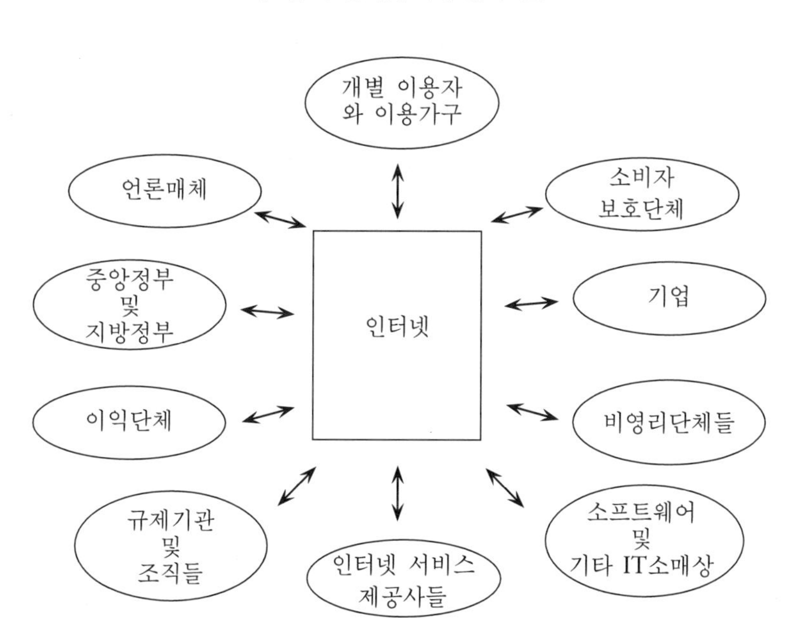

첫번째 이해 당사자 집단은 오락, 이메일, 온라인 구매, 교육 등의 목적으로 인터넷을 이용하는 개별 이용자와 개별 이용가구(家口)들로 구성된다. 이들은 날이 갈수록 인터넷 의존도가 높아지고 있다. 그들의 관심 영역은 프라이버시 및 안전 문제로부터 집안에서 어린이들이 쉽게 접할 수도 있는 음란물 웹사이트에까지 이른다. 소비자들은 온라인 구매의 편리성을 누린다. 하지만 그들은 거래의 안전성과 프라이버시 보호가 확보되기를 원한다.

두 번째 집단은 인터넷을 회사나 개인 이용자들이 사용할 수 있도록 만들어 주는, 아메리카온라인(AOL)과 퀘스트(Quest) 같은 인터넷 제공사들이다. 이 범주에는 온라인 판매와 판촉을 위한 웹사이트 설정이 가능하도록 만들어 주는 브라우저나 응용 소프트웨어를 제조하는 넷스케이프(Netscape) 같은 소프트웨어 회사가 포함된다. 지금껏 논의해 온 경제적 기회들을 고려해 볼 때, 대부분의 소프트웨어 산업이 인터넷에 실질적인 경제적 이해 관계를 가지고 있다. 또한 에이티앤티(AT&T)와 엠씨아이(MCI) 등의 전자통신 기업 같은 인터넷의 하부 구조 제공사들이 포함된다.

이들 기업체들은 인터넷 경제가 필요로 하는 것들을 보다 훌륭하게 뒷받침해 줄 전자통신 체계의 수선에 있어서 핵심역할을 담당하게 될 것이다.

세 번째 집단에는 다양한 목적을 위하여 현재 인터넷을 이용하는 기업들이 포함된다. 인터넷이 기업 내부 통신의 중추 역할을 하고 있는 회사들도 더러 있다. 인터넷은 또한 이메일과 웹에 기초를 둔 전자 상거래용으로 그 용도가 확장되어 쓰이기도 한다. 이에 더하여 인터넷을 통해 기업과 그 고객 및 납품업자들 사이의 관계가 자동화되고 네트워크화됨으로써 상품과 용역의 매매방식에 변화가 일어나고 있다. 회사들이 전자 방식으로 주문서를 발송하고 상품 송장을 받는 것은 이제 일상적인 일이다. 따라서 회사들은 체인(chain) 형식으로 납품 활동을 능률화한다거나 물품명세서를 급히 재작성한다거나 또는 순환주기를 줄이는 데 있어서 인터넷의 도움을 받기 때문에, 이 범지구적인 통신망에 주요한 경제적 이해 관계를 갖게 되었다. 이러한 도움들은 모두 비용을 낮추고 수익을 더욱 높혀준다.

네 번째 이해 당사자 집단은 도서관, 초·중등학교 및 대학, 병원, 그리고 사설 연구기관을 포함한 모든 비영리 단체들로 구성된다. 이 단체들이 영리 목적으로 인터넷을 이용하지는 않지만, 기금을 조성한다거나 충원을 목적으로 인터넷을 활용하기 때문에 그 기관들도 대부분 강력한 이해 관계를 가진다. 이를 테면 요즈음 대학들은 학생들의 인기를 끌기 위하여, 그리고 온라인 원서 접수를 받기 위하여 웹사이트를 이용하는데, 그것은 그렇게 하는 것이 비용이 훨씬 적게 들기 때문이다.

다섯 번째 집단은 언론매체들이다. 《뉴욕 타임즈》나 《엔비시》(NBC) 같은 전통적인 언론매체의 브랜드가 바야흐로 인터넷상의 뉴스 보도를 지배하고 있다. 이 기관들은 하루 24시간 뉴스 이벤트를 보도하는 세련된 웹사이트를 설정해 놓고 있다. 인터넷은 또한 어떤 특정한 정치적 관점에서 뉴스를 보도하고 논평하는 《드러지 리포트》(*the Drudge Report*)와 기타 온라인 뉴스 서비스들을 올려놓고 있기도 하다. 인터넷은 뉴스거리가 될 만한 정보를 널리 알리기 위한 하나의 역동적이고 새로운 모형을 창출하고 있음이 분명하다. '스타 보고서'(the Starr report ; 클린턴 대통령의 성추문 사건을 수사한 특별검사 스타의 조사 보고서—역자 주)가 의회에서 공식적으로 배포된 후 몇 분 만에 온라인에 올려져 수백 만의 이용자들에게 읽히게 되자 그 보고서의 내용이 마치 명백한 사실인 것처럼 보이기도 하였다.

충분한 검증이 있기도 전에 웹사이트에 사건 내용이 보도되는 경우가 적지 않아서 웹 보도의 신빙성에 대한 문제 제기가 잦았다. 또한 사건 내용이 다운로드되어 인터넷 전체에 신속히 확산됨으로써 사실상 철회가 불가능하기 때문에 웹사이트상의 오보(誤

報)를 다시 바로잡기는 매우 어렵다. 이러한 문제점에도 불구하고 하나의 신뢰할 만한 정보원(情報源)으로서 인터넷의 이미지를 형성하는 데 언론매체가 도움을 줄 것은 확실하다. 동시에 언론매체들은 자기네 뉴스를 보급하기 위한 이 혁명적인 새 도구에 스스로 엄청난 이해 관계를 가지고 있음을 깨닫고 있다.

여섯 번째 인터넷의 주요 고객은 인터넷에 고전적인 '훈수꾼'으로서의 이해 관계를 가지고 있는 다양한 이익단체들이다. 그들의 몫은 인터넷과 관련된 각종 정책과 규제에 영향력을 행사하는 것이다. 하지만 통상 그들이 인터넷에 직접적인 경제적 이해 관계를 가지는 것은 아니다. 이 범주에 드는 기관은 '사회적 책임을 위한 컴퓨터 전문가 모임'(Computer Professionals for Social Responsibility), '민주주의와 기술 수호 센터'(the Center for Democracy and Technology), '전자 사생활 정보 센터'(Electronic Privacy Information Center; EPIC) 및 '미디어 교육 센터'(the Center for Media Education) 등이다. 인터넷에 경제적 이해 관계를 가지고 있는 '산업별 동업자 단체'들도 있다. 그들은 그들 각자의 산업에 도움이 되는 인터넷 정책을 끌어내기 위하여 로비활동을 벌인다. '다이렉트 마케팅협회'(the Direct Marketing Association ; DMA)와 '인터액티브 서비스협회'(the Interactive Services Association)는 사업 관련 인터넷 활동에 대한 정부의 규제에 대항하여 투쟁하는 동업자 단체이다. 예를 들면 '다이렉트 마케팅협회'(DMA)는 불필요한 메일이 "숙정(肅整)되고 정화(淨化)되어야 한다"는 사실을 인정하면서도 그러한 이메일에 대한 규제는 반대한다.[14)]

마지막으로 일곱 번째 집단은 "국가", 즉 인터넷 접속 통로를 갖추고 있는 전세계 여러 나라의 중앙 정부 및 지방 정부들이다. 미국의 경우 '에프티시'(FTC)와 '에프시시'(FCC) 같은 정부기관이 이 집단에 속하는데, 이 기관들은 비록 그 권위의 범위가 아주 애매하기는 하지만 인터넷을 규제할 수 있는 어느 정도의 권위는 가지고 있다. 모든 주권국가가 어떤 방식으로든 인터넷에 의하여 영향받는다. 사우디아라비아 정부조차도 시민들에게 인터넷 경제에의 접속 통로를 부여함으로써 그들에게 인터넷 경제에 참여하도록 권장할 필요가 있음을 분명히 인정하고 있다. 하지만 자기 나라의 고유한 종교 문화를 저해할 수도 있는 자유분방한 인터넷 접속에는 반대한다. 결국 사우디 정부는 자국 내의 모든 이용자들이 음란물 사이트 따위의 금지된 웹사이트에 접근하는 것을 이상적으로 막아주는 전형적인 여과(濾過) 시스템을 개발한 바 있다.

뒤에 이어질 장에서 가끔 인용될 이 '이해 당사자 모형'은 특히 다음 몇 가지 이유로 하여 매우 유용하다. 그것은 인터넷에 관하여 주요한 결정을 내리는 이들로 하여금 인터넷 동호인들의 정당한 요구와 권리에 맞추어 스스로의 전략 계획을 조정하도록 이끈다. 그들 결정권자들에게는 실제로 이들 이해 당사자들의 권리와 정당한 이해 관계를 존중해 주는 세심한 배려를 통해 인터넷 관련 기술을 배포하고 또한 사이버 공간에 통용되는 규칙과 정책들을 개발해야 할 도덕적 의무가 있다고 하겠다. 여기에는 사이버 공간에서의 행동을 통제하고 사이버 공간의 사회적 환경을 모양지을 수 있는 인터넷 장치의 개발도 포함된다.

앞에서 이미 살펴본 바와 같이 인터넷에는 그러한 결정을 내리거나 정책을 세울 수 있는 중앙 기구가 따로 없다. 현재 우리는 일종의 이해 당사자 공동체 내지 이해 당사자 통신망을 가지고 있을 뿐이며, 이 집단들은 모두 필요할 경우 서로의 이익을 존중하고 인터넷의 장기 지속적인 생존 가능성을 보호할 의무를 공유하고 있는 것이다.

인터넷 관리

웹과 인터넷은 자료를 공유하고 전자 상거래를 하기 위한 많은 기회를 창출하기도 했지만, 국가 정부의 입법자들에게는 또한 만만치 않은 문제들도 적지않게 일으켜 왔다. 인터넷은 본래 분권화·자치화되어 있어서 엄격한 규제나 체계적인 규제는 아예 배제되어 있다. 하지만 비록 인터넷이 항상 무정부적 기술 체계라고는 할지라도 상부, 즉 정부나 기타 중앙 권위 당국으로부터 부과되는 건실성(健實性)을 필요로 하는 것은 사실이다. 최소한 인터넷 도메인 이름 배정을 관할하며 상표 분쟁을 처리할 중앙 기구는 있어야 하는 것이다. 그러나 위로부터의 규제와 아래로부터의 자율 통제의 바른 혼합이라는 것은 정확히 무엇일까? 이 질문에 대답하기 위하여 우리는 먼저 기본적인 인터넷 규제 수단들에 대하여 고찰해야 한다.

적어도 세 개의 위로부터의 규제 모델이 있는데, 개관하여 보면 다음과 같다.

1. 국가의 직접 간여 : 각국의 기존 법규를 가지고 인터넷을 관리할 수 있다. 따라서 국가는 사이버 공간에서의 해당 활동에 적용이 가능하도록 현행 법규를 개정하거나 강화할 수 있다(최근 미국의 '통신 예절법' 제정이 이러한 접근의 한 예이다).

2. 국제적으로 조정된 간여 : 인터넷 이용국의 대표자들로 구성된 새로운 정부간 협력기구가 국제적 관할권을 지닌 사이버 공

간 관련 규정 및 규칙을 제정할 수 있다.

3. 자치(自治) : 인터넷이 그 자체의 준공식적(準公式的)인 통치 구조를 개발한다. 그것은 인터넷 이해 당사자들을 대표하는 비영리 단체들이 제정한 헌장에 의하여 다스려질 것이다.

이 세 가지 모델 가운데 어느 한 가지를 채택할 경우 각각 어떤 비용이 나가고 어떤 효과가 얻어지는가를 간단히 헤아려 보자. 첫번째 모델의 기본 전제는 인터넷이 따로 그 자체의 법 체계를 필요로 할 정도로 다른 영역과 뚜렷이 구별되는 영역은 아니라는 것이다. 인터넷은 다른 또 하나의 의사 소통 매체일 뿐이다. 다만 기존의 국법 체계(國法 體系)가 여전히 적용 가능한 것이 되기 위해서는 어느 정도의 수정이 필요할는지는 모른다. 이 모델은 다른 나라 정부와의 공동 노력을 필요로 하지 않기 때문에 간편하다는 장점을 지닌다. 하지만 강제 실시의 불가피성이 주요 문제점으로 제기될 것이다. 디지털화된 정보에 관한 한, 국경이 종래와 같은 위력을 수월하게 발휘하지도 못할 것이고 더 이상 과거와 동일한 의의를 지니지도 못할 것이다. 복잡한 디지털 세계에서 규칙 위반자들을 역추적하여 처벌하기란 매우 어려운 일이고, 또한 많은 시간을 소요하는 일이기도 하다. 또한 국법은 보통 빠져나가기가 용이하다. 예를 들면 자기 나라의 음란물 금지법률을 위반하는 국제적인 웹사이트가 사이버 공간에까지 파고들어올 가능성을 배제하려던 사우디아라비아 정부 당국의 노력이 그 예이다. 하지만 머리 좋은 이용자들은 나라 밖의 서버를 불러낸 다음 유럽 국가를 통하여 음란물을 인쇄할 수도 있는 것이다. 더구나 규제는 가끔은 "규제 조정" 신청에 의하여 오히려 실패하게 되는 경우가 잦다.

자국 내의 엄중한 규제 장벽에 직면한 회사나 인터넷 상인들이 국외에서 보다 유리한 환경을 찾아나설 때 이런 일이 일어난다.

두 번째 모델은 사이버 공간을 어떤 특정 지역 정부(예를 들면, 미국 정부)와 연계되어 있지 않은 국제적인 협력기구에 의하여 제정되고 집행되는 고유한 규정을 가진 독특한 독립 영역으로 본다. 그것은 도메인 이름을 지정하는 등의 통상적인 과제를 책임지기도 하지만, 또한 금지된 형태의 표현 행위를 제한하는 등의 국제적 규정의 집행권도 가진다. 이러한 성격의 국제 기구는 국제연합(UN)과 몇 가지 측면에서 유사한데, 인터넷에 대한 관할권을 가지고 있다는 점에서 첫 번째 모델이 지니고 있는 몇몇 장애를 확실하게 극복할 수 있을 것이다. 그 기관의 권위는 지리적 경계를 초월할 것이며, 따라서 이는 규정에 관한 분쟁의 중재와 기타 쉽게 포착되지 않는 기술적 문제들을 줄여줄 수 있을 것이다.

하지만 이 모델 역시 몇 가지 결함을 가지고 있다. 존슨(D. Johnson)과 포스트(D. Post)가 이 통제 모형에 관하여 비판적인 문제를 제기한다 : "그런 비정부 기구(NGO)가 어떻게 인터넷 전체에 대하여 그 규정을 강제할 수 있단 말인가?"[15] 또한 이 기구는 어떤 권위를 바탕으로 인터넷을 효과적으로 관리할 수 있을까? 더구나 자기네들이 추구하는 이익에 기초하여 일을 밀어붙이는 어떤 분파가 이 기구를 장악하지 않는다는 보장도 없다. 따라서 이 모델이 매력적인 대안이기는 하지만, 장기적으로 볼 때 규정 집행의 문제와 상임 집행부 설치 문제가 이 모델을 무기력하고 효능 없는 해결 방안으로 만들어 버릴는지도 모른다.

끝으로, 세 번째 모델에 의하면 인터넷은 사이버 공간에서 제기되는 특유의 문제 해결에 적합한 그 자체의 정치·사회 구조에 의하여 스스로를 다스리게 될 것이다. 부문별 특성을 갖춘 국제적 비영리 단체들에 의하여 느슨하게 통제되고 조정되는 인터넷상의 활동 전개가 하나의 가능성이다. 전자 상거래에 관한 공통의 기본 규정을 제정하는 기구의 특성과 지적 재산권 문제와 상표 분쟁 처리를 위한 지침을 세우는 기구의 특성은 서로 다를 수 있는 것이다.

미 연방 정부는 이 방향으로 가닥을 잡아나가고 있는 것 같다. 연방 정부는 최근 '인터넷 프로토콜 번호'와 도메인 시스템에 대한 통제권을 ICANN(Internet Corporation for Assigned Names and Numbers)이라는 비영리적 사설 기구에 넘겨준 바 있는데, 그 기구의 특성은 '인터넷 공동체'의 이익을 찾아내는 데 있다. ICANN은 도메인 이름 등록에 관련되는 문제에 관하여 인터넷 이해 당사자들의 합의 정도에 따라 통제의 강도를 조절하는 방식을 추구하는, 그 권력이 제한된 중립적 통치기구이다. 많은 이들이 인터넷 주소 관리를 위한 이러한 노력을 자치 방식의 성공 여부를 가늠할 결정적인 시험 케이스로 보고 있다.

이 세 번째 해결 방안이 실행 불가능한 것은 아니지만 역시 몇 가지 위험성을 안고 있다. 첫째 문제는 책임성의 결여이다. 말을 잘 안 듣는 개인이나 기관들로 하여금 협력하도록 강제하는 데 필요한 권위를 지닌 사람이 아무도 없는 것이다. 또한 자기 자신의 이기적인 이익만 추구하는 내부자들에 의하여 대부분의 결정이 내려짐으로 해서 이 체계는 정치판이 되어버릴 수도 있다. 만일 그런 사태가 벌어진다면 관련 이해 당사자들 모두가 핵심 결정 사안과 논쟁의 여지가 있는 통제의 문제에 있어서 진정한 발언권을 보장받기가 사실상 어려워질 것이다.

관할권 및 통제권 문제

인터넷이 현실적으로 국가에 의하여 통제되고 규제될 수 있는가? 다수의 이용자들은 인터넷이 그 본질상 아예 길들일 수 없으며 중앙집권적인 통제, 특히 정보의 흐름을 억제하려는 사람들에 대하여 면역성을 지니고 있다는 사실을 자랑으로 삼는다. 라인골드(Howard Rheingold)가 쓰고 있는 바와 같이 "네트워크의 교점(交點 : node, 네트워크의 분기점이나 단말 장치의 접속점—역자 주) 가운데 어느 하나가 옮겨질 때 인터넷은 너무나도 많은 대안적 통로를 채택할 수 있기 때문에 인터넷은 거의 불후의 융통성을 지닌다…. 인터넷은 검열을 손상(損傷)으로 해석하고 그것을 우회하여 버린다."[16]

우리가 이미 본 바와 같이 인터넷에 자기 의지를 강제로 부과하려는 특정 통치권자에게 근본적으로 문제가 되는 것은 법률과 규정이 지리적인 조건에 기초하고 있다는 사실이다. 그것들은 단지 어떤 일정한 영토 범위(예를 들면, 주 · 군 · 국가 등) 안에서만 힘을 가진다. 어떤 판사는 다음과 같이 언급하고 있다 : "모든 법률은 명백히 국지적(局地的)이다."[17]

인터넷은 국경 없는 범지구적 기술 체계이기 때문에 어떤 한 나라가 이 사이버 공간이라는 자유분방한 영역에 어떤 특정의 법률과 규정을 강제 부과한다는 것은 거의 불가능한 일이다. 설사 미국이 음란물을 법으로서 금하기로 결정했다고 치더라도, 미국은 단지 미국 내의 음란물 공급업자에게만 이 규제를 부과할 수 있을 뿐이다. 미국은 유럽이나 카리브 해안지대의 상인들이 음란물을 즐기는 모든 인터넷 이용자를 대상으로 그러한 자료를 배포하는 행위까지 제약할 수는 없는 것이다. 물론 미국이 인터넷 공급업자들에게 벌금을 부과함으로써 그 출처가 어디이든 불법자료의 발송에 대한 책임을 지울 수는 있을 것이다. 그러나 인터넷 서비스 제공사들이 모든 통신물로부터 음란성의 요소를 찾아 걸러내기란 지극히 어려운 일이기 때문에 이 방법은 불공정하고 실행 불가능한 해결책이라고 여겨진다. 한편, 몇몇 나라에서는 사법적 판결을 통해 가입자들에 의하여 게시판에 올려진 명예훼손성 자료들에 대하여 인터넷 서비스 제공사들에게 책임을 지운 적이 있는데, 이는 문제가 될 만한 다른 표현 형태들에 대해서도 인터넷 제공사들에게 책임을 지우도록 하는 방식을 정당화할 수있는 판례가 될 수 있을 것이다.

그럼에도 불구하고 몇몇 나라의 정부가 음란물, 도박 및 중상모략 따위의 인터넷상에서의 표현 활동이나 표현 형태에 대한 규제를 시도한 적이 있었으나 그들이 거둔 성과는 착잡한 것이었다. 싱가포르는 인터넷 공급업자가 음란물이나 선동물(煽動物)을 전파할 경우 그들에게 중벌을 내리는 매우 억압적인 인터넷 규제방식을 썼다. 싱가포르 정부는 정기적으로 이들 공급업자들의 파일을 조사하였고, 위반 사항이 발견될 경우 무거운 벌금을 부과하였다.

중국 정부는 한편으로는 웹사이트 사업을 권장하면서도 인터넷에 대하여 매우 민감하여 "인터넷 접속이 곧 정보의 절대적 자유를 의미하지는 않는다"라고 천명한 바 있다.[18] 중국 관리들은 음란물 사이트와 인권단체들이 운용하는 기타 불법 웹사이트에의 접속을 차단하기 위하여 일종의 방화벽(防火壁)을 사용한다. 정치적 담론에 대한 중국의 철권정치가 인터넷 접속에 의하여 시험대에 올라 있다. 하지만 중국은 이에 대하여 통상의 철권정치적인 억압의 전술로 일관해 오고 있다. 중국 정부는 최근에 중국의 이메일 주소록을 "적성국가의 출판사"에 제공한 혐의로 30세의 한 컴퓨터 전문가를 체포하여 유죄선고하였다. 그 출판사 가운데 하나가 중국 내의 반정부적 활동에 관하여 이메일로 보도하는 '브이아이피 레퍼런스'(VIP Reference)이다. 행정부는 무익하게도 이메일 주소록이 정부 통제에 복속돼 있지 않은 공공정보라고 주장하였다.

따라서 이 범지구적인 컴퓨터 통신망의 우월성은 자기 영토 안에서 취해지는 행동에 대한 지역 정부의 통제권을 침식하고 있는 것으로 판명되고 있다. 더구나 인터넷을 어떤 특정 지역의 지방적 특성에 입각하여 규제하려는 노력은 헛된 것으로서 "지역 주권이 범지구적인 현상에 자기의 규칙을 강제할 수는 없다"는 사실을 예고해 준다.[19] 아마도 인터넷이 국가 주권의 돌이킬 수 없는 쇠약의 원인이 될 것이라는 예측은 그다지 무리한 것 같지 않다.

또 하나의 문제는 인터넷이 각 개인의 암호를 통하여 개개인의 권한을 강화하는 데서 일어난다. 예를 들면 암호화 프로그램 덕택에 은밀한 전자 커뮤니케이션들에 대한 국가의 감독이 더욱 어려워졌다. 마찬가지로 여과 기술은 개인들에게 자기가 받기를 원하는 정보의 내용과 형식을 결정할 권한을 부여한다. 전자 세계의 익명성(匿名性) 또한 개개인들에게 그들의 온라인 행동에 대하여 책임을 지우려는 입법자들의 노력을 헛되게 한다. 인터넷은 기술을 이용하여 개인들의 권한을 강화하고 있다. 그것은 개인들에 대한 국가의 통제권에 변화를 일으키고 있는데, 이러한 현상이야말로 많은 정부 지도자들을 당황케 하고 있는 것이다.

암호 사용을 통한 개인의 권한 강화는 대다수의 이용자와 몇몇 시민 자유론자들이 강조하는 보다 철저한 아래로부터의 자기 통제 방식을 가능케 한다. 그러나 인터넷으로 하여금 가능한 한 최대한으로 스스로를 조직하고 조정할 수 있도록 하는 일이 과연 가능할까? 포스트(David Post)에 의하면 "이 혼란스럽고, 무질서하며, 거의 카오스적이고, 비계획적이며, 분권적인 체계에 의하여 가장 잘 해결될 수 있는 인터넷상의 문제가 더러 있다 … 그리고 그러한 비계획적인 무질서에 따르는 비용을 감수할 만한 때도 가끔은 있다."[20] 포스트가 기술한 이 약간은 혼란스러운 아래로부터의 규제 방식이 인터넷의 다양한 외부 문제들에 대하여 언제나 만병통치약인 것은 아니다. 그러나 그것은 다음에 이어지는 장들에서 기술되는 사회적 문제들 가운데 몇 가지에는 적절한 규제 수단이 될 수 있을 것이다.

개인들의 손에서 기술적으로 이루어지는 제약에 의존하는 문제에 대해서는 분명히 논의할 것이 많다. 그것은 여러 면에서 규제적인 정부 체제보다 더 선호할 만한 것으로 여겨진다. 그것은 강제하는 방식이 아니고, 보다 간편하며 비용이 싸게 먹힌다. 그리고 이용자들에게 무엇을 보고 무엇을 보지 말 것인가에 대한 최종 결정을 아예 미리 내려준다. 아래로부터의 규제는 또한 어쩔 수 없이 어떤 규제 장치를 갖출 수밖에 없는, 재정적 부담이 큰 정부의 하부 구조를 피할 수 있게 한다. 더욱이나 이 접근법은 시민들이 점점 더 반관료적(反官僚的)으로 되어 가고 있는 미국 같은 나라들에서 현재 일어나고 있는 문화적 변화에 적합하기도 하다. 사회의 병폐를 치유하기 위하여 관료제 및 공공정책에 의존하는 대신에 오늘날 대다수의 미국인들은 개인의 권한 강화와 지역별 통제를 선호하고 있다.

하지만 제1장에서 살펴본 바와 같이 가끔은 사설 단체가 제공하는 기술적 해결책이 민주국가가 취하는 조치보다 더 규제적일 수 있다고 주장하는 법학자들이 더러 있었는데, 이는 타당한 주장인 것 같다. 핑켈쉬타인(Seth Finkelstein)이 쓰고 있는 바대로 "'정부의 조치는 나쁘고, 사적(私的)인 조치는 좋다' 라는 식의 이분법적 시각 때문에 내키지 않는데도 복잡한 사회 체계에 관하여 궁리해야 하는 어려움이 생기기도 하고, 또는 검열관처럼 행세하는 사설 단체가 나타나기도 하는 것이다."[21]

인터넷 게재물 선택지침(PICS ; Platform for Internet Content Selection) 같은 여과 시스템에 대한 그의 비판에서 레시그(Law-rence Lessig)은 이와 비슷한 주장을 한 바 있다. 게재물 선택지침(PICS)은 온라인 자료를 분류하고 차단하는 방안을 제공하는 일종의 분류 기준이다. 그것은 학부모나 학교 당국이 음란물이나 또는 악의에 찬 중상모략적 언동으로 가득 찬 웹사이트에의 접속을 차단하기 위하여 이용할 수 있다. 레시그에 의하면 이 기술의 사용이 널리 확산될 경우, 그것은 권좌에 버티고 앉은 채 그들 자신의 자의적인 기준을 성실한 이용자들에게까지도 강제로 부과하는 자들과 똑같은 "암호라는 이름의 폭군"(tyranny of the code)을 낳을 수 있다.[22]

'게재물 선택지침' (PICS) 같은 차단용 소프트웨어의 위력과 잠재력은 이러한 기술들이 정보의 자유로운 흐름을 정부의 강제 검열보다 얼마나 더 효과적으로 침해할 수 있는가를 점점 더 잘 이해하기 시작한 시민 자유론자들에게도 여전히 효과적인 수단이었다. 그것이 자유에 미치는 위협이 미약하고 미미할 수는 있다. 하지만 그 결과는 여전히 일종의 사회 지배이다. 오늘날에는 사설단체들이 이 사회 지배에 영향을 끼치고 있는데, 인터넷은 그것에 저항하도록 설계되고 있다.

프랑스의 철학자 푸코(Michel Foucault)는 이 차이점의 중요성을 평가하였다. 권력의 본질에 관한 그의 글에서 푸코는 주권(主權)으로부터 나오는 명시적인 국가 명령과 보다 더 은밀하고 묵시적인 지배를 구별하고 있다. 후자는 흔히 감시라는 형태를 취하지만, 이와는 또 다른 형태를 취할 수도 있다. 푸코에 의하면 "우리는 고도로 전문적인 처리 기술을 지닌 새로운 권력 기제(mechanism of power)의 탄생 내지는 발명을 목격하고 있다. 그것은 시간을 두고 배당되는 징세 체계나 의무 부과 체계에 의한 불연속적 방식의 권력 형태라기보다는 감시를 통하여 지속적으로 행사되는 권력 형태이다."[23] 이는 분명히 레시그의 "암호라는 이름의 폭군", 즉 여러 다른 방향에서 등장할 수 있는 폭군에 대한 우려를 재차 확인해 주는 것이다.

우리에게는 이제 도발적이면서도 근본적인 하나의 질문이 남는다. 인터넷에 대한 통제와 규제는 사설 단체들의 손에, 그리고 그들이 개발하여 시장에 배포하는 교정 기술의 손에 맡겨져야 하는가? 아니면 보다 더 철저한 위로부터의 접근법을 받아들여야 하는가? 인터넷은 보다 직접적으로 규제됨으로써 아래로부터의 자기 통제에 수반되는 부수적인 폐해 대신 직접 규제의 사회적 비용들을 수용해야 하는가? 주권적 권력에서 나오는 국가별 법규와 국가별 규제가 인터넷의 안정성을 보장해 줄 최선책일까, 아니면 국제적인 기구가 최선책일까?

인터넷 관리와 윤리

인터넷이 급속도로 진화하고 있는 현 단계에서 이 규제 방식들 가운데 어느 것이 실제로 널리 쓰이게 될 것인가를 예측하는 것은 주제넘은 짓이다. 위로부터의 규제와 아래로부터의 자기 통제를 결합시킨 모종의 혼합 방식이 등장하게 되리라는 사실은 의심의 여지가 없다. 그러한 자기 통제는 ICANN 같은 자치 기구로부터 나오고, 규제는 국가 정부로부터 나올 것이다.

문제는 인터넷 규제에 있어서 정부의 역할이 얼마나 폭넓은 것이 되느냐이다. 미래의 상거래와 여타의 다양한 사회 활동에 있어서 사이버 공간이 가지게 될 중요성을 감안해 본다면 이 역할은 실질적인 것이 되어야 한다는 주장이 있다. 또한 인터넷의 자기 규제에 대한 신뢰도가 예측불가능하다는 사실에 비추어 신중을 기해야 한다는 주장도 있다. 대등한 여건에서 경기가 벌어질 수 있는 경기장 분위기를 조성하기 위한 정부의 지속적인 노력이 없다면, 마이크로소프트나 에이오엘(AOL) 같은 회사들이 전자 상거래에 대하여 부당한 영향력을 행사할 수도 있을 것이다. 또한 정부의 규제 확대를 지지하는 이들은 미국에서 자기 통제를 통한 온라인 프라이버시 규제 노력이 부진한 상태에 대하여 우려를 제기하고 있는데, 이는 정당하다고 하겠다.

그러나 사이버 공간처럼 다루기가 만만치 않은 영역에서 정부가 과연 스스로의 규제 역할을 확대할 수 있을까? 우리가 살펴본 바와 같이 국가는 인터넷을 규제하려는 노력에 있어서 두 가지 만만치 않은 도전에 직면하고 있다. 즉, (1) 국가는 범세계적 성격을 지닌 인터넷에 국지적(局地的)인 성격의 법 적용을 시도해야 하며, 또한 (2) 국가는 개인의 권한을 획기적으로 강화해 온 암호와 겨루어야 하는 것이다. 이 장애들은 국가의 주권을 약화시키고 개인에게 우세를 안겨준 것으로 판명된 바 있다.

그렇다고 해서 사이버 공간을 통제하는 데 있어서 국가 권력을 과소평가하는 것은 순진하고 어리석은 짓이다. 푸코가 쓰고 있는 대로 "권력이 있는 곳에는 어디에나 저항이 있게 마련이다."[24] 국가는 분명히 이러한 사태에 대하여 저항할 것이며, 상실한 지배권과 약화된 주권을 회복하려 들 것이다. 예를 들어 국가는 스스로의 막강한 권력을 이용하여 인터넷 서비스 제공사들을 규제하려 들거나 또는 특정 인터넷 장치를 특정 방식으로 구성하도록 명령하려 들 수도 있다. 공공정책 입안자들 또한 사이버 공간에서의 하나의 압박 요인으로서 암호의 위력을 인식하고 있다. 레시그가 관찰한 바대로 국가는 인터넷상의 암호를 통제함으로써 사이버 공간에 대한 '규제 가능성'을 증대시키려고 노력을 기울일 것이다.[25]

이제 우리에게 남은 문제는 욕구불만 상태에 빠져 있는 국가와 새로이 권한이 강화된 인터넷 공동체 사이의 권력 투쟁 문제이다. 사이버 공간의 암호가 그 투쟁의 진원(震源)이다. 여러 가지 각도에서 볼 때 암호야말로 법, 규범, 또는 시장 체제보다도 훨씬 더 그 효능이 큰 제약이다. 우리는 통제권 획득을 위하여 그 암호를 이용하는 데 대하여 두 가지 측면에서 다양한 가능성을 예견할 수 있다. 예를 들면 최신 인터넷 장치들은 전자적 익명성(電子的匿名性)을 용이하게 한다. 그러나 국가는 인터넷 서비스 제공사들로 하여금 아예 사람들이 사이버 공간에 들어오기에 앞서 먼저 디지털 신분(digital identity)을 밝히고 암호를 사용하도록 요구하는 방식으로 대응할 수 있을 것이다.

이 투쟁을 매우 위험스러운 것으로 만드는 요인은 인터넷 암호를 다루는 장치이다. 샤피로(David Shapiro)는 개인 이용자들의 권한을 강화해 주는 인터넷의 능력을 "통제권의 혁명"이라고 묘사하고 있다. 그는 "각국 정부가 헌법에 저촉되거나 대중의 반대에 부딪치지 않으면서도 암호를 능수능란하게 관리함으로써 국가는 그러한 혁명적 변화에 잘 대응할 것"이라고 주장하고 있다.[26)]

그것이 지니는 가단성(可鍛性)과 모호성 때문에, 그리고 차근차근하면서도 은밀히 사람들의 행동을 제약하거나 틀잡아 줄 수 있는 가능성 때문에 국가의 손에 들어가든 개인의 손에 들어가든 암호는 아주 강력한 규제 수단이 된다. 사실 암호가 그것에 영향받는 사람들에게 투명한 방식으로 늘 공개적으로, 그리고 직접적으로 그들의 행동을 제약하거나 그것에 영향을 끼치는 것은 아니다. 암호가 법에 의한 규제와 첨예하게 대립되고 있는 이유는 민주적 절차에 따라 법을 제정하는 과정은 철저히 중인환시(衆人環視) 속에서 진행되고 있기 때문이다.

바로 이 점에서 암호 사용에 있어서의 윤리의 중요성이 최고조에 이른다. 우리가 아래로부터의 자기 통제 철학을 선호하든 또는 위로부터의 규제 철학을 선호하든 간에 그 접근은 결국 지배지향적인 것이다. 따라서 우리는 자율성·프라이버시·자유 등 핵심이 되는 인간 가치에 주의를 기울이지 않으면 안 된다. 기술 체계에 의하여 촉진되는 비공식적인 통제 방법들에는 사이버 공간에서의 행동거지를 효과적으로 그리고 공정하게 규제할 수 있는 잠재력이 있다. 그러나 이는 어디까지나 관련된 이해 당사자들이 책임감 있는 행태를 보이는 경우에 한한다. 이는 교정 기술(이를 테면 여과 장치 같은)이 적절치 못하게 구사될 경우에 초래될 수도 있는 인권에 대한 부정적 효과를 최소화하는 데 도움이 될 수도 있을 것이다.

마찬가지로 위로부터의 입법 과정 역시 이들 동일한 핵심 가치가 주도하도록 진행되어야 한다. 정부는 규제 법규를 가지고 통제권의 혁명에 과잉반응하거나 또는 민주적 절차를 간과해서는 안 된다. 그리고 사이버 공간 내의 질서와 안정을 강화시킨다는 명분으로 인간의 자유와 기본권을 박탈하려고 인터넷 장치를 함부로 조작해서도 안 된다. 또한 정부는 사이버 공간을 규제하는 데 있어서 어디까지나 책임 있는 행동을 보여야 한다.

제1장에서 논의한 바대로 가장 중요한 것은 사이버 공간에서 인간 번영 실현의 기초가 되는 선험적 선들과 도덕적 가치관을 보전하는 일이다. 기술자의 암호가 아니라 도덕적 가치관이 사이버 공간의 규제자가 되어야 한다. 이렇게 할 때 비로소 암호 남용의 최소화를 보장하는 데 도움이 될 것이다. 만일 공공정책 입안자, 소프트웨어 개발자, 교육자 및 회사 운영자 등 인터넷 이해 당사자들이 신중하고 책임 있게 행동하려 한다면 그들은 이러한 가치관을 존중하는 일에 소홀하지 말고 그것을 늘 염두에 두어야 할 것이다. 이는 또한 국가와 여타 인터넷 이해 당사자들 사이의 합리적 평형을 이루는 데도 도움이 될 것이다.

다음 장들에서 우리는 책임성 있는 사이버 공간 규제 방법을 구성하는 것이 무엇인가를 논의한다. 그 논의의 과정에서 우리는 어떻게 하면 책임성 있는 암호를 개발하고 사용할 수 있을까를 궁리한다. 우리는 또한 이해 당사자들이 그들의 막강해진 권한을 행사하는 바른 방도와 오늘날 사이버 공간에서 발생하고 있는 문제상황들에 이 핵심 도덕 가치들을 어떻게 적용할 것인가에 초점을 맞춘다. 그러한 가치의 적용이 정밀한 과학도 아니고, 또한 가끔은 분별력 있는 사람들이 동의하지 않을 여지도 없지 않겠지만, 우리가 인터넷이 이러한 광범위한 도덕적 기준에 의하여 다스려져야 한다는 확신을 공유하고 있기만 하면 이러한 불가피한 갈등들은 훨씬 쉽게 해결될 수 있을 것이다. 이야말로 열려 있는 솔직한 토론과 함께 보다 더 조심스런 성찰을 필요로 하는 복잡한 화두(話頭)이다. 이것이 바로 이 책이 추구해 나가는 주제이기도 하다.

토의문제

1. 여러분 자신이 생각하는 인터넷상의 행동 규제를 위한 다양한 모델들을 설명하라. 다른 정당한 모델이 또 있을 수 있을까?
2. 지방 정부에 의한 것이건 특별히 이 목적을 위하여 설립되는 국제 기구에 의한 것이건 간에, 인터넷에 대한 광범위한 정부 규제에 관하여 찬반 토론하라.
3. 이 장에서 제시된 아래로부터의 규제 방법을 평가하라.
4. 인터넷의 구조와 기존 장치들이 최적의 규제 구조 선택에 영향을 끼치는 것은 어떤 방법에 의해서일까?

주석

1) Wren, C., 1997, Drug Culture Flourishes on Internet, *The New York Times,* June 20, p. A19.
2) Katz,J., 1997, Birth of Digital Notion, *Wired,* April: 186.
3) Rosenberg, G., 1997, Trying ro Resolve Jurisdictional Rules on Internet, *The New York Times,* April 14, p. D1.
4) Agarwal, P. K., 1999, Building India's National Internet Backbone, Communications of the ACM, June : 53~58.
5) The Accidental Superhighway : A Survey of Internet, *The Economist,* July 1, 1995, p. 6.
6) Zittrain, J., 1997, The Rise and Fall of Sysopdom, *Harvard Iournal of Law and Technology* 10 : 495.
7) Keen, P., et al., 1998, *The Business Internet and Intranets,* Cambridge, MA : Harvard Business School Press, p. 178.
8) Andes, G., 1998, The Internet—Why and Where Internet Commerce Is Succeeding, *The Wall Street Journal,* December 7, p. R4.
9) Applegate, I., 1995, *Electronic Commerce : Trends and Opportunities,* Cambridge, MA : Harvard Business School Press, p. 178.
10) Survey of Electronic Commerce, *The Economist,* May 10, 1997, p. 6.
11) Einhorn, B., 1999, China's Web Masters, *Business Week,* August 2, p. 49.
12) Freeman, R. E., 1984, *Strategic Management: A Stakeholder Approach,* Marshfield, MA : Pittman, pp. 60～61.
13) Dill, W., 1975, Public Participation in Corporate Planning : Strategic Management in a Kibbitzer's World, *Long Range Planning* 8(1) : 61.
14) 웹사이트 www.the-dma.org.를 보시오.

15) Johnson, D., and Post, D., 1997, How shall the net be governed. Available at http://www. cli. org/X0025_LBFIN.html.

16) Rheingold, H., 1993, *The Virtial Community : Homesteading on the Elecyronic Frontier.* Reading, MA : Addison-Wesley, p. 7.

17) *America Banana Co. v. United Fruit Co.* 213 U.S. 347, 357(1909).

18) Walker, T., 1995, China's Wave of Internet Surfers, *The Financial Times,* June 24.

19) Johnson, D., and Post D., 1997, The Rise of Law on the Global Network. In Kahlin, B., and Nesson, C., *Borders in Cyberspace,* Cambridge : MIT Press, p. 6.

20) Post, D. G., 1999, *Of Horses, Black Holes, and Decentrallized Law-making in Cyberspace.* Paper delivered at Private Censorship/Perfect Choice Conference at Yale Law School, April 9~11.

21) Finkelstein, S., 1998, Internet Blocking Programs and Privatized Censorship. *The Ethical Spectacle,* August, 1998(http://www.spectacle.org/896/finkel.htm).

22) Lessig, L., Tyranny in the Infrastructure, p. 96.

23) Foucault, M., 1980, *Power and Knowledge : Selected Interviews and Another Writings,* Trans., C. Gordon, New York : Random House.

24) Foucault, M., 1980, *The History of Sexuality,* vol. I, trans, R. Hurley, New York : Vintage Books, p. 95.

25) Lessig, L., 1978, The laws of Cyberspace, p. 11.

26) Shapiro, D., 1999, *The Control Revolution,* New York : Cetury Foundation Books, p. 73.

제3장
사이버 공간에서의 표현의 자유와 게재물 통제

서론

인터넷의 등장으로 인해 개개인이 미국 헌법 제1조 수정조항에 명시된 표현의 자유를 행사할 수 있는 잠재력은 확실하게 증대되고 있다. 인터넷을 통해 모든 이용자들은 마음만 먹으면 무엇이든 표현할 수 있는 힘을 지니게 되었다. 예를 들어 사용자들은 자기 자신의 게시판을 운영하거나 전자 회보를 출판할 수도 있으며, 혹은 인터넷상에서 자신의 홈페이지를 개설할 수도 있게 되었다. 고드윈(Michael Godwin)에 의하면 인터넷은 "모든 개인에게 '표현의 자유'에 관한 모든 힘을 가져다 준 것이다."[1] 또는 미국 시민자유연맹(ACLU)을 상대로 한 리노(Reno)의 소송사건(Reno v. ACLU) 판결문에 명시되었듯이, 인터넷은 평범한 일반 시민도 "가두연설을 통해 마을의 결정을 큰소리로 알리는 것보다 훨씬 더

멀리 전파시킬 수 있는 팜플렛 간행자"[2]가 될 수 있게 해주고 있는 것이다.

그 결과 이제 막 발전하고 있는 정보화 시대에 있어서 사이버 공간에서의 표현의 자유와 게재물 통제의 문제가 가장 논란이 되는 도덕적 문제로 등장하게 된 것이다. 현 시대에 있어서 표현의 자유와 같은 인간의 권리들은 매우 중요한 의미를 지니고 있다. 어떤 점에서는 이제 이와 같은 기본권들이 인터넷 이용자들이 향유하고 있는 혁명적인 힘을 통제하려는 국가의 의도와 정면으로 충돌하고 있는 것이다. 미국의 경우 인터넷상의 음란물을 규제하는 데 중점을 두어왔던 데 비해, 프랑스나 독일과 같은 일부 유럽 국가들은 증오적 표현(hate speech)의 규제를 주된 목표로 삼아왔다.

더욱이 표현은 사이버 공간에 있어서 개인의 사생활, 지적 재산권, 그리고 안전을 포함한 대부분의 주요한 윤리적이고 공공정책적인 문제의 기초가 되고 있다. 이 세 가지 문제들은 이어지는 장에서 자유로운 표현이라는 주제가 여전히 매우 중요하다는 전제하에 논의되고 있다.

(유럽에서의 강제적 규제조치와 같이) 사생활 보호를 위해 정보의 자유로운 흐름을 규제하는 것은 결국 정보소통에 대한 규제가 된다. 그러므로 사생활을 보호하기 위한 이러한 노력은 불가피하게 표현의 자유와 관련되는 중대한 문제가 되고 있다. 지적 재산권 또한 표현의 자유에 대한 규제와 동일한 선상에 놓여 있다. 만일 누군가가 어떤 상표에 대한 권리를 지니고 있다면, 다른 사람들은 이 상표를 자유롭게 사용할 수 없다. 결국 이용자들이 자신의 데이터를 안전하게 보관하는 유일한 방법은 암호화시키는 것이지만, 암호가 다른 사람의 수중에 놓일 경우 국가 안보에 매우 중대한 위협이 될 수도 있기 때문에 많은 사람들이 암호화는 정부의

통제하에 놓일 필요가 있다고 주장하고 있다. 그러나 암호화를 통해 사이버 도둑(cybersnoopers)으로부터 표현의 자유를 보호할 권리가 표현의 자유라는 권리 속에 포함되어서는 안 되는 것인가? 따라서 사이버 공간에 있어서 가장 난해하고도 어려운 대부분의 문제들은 다음과 같은 주제로 요약될 수 있다 : 조직과 개인에게 있어서 어느 한도까지 표현의 자유를 허용해야 하는가?

인터넷 기술을 개척해 온 사람들이 일관되게 주장하고 있는 것은 사이버 공간에서의 자유로운 표현의 범위는 가능한 한 확대되어야 한다는 것이다. 자유롭고 공개적인 생각의 교환이 이루어지고 있는 분위기를 침체시키기 않을까 하는 두려움 때문에 정부는 지난 수년 동안 인터넷상의 어떠한 형태의 정보도 규제하거나 정화하려고 하지 않았다.

그러나 인터넷의 사용이 늘어남에 따라, 특히 (어린 학생들과 같은) 취약한 계층에서의 사용이 증가함에 따라 일부 정책 결정자들은 이와 같은 자유방임적 정책에 대해 다시 생각하게 되었다. 미국의 경우, 졸속으로 제정된 법규를 통해 인터넷 게재물을 규제하려는 일단의 시도들이 이루어졌으나 아무런 효과도 얻지 못하고 있다. 오히려 이러한 시도로 인해 문제의 심각성이나 중요성과는 상관없는 문제들이 일반에 알려지고 주목을 받게 되는 역효과를 낳게 되었다.

규제의 필요성을 인식하고 있음에도 불구하고 인터넷에 이해관계를 지니고 있는 많은 사람들 사이에는 현재의 상태를 유지해야 한다는 강력한 공감대가 형성되어 있다. 인터넷의 자유주의 정신을 보존하려는 사람들과, 번거로운 규제나 통제가 이러한 전지구적 네트워크가 지닌 활력을 위태롭게 하는 가장 확실한 길이며, 또한 이는 결국 인터넷 이용자들이 지닌 창의력을 침체시키고 어떠한 구속도 없이 자유롭게 표현할 수 있는 최후의 보루를 위태롭게 할 것이라고 주장하는 사람들은 지속적으로 가장 강력한 반대의사를 표명하고 있다.

이 장에서는 포르노그라피(pornography : 음란물), 증오적 표현, 그리고 심지어 스팸(spam : 요청하지 않는 상업적 전자우편)으로 알려진 원치 않는 표현과 같은, 문제가 되는 자유로운 표현의 형태에 초점을 맞추고 있다. 이러한 논의의 맥락에서 표현의 자유에 있어 그 범위의 확대를 강조하는 자유주의 윤리가 현재 복합성이 증대되고 또한 다양한 이용자 공동체가 생겨나고 있는 사이버 공간에서도 여전히 타당한가를 살펴보고 있다.

사이버 공간에서의 포르노그라피

인터넷상의 표현을 규제하려는 미 의회의 최근의 노력에 대해 논의하기에 앞서 먼저 무엇이 포르노적 표현인가에 대해 명확하게 정의할 필요가 있다. 포르노적 표현에는 크게 두 개의 범주가 있다 : (1) 미 헌법 제1조 수정조항에 의해 전혀 보호받지 못하는 외설적(음란한) 표현, 그리고 (2) 성인에게는 음란하지 않지만 17세 이하의 청소년에게는 금지되어야만 하는 "저급한" 표현. 캘리포니아를 상대로 한 밀러의 소송(Miller v. California, 1973)에 있어서 대법원은 표현이 첫번째 범주에 해당되는지, 그리고 모든 사람에게 외설적인 것인지를 판별하기 위한 3개 영역 평가를 제정하였다.

다음과 같은 조건들에 해당하는 표현은 음란한 표현으로 간주

된다 : (1) 주 정부 법률에 의해 명백히 금지되고 있는 성적(배설적) 행위를 표현하고 있을 경우 ; (2) 사려 분별이 있는 사람이 공동체의 상식적 기준을 통해 판단했을 때 외설적 감흥에 호소하고 있을 경우 ; 그리고 (3) 어떠한 중요한 문학적 · 예술적 · 사회적 · 정치적 또는 과학적 가치를 지니고 있지 않을 경우가 그것이다. 외설적 표현의 가장 대표적인 사례가 바로 아동 포르노그라피이다.

표현의 두 번째 범주는 흔히 저급한 표현이라고 불리는 것으로 아동에게는 외설적이지만 성인에게는 그렇지 않는 표현이다. 이와 관련된 판례는 뉴욕 주를 상대로 한 긴즈버그의 소송(Ginsberg v. New York)으로, 17세 이하의 "미성년자에게 유해한" 표현의 판매를 금지하는 뉴욕 주 법률을 뒷받침하고 있다. 긴즈버그 사례에서 논쟁이 된 법률은 미성년자에게 유해한 것을 다음과 같이 정의하였다 : "(1) 미성년자의 외설적이고 추잡한, 또는 병적인(불건전한) 관심을 현저하게 자극하며, (2) 미성년자에게 무엇이 적합한 것인가에 대해 전체 성인들이 지니고 있는 기준에 명백하게 저해되고, 또한 (3) 미성년자들에게 사회적 중요성을 전혀 제시해 주지 못하는 모든 형태의 나체 · 성행위 · 성적 자극 혹은 가학-피학성 변태적 성행위에 대한 모든 표현." 비록 주 의회가 미성년자에 대한 외설물의 판매를 금지하는 법령에 대해 이 판례를 다르게 적용하고 있다 하더라도 이러한 기준들은 일반적으로 우리가 "긴즈버그(Ginsberg) 표현" 으로 구분하고 있는 것들, 즉 17세 이하의 아동들이 접해서는 안 되는 것에 대한 하나의 보편적 지침으로 삼을 수 있다.

공공정책 개관

통신예절법 (Communication Decency Act, CDA I)

인터넷상에 산재해 있는 두 범주의 음란물들이 입법가들에게는 일종의 골칫거리가 되고 있다. 사이버 공간에서의 커뮤니케이션의 양이 증가함에 따라 사람들이 자극적이고 잠재적 유해성을 지닌 표현이나 영상물에 노출될 가능성 또한 매우 크게 늘어났다. 예를 들어 만일 여러분이 미국의 대통령에게 전자우편을 보내기 위해 www.whitehouse.gov 대신 실수로 www.whitehouse.com을 입력하게 된다면 앞서 말한 경우를 당하게 될 것이다. 현재 인터넷에는 대략적으로 보아 다양한 형태의 음란물을 제공하고 있는 사이트가 약 280,000여 개에 달하고 있다. 또한 일부 조사에 의하면 하루에 평균 약 500여 개의 사이트가 인터넷에 생겨나고 있고, 이로 인해 아무 제한 없는 자유로운 표현으로 인해 야기되는, 인터넷에서 부정적인 영향을 지닌 표현의 자유를 정부가 규제하고 통제해야 한다는 주장이 설득력을 얻어가고 있다. 미 대법원에 의해 최근 위헌으로 판결된 통신예절법(CDA)은 이러한 규제에 대한 헛된, 그리고 일부가 주장하듯 잘못된 시도의 대표적인 경우이다.

CDA를 제정하게 된 배경에는 조지타운 법률회보(Georgetown Law Review)가 출판한 1995년의 잘못된 카네기 멜론 연구(Carnegie Mellon study)가 있었는데, 이 연구에서는 917,410개의 컴퓨터 영상물을 조사한 결과 인터넷에서 접할 수 있는 모든 컴퓨터 사진의 약 83.5%가 음란물로 판명되었다. 또한 카네기 멜론 연구자들은 인터넷에서 음란물은 산재해 있을 뿐만 아니라 많은 음란물 공급사들이 상당한 수익을 올리고 있음을 확인하였다. 게다가 그러한 영상물들은 단지 나체 여성만을 담고 있는 것이 아니라 감금과 가학 · 피학성 변태 성욕, 그리고 소아에 대한 비정상적인 성욕(pedophilia) 등을 담고 있다. 이러한 충격적인 조사 결과는 유명한《타임》(*Time*)지에 "사이버포르노"라는 제목의 커버 스토리로 게재되었다.《타임》지의 기사를 빌리자면, "전세계 남자와 여자, 그리고 어린이들이 쉽게 접근할 수 있는 공개적인 네트워크상에서 이러한 자료들이 출현하고 있다는 사실은 너무나도 중요하기 때문에 무시하거나 혹은 지나치게 단순화할 수 없는 문제들을 야기하고 있다."[4)]

세상을 떠들썩하게 한《타임》지 기사는 CDA에 대한 관심을 고조시켰다. 이 법안을 발의한 엑슨(Exon) 상원의원은 이 법안 통과의 필요성에 대한 증거로 카네기 연구를 인용하였다. 그러나 이 연구의 상당 부분이 사실과 다르다는 명백한 증거들이 제기되었다. 카네기 멜론 대학 학부재학생인 마티 림(Marty Rimm)이 바로 이 연구의 책임자였다. 림이 수집한 모든 자료는 68개 게시판 서비스(BBSs, bulletin board services)를 기초로 한 것으로, 이 중 상당수는 성인용 BBSs였지만, 림은 마치 자신의 연구가 전체 "정보고속도로"를 기초로 하여 적용된 것처럼 보이게 했다. 고드윈(Michael Godwin)에 의하면, "상업적 포르노 BBSs를 '정보 고속도로'로 일반화시키는 것은 마치 타임 광장(Time Square)에 있는 성인문고를 (모든) 인쇄매체로 일반화시키는 것과 같다."[5)]

그럼에도 불구하고 이 연구 결과와 함께 이것이《타임》지 커버 스토리로 게재됨으로써 공개적인 문제로 제기되는 바람에, CDA는 의회를 통과하여 1996년 클린턴 대통령이 최종 서명하였다. 의회가 특히 우려했던 바는, 음란물을 쉽게 접할 수 있게 됨에 따라 아동들에게 직접적으로 미치는 부정적인 영향이었다. 인터넷이라는 매체에는 음란하고 적나라한 자료들과 사이버 공간을 통해 스스로 자료를 검색하고 있는 호기심 많은 미성년자들 사이에는 차단 장치가 거의 없다는 것을 의회는 인정하였다. 또한 의회는 이로 인해 생겨나는 파생적 영향에 대해서도 언급하였다 : 음란물을 쉽게 접할 수 있다는 점 때문에 부모들은 가정에서의 인터넷 사용을 주저하게 될 것이며, 이는 인터넷이 지닌 유용성을 감소시키게 될 것이라는 말이다.

CDA는 성적으로 음란한 자료들이 아동들에게 전달되는 것을 금지하는 몇 개의 중요한 조항들을 담고 있다. 이 법은 "통신의 수혜자가 18세 미만의 미성년자임을 알면서도 음란한 통신의 전송을 시도한" 모든 사람들을 형사처벌 대상으로 삼았다. 또한 명백하게 선정적인 자료들을 "18세 이하의 청소년들이 접근할 수 있는 방식으로" 인터넷에 게재하는 것 또한 처벌 대상으로 삼았다.[6]

CDA를 옹호하는 사람들은 이것이 인터넷상에서 포르노 혹은 "긴즈버그" 표현으로부터 어린이들을 보호하는 적절한 방법이라고 주장하였다. 이 법은 이러한 표현들에 대한 성인들의 접근을 금지하지는 않았다. 그보다는 마치 우리가 어떤 물리적 환경에 대해 구역을 정하듯이 인터넷상에서 구역을 정하려는 시도였다고 할 수 있다. 이 법안을 지지하는 입장을 간추리면 다음과 같다 : "CDA는 단지 인터넷상에서 특정 구역에 적용되는 법령으로, 그러한 규제와 관련하여 헌법 조항들에 대한 사법부의 신중한 검토하에 이루어졌다. 이 법은 인터넷상의 특정 구역에 음란한 자료들을 모아, 성인들은 접근할 수 있지만 미성년자들은 접근할 수 없도록 함으로써——이러한 자료를 볼 수 있는 어떠한 헌법적 권리도 지니지 않은——청소년들이 이러한 자료들을 볼 수 없도록 적절한 조치를 취한 사람들은 처벌 대상에서 제외하고 있다."[7)]

그러나 CDA에 대한 지지는 높지 않았고, 곧바로 엄청난 반대 여론이 일어났다. 인터넷 이용자 동맹, 인터넷 서비스 제공사들(ISPs, Internet Service Providers), 그리고 자유시민모임은 이 법안이 표현의 자유에 대한 권리를 명시한 헌법 수정조항 제1조에 대한 명백한 침해라고 이의를 제기하였다. 미국 시민자유연맹(ACLU, American Civil Liberties Union)이 이러한 연합전선의 선두에 있었고, 이로 인해 그 사건은 시민자유연맹과 리노의 법정소송 (ACLU v. Reno)으로 알려지게 되었다.

원고(시민단체들)의 주장은 인터넷의 작동 방식에 비추어 볼 때, 결국 이 법은 "음란한" 자료들에 대한 성인들의 접근 또한 금지하게 되는 결과를 가져올 가능성이 높다는 것이었다. 또한 이 단체들은 금지된 표현에 예술작품과 문학작품, 그리고 심지어 건강과 관련된, 혹은 성교육 정보를 포함하는 방향으로 검열의 영역이 확대될 수도 있다고 주장하였다.

또한 설사 CDA가 시행된다 하더라도, 이 법이 사이버 공간에서 음란물을 접할 수 있는 가능성에 대해서는 별다른 영향을 미치지 못할 것이다. 이 법으로는 인터넷에 다른 국가에서 올린 음란물을 통제할 수는 없을 뿐 아니라, 대개 해외나 미국의 규제가 미치지 않는 지역에 위치한 익명의 2차 발송자에 의해 인터넷에 올려진 음란물을 막을 수도 없다. 결론은 인터넷은 전지구적 연결망(network)이기 때문에 음란한 자료로부터 청소년들을 보호하기 위해 특정 국가의 정부에 의해 시행되는 게재물 규제는 별다른 효과를 얻을 수 없다는 것이다.

필라델피아에서 연방 판사로 구성된 배심원단은 CDA가 헌법 수정조항 제1조와 제5조를 침해하고 있다고 만장일치로 판결하였다. 법무부는 현재 시민자유연맹과 리노의 법정소송(ACLU v. Reno)으로 알려진 이 판결에 대해 항소하였지만 아무런 성과도 얻지 못하고 있다. 대법원은 하급 법원의 판결에 동의하였고, 1997년 6월에 이 법이 위헌임을 공포하였다. 법원은 특히 내용에 근거하여 표현을 규제함에 있어 나타나는 애매모호함에 우려를 표명하였다. 스티븐스(Stevens) 판사가 작성한 다수 의견에 따르면, "우리들은 어떤 법령으로 표현의 내용을 규제할 경우, CDA는 헌법 수정조항 제1조가 요구하는 엄밀성을 결여하고 있다고 생각한다. 잠재적으로 유해한 표현에 대한 미성년자의 접근을 금지하기 위해 결과적으로 CDA는 성인들이 헌법적 권리를 통해 즐기고 또 서로 이야기할 수 있는 수많은 표현들을 억압하고 있다."[8] 또한 스티븐스(Stevens)판사는 인터넷에서의 자유로운 표현은 헌법 수정조항 제1조가 보장하는 최고 수준에 해당함을 강조하였다. 이는 라디오와 방송, 그리고 케이블 TV와 같이 보다 영향력이 큰 매체에 대한 제한적인 보장과는 대비된다. 이러한 매체에 대해서 법원은 정부의 규제를 상당부분 허용하고 있는 것이다. 이처럼 인터넷과 일반 대중매체를 구분함에 있어 법원은 컴퓨터 사용자는 적극적으로 음란한 자료를 찾아야만 하는 데 비해, 만일 이러한 자료들이 TV나 라디오에서 쉽게 접할 수 있게 될 경우에는 시청자의 의도와는 아무 관계 없이도 아동통신보호법과 마주칠 가능성이 높다는 점을 강조하고 있다.

CDA II

CDA의 철폐에 관여했던 사람들 대부분은 이 문제가 쉽게 수그러들지 않을 것임을 알고 있었다. 여전히 여론의 지지를 받고 있는 의회는 다시 한 번 이 법을 추진하였다. 1998년 10월에 의회는 재차 법안을 상정하였고, 최초 CDA를 수정하여 현재 CDA II로 알려진 아동통신보호법(COPA, Child Online Protection Act)이 포함된 포괄적 예산안을 통과시켰다. 클린턴 대통령은 이 법안에 서명하였고, CDA의 경우와 마찬가지로 즉각 ACLU는 이에 대한 이의신청을 하였다. CDA II는 상업적 웹사이트 운영자들이 미성년자들에게 유해한 음란한 성적 표현물을 17세 이하의 청소년들에게 개방하는 것을 불법으로 규정하고 있다. 상업적 웹사이트 운영자들은 사용자들이 자료를 보기 전에 나이를 확인하기 위해 반드시 신용카드 번호와 같은 신원 확인 장치를 설치해야만 했다.

ACLU와 다른 반대론자들은 이 법이 지나친 자기검열을 야기할 것이라고 주장하였다. CDA II는 이러한 상업적 웹사이트들이 성인 이용자들에게 다가갈 수 있는 능력에 부정적인 영향을 초래하게 될 상황이었다. 헤일퍼린(Max Hailperin)에 의하면 "COPA가, 비록 미성년자들에게는 유해할지라도 성인들에게는 헌법으로 보장된 자료들을 상업적 운영자들이 값싸고 쉽게, 그리고 널리 성인들에게 전달할 수 있는 능력을 약화시킬 것이라는 데에는 의심의 여지가 없다."[9] CDA II는 문제가 되는 성적 표현물을 보다 세밀하게 정의하고 있기 때문에 CDA I보다는 대상을 보다 구체적으로 정의하고 있다. 17세 이하의 청소년들에게 있어 "진지한 문학적 · 예술적 · 정치적 혹은 과학적 가치"를 결여한 표현물들이 그 대상이 되고 있다. 그러나 이 법을 비판하는 사람들의 주장은 이러한 정의가 여전히 너무 포괄적이라는 것이다. 또한 이들은 이 법이 임의적으로 혹은 부주의하게 적용되었을 경우 벌어질 상황에 대해 걱정하고 있다. 예를 들면 성교육 정보를 제공하는 일부 사이트들은 이 법을 위반하게 되는 것인가?

1999년 2월, 한 필라델피아 연방 판사는 CDA II의 시행을 보류하는 예비명령을 내렸다. 이 판사는 이 법이 자기 검열을 초래할 것이며, 또한 "이로 인해 나타날 부정적인 영향은 결국 헌법에서 보장하고 있는 자유로운 표현에 대한 검열로 귀결될 수 있으며, 이는 원고(시민)에게 돌이킬 수 없는 해를 미치게 될 것"이라는 주장을 받아들였다.[10] 항소심도 동일하게 평결이 났으며, 이는 결국 궁극적인 해결책은 대법원의 판단을 기다리는 수밖에 없음을 의미한다.

CDA와 게재물 규제에 대한 논쟁에 있어서의 핵심 쟁점은 제2장에서 제기되었던 문제, 즉 인터넷을 어떻게 통제할 것인가라는 근본적인 문제에 관한 것이다. 정부가 이러한 법률을 통해 중앙에서 통제를 해야만 하는 것인가? 혹은 인터넷이 이용자들 자신의 필요와 가치 체계에 따라 자기 스스로의 해결 방안을 찾을 수 있는 능력을 지니도록 함으로써 이용자들을 주체로 하여 보다 아래로부터의, 즉 사용자 중심의 접근 방식을 통해 관리되고 통제되어야만 하는가? 후자의 방식이 지닌 하나의 장점은 그와 같은 통제가 인터넷이 지닌 분권화된 네트워크 구조에 보다 적합하다는 것이다. 많은 이용자들은 게재물 통제에 있어 국가의 공식적인 규제보다는 분권화를 더 선호하고 있다. 분권화는 시민의 자유를 존중하고 있으며, 게재물 통제를 가장 잘 행할 능력을 지닌 사람들에게 이러한 기회를 부여해 주고 있다.

그러나 분권화에 의존하는 것에 대해 반대나 논란이 전혀 없는 것은 아니다. 만일 특정한 방식으로 이용자들로 하여금 인터넷 게재물을 통제할 수 있게 한다 하더라도 여전히 많은 문제들이 남아 있다. 만일 인터넷에 대한 검열의 목적이 공동체의 가치를 보존하려는 데에 있다면 공동체를 어떻게 정의할 것인가? 또한 공동체의 가치가 실제로 무엇인가를 어떻게 규명할 것인가? 마지막으로, 과연 기술이 문제를 해결해 줄 수 있는가? 아니면 기술이 문제를 더욱 악화시킬 것인가?

게재물 자동통제

그럼에도 불구하고 CDA I과 CDA II를 반대하는 판결 덕분에 이제 게재물 통제라는 짐은 부모와 지역 단체가 떠맡게 되었다. 이와 같은 지역 공동체의 권한은 몇 가지 문제를 제기하고 있다. 지역 공동체나 (학교 · 감옥 · 도서관 등과 같은) 기관들이 어느 정도까지 인터넷상의 게재물 통제에 대한 직접적인 책임을 져야만 하는 것일까? 예를 들어 도서관은 인터넷상의 음란물로부터 나이 어린 이용자들을 보호하기 위한 차단 프로그램의 사용 여부를 고려해야만 한다. 이것이 과연 지역 공동체나 기관의 규범을 유지하기 위한 유익하고 현명한 방법인가? 또는 이러한 성격의 검열이 사고의 자유로운 흐름이라는 도서관의 전통적인 책무와 양립할 수 있는가?

게재물 통제의 실시와 관련하여 좀더 생각해 볼 필요가 있는 두 개의 관심 분야가 있다. 첫번째 분야는, 비록 청소년들에게 국한된다 할지라도 검열 그 자체가 지닌 윤리적 문제에 관한 것이다. 상처받기 쉬운 아동들을 보호하기보다는 자신들의 가치 체계를 주입시키려고 하는 부모와 교사, 그리고 정치인들을 비판하고, 나아가 아동의 권리를 인정하려는 추세가 확대되고 있다. 케이트(Jonathan Kate)를 중심으로 하는 아동권리 옹호론자들은, 비록 검열이 각 개인의 가정에서 이루어진다 해도 그 검열이 부모와 자식간의 상호합의된 사회적 협약이 아닌 한 이에 반대하고 있다. 케이트에 의하면 "자신들이 싫어하거나 이해하지 못하는 통신 문화나 정서를 무조건 차단하거나, 또는 폭력적이고 외설적인 영상이 지닌 위험성을 과대평가하고 왜곡시키는 부모들은 오만에 사로잡혀 야만적인 권위를 강요하고 있는 것이다."[11] 이에 비해 케이트가 주장하는 바는, 청소년들은 자신들이 창조하고 만들어 가고 있는 문화에 대한 권리를 지니고 있다는 것이다. ACLU는 이러한 입장을 지지하고 있으며, 검열에 대해서는 아동의 권리에 대한 침해로 보고 이에 반대하고 있다.

이러한 논쟁의 이면에는 과연 아동이 음란물에 접할 수 있는 헌법 수정조항 제1조에 명시된 권리를 지니고 있는가라는 문제가 놓여 있다. 이 문제에 대해서는 법률학자들간에도 아직 합의가 이루어지지 않고 있지만, 만일 아동들이 그러한 권리를 지니고 있다면 도서관이나 교육기관에서 음란물을 차단하는 것을 정당화하기란 매우 어려워질 것이다. 이 문제와 관련해서 생각해 볼 수 있는 하나의 방식은 어떤 어린이가 지닌 자유로운 표현의 권리는 그의 나이에 적합해야만 한다는 것이다. 어린이가 성장하면 할수록 음란물에 대한 규제는 더욱 문제가 된다.

두 번째 관심 분야는 이러한 검열에 사용되는 차단 방식과 기타 자동통제의 적합성에 관한 것이다. 차단 소프트웨어(프로그램)의 사용과 관련하여 두 개의 근본적인 문제가 제기되고 있다. 첫 번째 문제는 대부분의 이러한 프로그램들이 엄밀성과 신뢰감을 결여하고 있다는 것이다 ; 음란물을 완벽하게 또는 확실하게 차단시키는 장치는 아직 없다. 유명한 SurfWatch와 같은 프로그램들은 음란물을 담고 있다고 알려진 금지된 사이트의 목록과 웹사이트 주소들의 대조를 통해 작동된다. 현재 SurfWatch는 약

30,000개 이상의 웹사이트를 금지하고 있다. 그러나 이 차단 프로그램은 Usenet newsgroups (전자 게시판이나 대화방)에서는 별다른 효과를 지니지 못하고 있다. 그 이유는 SurfWatch가 newsgroup의 명칭에 근거하여 차단 여부를 결정하고 있기 때문이다. 따라서 초기 버전에서는 음란물을 담고 있지만 alt.kids-talk.penpals라는 이름 아래 운영되는 대화방을 차단하지 못하였다.

또 다른 문제는 이러한 차단 프로그램이 이를 설치한 부모나 자유주의자들이 모르는 어떤 정치적인 메시지를 주입하는 데 이용될 수 있다는 것이다. 에이즈(AIDS), 동성애, 그리고 이와 관련된 주제들을 논의하는 사이트들은 일반적으로 특정한 차단 프로그램에 의해 차단되고 있다. 대개의 경우 이러한 프로그램들은 차단 범주를 솔직하게 혹은 분명하게 정의하고 있지 않으며, 이것이 이와 같은 문제를 낳고 있다.

좀더 정교한 차단 메커니즘이 시중에 출시되고 있으며, 이러한 제품들은 차단 프로그램과 관련된 정확성 문제들을 해결하고 있다. 예를 들어 현재 급속도로 인기를 모으고 있는 PICS(Platform for Internet Content Selection, 인터넷 게재물 선택지침)로 알려진 등급부여 시스템을 살펴보자. PICS는 차단 프로그램에 비해 훨씬 저렴하면서도 매우 효과적이다. 이것은 인터넷 게재물에 등급을 매기는 시스템이다. PICS는 하나의 표준형을 제공하고 있으며, 복수의 등급 체계나 평가 서비스를 지원한다. 인터넷 게재자들은 자신의 웹사이트에 등급을 부여할 수 있으며, 또는 제3자가 독립적으로 그 웹사이트의 등급을 매길 수도 있다. 어느 경우든 간에 공통적인 용어 사용이 가능하다. 인터넷을 검색하고 있는 일반 이용자들은 사이트 운영자가 자체적으로 매긴 등급이나 제3자에 의해 부여된 등급을 믿고 따를 수 있다. 물론 어떤 경우에는 운영자들이 자신의 웹사이트에 등급을 매기려 하지 않을 것이다. 예를 들어 신나치 사이트들은 스스로 등급을 매기지 않고 있다. 다른 한편으로, 반유태주의와 싸우고 있는 비영리조직인 Simon Wiesanthal Center는 반유태인적 게재물과 증오적 표현의 존재여부에 근거하여 이러한 웹사이트들에 등급을 부여하고 있다.

등급은 인터넷상의 자료들이나 사이트에 부여되거나 혹은 별도의 서버에 저장될 수도 있다. 후자의 경우 이용자는 특정 사이트에 접속하기 전에 그 서버의 등급을 체크하는 소프트웨어를 시행할 수 있다. 소프트웨어는 차단해야 할 부적절하거나 외설적인 웹사이트의 등급을 토대로 작동하도록 프로그램되어 있다. 만일 어떤 가정에서 증오적이고 반유태적 웹사이트에 대한 접근을 차단하려고 한다면, 인터넷 브로우저를 작동시켜 이러한 사이트들과 기타 사이트들의 등급이 부여되어 있는 중앙 서버를 체크하면 된다. 또한 Simon Wiesanthal Center와 같은 제3자에 의해 객관적으로 등급이 매겨진 www.aryannation.org와 같은 모든 반유태적 사이트들은 이 사이트에 대한 접근을 차단하는 작동 코드를 지니고 있다.

이와 같은 등급부여 시스템의 사용은 이미 중요한 논쟁을 야기해 왔다. PICS는 이 시스템에 대한 확실한 옹호자로서, 이러한 자발적 시스템이 정부에 의해 이루어지는 시스템보다 훨씬 뛰어나다고 주장하고 있다. 이들이 강조하는 바는 차단 프로그램이 차단 수준에 대한 책임을 다원주의 사회에, 다시 말해 부모와 학교, 그리고 지역 공동체에 위임하고 있다는 것이다.

이와는 반대로 시민 자유론자들과 많은 책임 있는 전문가들은 PICS와 같은 등급부여 시스템의 사용이 인터넷을 사실상의 검열기관으로 변모시킬 수 있다고 주장하면서 이의 사용을 강력하게 반대하고 있다. 이들은 등급부여에는 많은 인력이 요구되기 때문에 극소수 등급부여 시스템만이 주도적 위치를 점유하게 되어 문제가 되거나 논란의 소지가 있는 자료의 상당수가 배제될 것을 우려하고 있다. 컴퓨터에 가해지는 규제들은 결국 법률 체계에 의해 이루어지는 견제와 균형이 결여된 법적인 권력을 갖게 된다. PICS와 같은 프로그램을 사용하게 되면 우리는 인터넷에 대한 규제를 사유 기업에게 넘겨주게 될 것이고, 이들은 특정 목적을 지닌 등급 체계를 개발하여 결국 차단기술을 자신들의 특정한 정치적 혹은 사회적 의제를 전파하는 데 이용할 수 있을 것이다.

이것은 실제로 암호가 사이버 공간에서 법을 대신하여 행위를 규제하게 되는 방식을 보여주는 대표적인 사례이다. CDA의 파기로 인해 점차 증가하고 있는 인터넷 이해 당사자들은 음란물을 규제하는 데 있어 법보다는 훨씬 효과적일 수 있는 소프트웨어에 의지하게 될 것이다.

비록 PICS와 게재물 자동규제에 대한 비판이 일부 과장되었다 할지라도 여기서 확인된 취약점들이 과소평가되어서는 안 된다. 동시에 차단 시스템이 지닌 극히 미세한 문제는 이것이 특정인의 현실 인식을 재단하고 인격화시키는 데――특정인의 시야와 경험을 협소화시키는 부정적인 방식을 통해 특정인의 환경을 통제하는 데――사용될 수 있다는 것이다. 선스테인(Cass Sunstein)에 의하면, "모든 사람들은 각기 고유한 자신만의 통신세계를 설계할 수 있다. 각 개인들은 자신들이 보고자 하는 것만을, 그리고 오직 그것만을 볼 수 있다."[12)]

결국 PICS의 잠재적 결점은 통제 체계의 모든 수준에서 인터넷 서비스에 대한 접속이 차단될 수 있다는 것이다. 이러한 접속 차단은 개인 이용자 수준에서, 혹은 기업이나 기관의 수준에서 이루어질 수 있다. 이는 부모들이 자신의 자녀들로부터 음란 사이트들을 차단하는 데 이용될 수 있는 것처럼, 중국에서 민주주의에 대한 대중적 논의를 제한하는 데 손쉽게 이용될 수도 있다. 남용의 여지가 많기 때문에 많은 인터넷 이해 당사자들이 이의 채택에 대해 우려를 표명하고 있다.

물론 PICS가 지닌 장점도 많이 있지만, 우리가 강조하고자 하는 것은 사이버 포르노를 다루는 이러한 방법을 수용하는 이용자들은 이 프로그램을 책임감 있게 사용하여 간접 피해의 가능성을 최소화시켜야만 한다는 것이다. 만일 이러한 프로그램이 올바르게 설계·개발되어 사용되기만 한다면 우리는 개개인의 자유나 공익에 대한 부정적 영향을 최소화하면서 원하는 결과를 이끌어낼 수 있는 방법을 얻게 될 것이다.

그렇다면 어떻게 하면 이러한 자동 접속 암호를 책임감 있게 사용할 수 있는가? 몇몇 기준에 대해 한번 살펴보도록 하자. 첫째, PICS나 기타 게재물 자동통제의 사용은 철저하게 자발적으로 이루어져야만 한다——웹 게재물의 규제 여부는 부모나 학교가 선택하는 데 비해 자신의 웹사이트에 대한 등급부여 여부는 운영자에게 일임되어야만 한다. 이에 비해 정부에 의해 실시되거나 지원되는 강제적인 등급부여와 차단 시스템은 경솔한 것으로 많은 문제를 야기할 것이다. 이는 항상 지엽적인 문제로 간주되어 왔던 것에 대해 획일적인 해결책을 적용하는 결과를 낳을 것이다. 둘째, 등급을 사용하기로 결정한 웹사이트는 반드시 등급이 지닌 정직성을 확실하게 준수해야만 한다. 셋째, 웹사이트의 등급을 부여하는 제3자들은 객관적으로 인정할 수 있는 공정하고 정확한, 그리고 일관된 등급부여를 위해 노력해야만 한다. 이들은 등급이 잘못 매겨졌다고 주장하는 웹사이트들의 항의를 부드럽게 처리할 수 있는 융통성을 지니고 있어야만 한다. 넷째, 등급을 매기는 차단 소프트웨어에는 누구나 수긍할 수 있는 분명한 기준이 있어야만 한다. 설사 어떤 정보가 독점적인 성격을 지녔다 하더라도, 등급부여 서비스는 자신들이 지닌 철학과 선택 기준에 따라 솔직하게 이루어져야만 한다. 예를 들어 음란물로부터 어린이들을 보호하는 사이버 씨터(CyberSitter)는 전국여성협회의 웹사이트를 차단하고 있다. 이 등급부여 서비스가 그 이용자들에게 명확하게 밝히고 있는 어떤 정치적 의제를 갖고 있지 않다면 그와 같은 차단은 무책임한 것이다. 마지막으로, PICS는 고도의 집중화된 차단 방식을 채택해서는 안 된다. 차단은 가장 낮은 수준에서만 이루어져야 한다. 그것은 검색엔진, 인터넷 제공사들(ISPs) 혹은 인터넷을 검열하려는 국가에 의해 이용되어서는 안 된다; 은밀하고 독단적인 방식으로 이러한 것들이 이루어질 때 특히 위험하다.

설사 PICS와 같은 게재물 자동통제가 책임감 있고 성실하게 사용된다 하더라도, 이의 사용에는 여전히 곤란한 문제들이 제기된다. 많은 다양한 사적 · 공적인 집단들이 웹사이트의 게재물 등급 형식에 대해 의견을 피력할 경우 인터넷에 혼란이 초래될 것인가? 그러한 등급부여에 대한 어떠한 규제가 존재해야만 하는가? 그러나 게재물 등급에 대한 규제가 표현의 자유에 대한 규제와 같은 것은 아닌가? 그리고 차단 기술을 시행하는 부담을 어떤 지역 기관이 져야만 하는가?

우리는 여기서 이 모든 질문에 대해 논의할 수는 없지만, 마지막 질문이 내포하고 있는 복잡한 문제들은 도서관에서의 차단장치의 사용에 대한 논쟁 속에 분명하게 나타나고 있다. 공공 도서관과 사립 도서관 모두 현실적인 딜레마에 봉착하고 있다 : 이들은 어린 도서관 이용자들에게조차 아무런 제한 없이 인터넷을 이용하도록 할 수도 있고, 또한 음란물로부터 청소년을 보호하기 위해 차단장치를 사용할 수도 있다.

첫번째 접근 방식을 선호하는 도서관들이 주장하는 바는 차단장치를 사용하게 될 경우 도서관이 견지해 왔던 전통적인 임무, 즉 정보와 사고의 자유로운 흐름이 위태롭게 된다는 것이다. 차단장치에 대한 이러한 반대 입장은 이러한 장치들이 부적절한 방식으로 작동하는 데서 유래하고 있다. 뉴욕 시에 있는 공공 도서관은 이러한 철학을 공개적으로 표명하였고, 현재 차단장치를 사용하지 않고 있다. 더군다나 미국도서관협회(ALA, American Library Association)도 차단장치의 설치에 반대하고 있으며, 성인과 청소년 모두에게 아무런 제약 없는 인터넷 사용을 승인하고 있다.

그러나 일부 도서관 사서들은 ALA와는 다른 입장을 취하고 있다. 이들은 인터넷에 대한 검열은 필요하며, 또한 지역 공동체의 가치들을 뒷받침하고 강화하기 위해서는 차단 프로그램도 필요하다고 주장한다. 텍사스에 있는 오스틴 공립도서관(Austin Public Library)의 관장인 브랜치(Brenda Branch)의 표현에 따르면, "우리에게는 공동체의 규범을 보호해야 할 책임이 있다 … 우리 도서관에서는 도서나 영상물을 수집함에 있어 음란물을 취급하지는 않으며, 나 또한 전체 인터넷에서 음란물을 허용해서는 안 된다고 생각한다."[13)]

버지니아 주 로우돈 카운티(Loudon County)에 있는 공공 도서관에서는 (일련의 심사숙고 끝에) 미리 입력된 포르노 사이트 목록에 대한 접속을 차단하는 엑스-스톱(X-Stop)을 설치하기로 결정하였다. 이에 대응하여 ACLU는 X-Stop에 의해 차단된 8명의 웹사이트 운영자들을 대신하여 도서관을 상대로 소송을 제기하였다. ACLU에 따르면, 이러한 사이트를 차단하는 것은 표현의 자유에 대한 권리를 침해하는 것으로 금서조치와 다를 게 없다는 것이다. 많은 사람들은 이 소송을 인터넷을 이용할 수 있는 개인의 자유에 대한 규제가 과연 정당한가를 판별하는 중요한 사건으로 간주하고 있다.

기존의 법률 체계가 가장 적절한 논리(비유)를 찾아내기 위해 고심하는 것을 보면서 많은 사람들은 로우돈 카운티의 사례가 매우 희한한 사례임을 인식하게 되었다. 예를 들면 차단에 반대하는 사람들은 인터넷 사이트를 차단하는 것은 마치 도서관이 백과사전을 구입하면서 자신들이 설정한 기준에 부합되지 않는 특정한 내용들을 삭제하는 것과 같다고 주장한다. 다른 편의 주장은 웹사이트에 접속하는 것은 일종의 도서관 상호대차를 요구하는 것으로서, 이에 대해 도서관은 아무런 의무를 지지 않는다는 것이다.

이 소송은 몇 단계를 거쳐 진행되었고, 1988년 11월에 연방판사는 모든 컴퓨터에 차단 프로그램을 사용하는 도서관의 정책은 "헌법 수정조항 제1조에 보장된 표현의 자유를 침해하고 있다"고 판결함으로써 ACLU의 손을 들어주었다. 이 판결이 주요한 선례(판례)가 될 것이며, 또한 대부분의 도서관들이 차단장치를 사용하지 않으려 할 것이라는 데에는 이론의 여지가 없다.

보스톤 공립도서관(Boston Public Library)이 취한 하나의 절충적인 입장은 차단장치를 어린이용 컴퓨터에만 설치하고 성인용에는 설치하지 않는 것이었다. 그러나 ALA와 ACLU는 이러한 형태의 구역화 접근 방식에 대해서도 동의하지 않고 있다. ACLU의 승소에 따라 캘리포니아 주 컨 카운티(Kern County)의 도서관들은 이러한 구역화 계획을 포기했으며, 미성년자를 포함한 모든 이용자들에게 어떠한 차단장치도 없는 컴퓨터를 사용할 권리를 부여하였다. 더군다나 이러한 접근 방식은 ALA의 도서관 권리장전 제5

조를 위배하고 있다 : "도서관을 이용할 개인의 권리는 출생 · 나이 · 배경 또는 견해에 따라 거부되거나 제한되어서는 안 된다."[14] ALA에 따르면 이 조항은 도서관 내의 어떤 컴퓨터에 대해서도 차단장치의 사용을 금지하고 있다.

이러한 민감하고도 난해한 문제들을 어떻게 풀어야 할 것인가? 차단장치와 (PICS와 같은) 시스템이 보다 정확하고 엄밀해진다는 주장을 한번 살펴보자. 만일 차단기술이 보다 신뢰감 있고 차단분야가 보다 명확해진다면, 과연 도서관과 기타 기관들은 일부 정보가 유해함에도 불구하고 표현의 자유라는 가치와 사고와 정보의 자유로운 흐름에 우선권을 두어야만 할 것인가, 아니면 정보의 자유로운 흐름을 희생시켜 가면서 다른 공동체적 가치에 우선권을 두어야 할 것인가?

전자의 경우를 따라 지역적 수준에서 인터넷을 규제하지 않는다면 헌법 수정조항 제1조에 충실하게 되는 것이다——모든 견해들이 설사 이따금 증오적이고 외설적이라 할지라도 표출될 수 있도록 하는 것이다. 이러한 입장은 몇 가지 원칙에 근거하고 있다 : 음란물에 접할 수 있는 아동의 권리, 검열보다는 신뢰를 구축해야 한다는 생각, 그리고 사이버 공간에서 조심스럽게 행동할 수 있도록 개인에 대한 교육의 강화가 그것이다. 더군다나 학교나 도서관에 설치된 인터넷이 때때로 악용된다고 해서 전체 네트워크를 검열하는 이유가 될 수는 없다. 개별적으로 이루어지는 남용에 대해 검열로 대응하는 것은 타당하지 않다.

교육과 신뢰에 바탕을 두어 문제를 해결해야 한다는 주장은 타당성이 있다. 학교와 도서관은 인터넷의 이용과 남용에 대해 학생들과 어린 고객들을 지도하려고 해서는 안 되는 것인가? 그러나 로젠버그(Richard Rosenberg)가 주장하듯이, "만일 첫번째 충동이 접속을 철회하고, 규제하고, 금지하는 것이라면, 어떤 메시지들이 공개되어야 한단 말인가?"[15] 만일 학교와 도서관 같은 기관들이 신뢰, 개방성 그리고 자유라는 이상들을 진정으로 중시한다면, 정보에 대한 검열은 이러한 이상들을 무시하는 잘못된 생각이다. 또한 그러한 규제들이 보다 치명적인 형태의 검열과 억압으로 발전하지는 않을까? 일단 인터넷 게제물에 대한 접근을 규제하기 시작하면, 그 기준을 어떻게 그리고 어디에다 두어야 할 것인가? 그 결과 표현의 자유를 주장하는 많은 사람들은 인터넷이라는 전지구적 표현 매체는 다원주의 사회와 그 제도가 제공할 수 있는 최고 수준의 보호를 받을 가치가 있다고 강조한다.

인터넷을 자유롭고 개방된 교환 매체로 보호하려는 다른 많은 설득력 있고 공감을 불러일으키는 주장들이 제기되고 있다. 중국 정부조차도 현재 다른 형태의 정치적 불만들을 통제하고 있는 만큼 이 매체에서의 표현의 자유를 완벽하게 규제할 수는 없다는 사실은 고무적인 일이다. 이에 따라 인터넷은 민주주의의 이상을 확산시키는 훌륭한 도구가 될 수 있다. 인터넷은 결코 전제군주의 후원자나 민주주의의 적이 아니다.

그러나 모든 정보가 누구에게나 자유롭게 허용되어야만 하는 것인가? 이것이 과연 합리적이고 도덕적으로 수용 가능한 사려 깊은 정책인가? 미성년자까지도 사이버 공간에서의 표현의 자유를 절대적으로 보호받고 또한 모든 형태의 표현들을 쉽게 접할 수 있는 사회에서 살아가기 위해서는 어떤 대가를 지불해야 하는가?

이에 대한 대가가 매우 클 수 있기 때문에 이 문제를 다른 각도에서 살펴보는 것이 매우 중요하다. 책임감을 느끼는 많은 도덕론자들은, 청소년들과 관련되는 경우 특정한 형태의 외설적 표현에 대한 신중하고도 엄격한 규제는 매우 적절한 것임을 강조하고 있다.

이들이 주장하는 바는 부모와 학교, 도서관 그리고 기타 지역 기관들이 그들 공동체의 가치 뿐만 아니라 자신들의 고유한 가치들을 증진시키고 또한 보호할 의무를 지닌다는 것이다. 이는 공공의 도덕성과 공공질서를 증진시키는 보다 일반적인 의무에 포함되는 것이다. 자유와 자유로운 표현은 매우 중요한 인간의 권리이지만, 이러한 그리고 여타의 권리들은 상호 존중과 공중도덕이라고 불리는 특정한 도덕 규범에 대한 공통적 수용이라는 맥락에서만 온당하게 행사될 수 있다. 어느 문명사회에 있어서나 이러한 규범들 중 일부는 성적인 행위들, 특히 아동의 그리고 아동에 대한 성행위를 수반하고 있다. 만일 개인의 삶에 있어서 성욕, 성욕을 인성에 신중하게 통합시킬 필요성, 그리고 다른 사람들을 (인간으로가 아니라) 성적 욕구의 대상으로 간주하려는 경향이 존재한다면, 성행위를 완전히 비인간화시킬 뿐만 아니라 비정상적인 성행위를 강조함으로써 책임감 있는 성행위에 대한 관점을 왜곡시키는 음란하고 폭력적인 성적 표현물에 감수성이 예민한 어린이들이 노출되지 않고 자라날 수 있는 분위기를 육성해야 할 확실한 이유는 있는 것이다. 이는 분명 공익과 공중도덕의 한 부분이며, 또한 (아동 포르노의 제작을 금지하는 법과 같은) 많은 법들을 제정해 미성년자들을 보호하고 이 부분에 있어서의 권리 행사를 제한해 온 여러 사회의 공직자들도 그와 같이 인식하고 있다. 그러므로 정신적으로 유해한 음란물로부터 최선을 다해 어린 아동들을 보호하는 것이 중요하다면, 부모와 그러한 기관들은 필요한 경우 과감하게 인터넷 게재물을 통제해야만 한다.[16]

자유로운 표현의 권리는 너무나도 가치 있고 소중한 것이기 때문에 어떤 수준에서라도 검열을 합리화시키기란 결코 쉽지 않다. 그러나 게재물 자동규제를 주장하는 사람들은 표현의 자유를 포함한 인간의 모든 권리들은 서로에 의해, 그리고 공중도덕이라고 불리는 공익의 여러 측면에 의해 제한된다고 주장하고 있다. 이러한 견해에 따르면, 부모와 학교는 우리가 지닌 공중도덕의 일부가 되고 있는 적절한 성행위와 다른 사람에 대한 존경이라는 가치들을 보호하고 증진시키는 데 도움이 되는 차단기술을 책임감을 갖고 시행하려고 한다는 점에서 올바르게 행동하고 있는 것이다. 표현의 자유를 보호하면서 음란물을 규제하고자 하는 것은 자유롭고 다원화된 사회에 있어서 항상 문제가 될 것이며, 어린 아동들의 정신건강이 문제가 될 때 이것들 사이에 적절한 균형을 이루는 것이 핵심적인 방법이 될 것이다.

문제가 되는 표현의 형태들

증오적 표현

인터넷상에서 증오적 표현의 급속한 확산은 이와 유사한 문제와 논쟁을 불러일으키고 있다. 백인우월주의자나 무정부주의자와 같은 많은 단체들이 자신들의 견해를 옹호하는 웹사이트를 운영하고 있다. 이들 사이트 중 일부는 노골적인 반유태주의를 표방하는 데 비해 다른 사이트들은 유태인 대학살(Holocaust)은 존재하지 않았다고 주장하는 대학살 수정론자의 입장을 대변하고 있다. 때때로 이들 사이트들은 사르망 해머스킨즈(Charlemagne Hammerskins)의 웹사이트처럼 유달리 악의적이고 폭력적일 수 있다. 이 사이트의 첫 장면은 스키 마스크를 쓴 한 남자가 총을 들고 갈고리십자가형 기장(독일 나치의 상징) 옆에 서 있는 모습을 보여준다. 이 사이트는 방문자들에게 다음과 같은 무시무시한 경고를 하고 있다 : "우리는 아직도 아우슈비츠행 티켓을 갖고 있다는 것을 명심하라."

일부 증오적 웹사이트들은 Doom and Castle Wolfenstein과 같은 컴퓨터 게임의 형태를 띠고 있는데, 여기서 흑인과 유태인 또는 동성애자들은 폭력의 대상으로 설정되어 있다. 인기 있는 텔레비전 프로가 된 대표적인 에니매이션 게임인 '춤추는 아기'(Dancing Baby)는 "백인의 힘을 지닌 아기"(white power baby)로 묘사되고 있다.

미국에 있어서 가장 널리 알려진 증오적 표현 사이트들은 낙태를 시행하는 의사들을 공격하고 있는 사이트들이다. 이러한 사이트 중 일부는 특히 악의적이고 위협적인데, 낙태 시술 의사들의 "처형" 목록을 의미하는 "뉴렘버그(Nuremberg, 나치 전범 재판이 열린 곳) 파일(Files)"을 공개하고 있다. 이 사이트의 운영자들은 자신들은 폭력을 옹호하는 것이 아니라, 비록 그림의 형태이기는 하나 단지 그들의 견해를 표현하고 있을 뿐이라고 주장하고 있다.

인터넷상에서 점차 늘어가고 있는 증오에 대한 이러한 새로운 문화와 관련하여 무엇을 어떻게 해야 할 것인가? 일단 증오와 독단을 담은 메시지들이 고립되고 힘 없는 집단을 겨냥하게 될 경우, 이것이 사이버 공간에서는 더욱 효과적으로 확산될 수 있다는 점이 더욱 위험한 것이다. 외설이나 명예 훼손과는 달리 증오적 표현은 미국 연방법하에서는 불법이 아니며, 헌법 수정조항 제1조에 의해 완벽한 보호를 받고 있다. 심지어 특정한 집단에 대한 증오를 담고 있는 표현조차도 법적으로 문제가 되지 않는다. 이에 대한 단 하나의 예외는 "전투적 용어"를 사용하는 경우로, 이는 대법원에 의해 헌법 수정조항 제1조의 범위를 넘어서는 것으로 판결되었다. 그러나 그러한 표현이라도 반드시 분명하고도 현저한 위험을 가하고 있어야만 한다. 낙태를 반대하는 웹사이트와 같이 논란이 되는 사건에 있어서, 최근 연방법원은 이들 사이트의 내용들이 너무나도 위협적이기 때문에 헌법 수정조항 제1조의 보호를 받지 못한다는 판결을 내렸다. 그러나 일반적으로 온라인상의 증오적 표현에 대한 검열은 미헌법 수정조항 제1조와 모순되고 있다.

다른 한편으로, 독일과 프랑스와 같은 유럽 국가에서 반유태적이고 나치 추종적인 웹사이트들은 불법이다. 독일의 경우, 정부는 이러한 사이트들을 제거하기 위해 ISPs에 기소할 수 있다는 위협을 가해 왔다. 이러한 방식을 비판하는 사람들은 World Wide Web과 같은 광대한 영역에서 내용물을 규제한다는 것은 ISPs의 능력 밖의 일이라고 주장하고 있다. 인터넷 회사들이 나치의 자료들을 독일 내로 전달하는 것 또한 불법이다. 설사 이러한 규제 또한 시행에 있어 문제가 있다 하더라도 이는 Amazon.com이 히틀러의 나의 투쟁(Mein Kampt)과 같은 책들을 독일 소비자들에게는 팔 수 없다는 것을 의미한다.

비록 증오적 표현에 대한 정부의 규제와 확실한 법이 일부 국가에서는 적합하다 할지라도, 정부 규제보다는 이용자 스스로에게 권한을 부여하여 알아서 차단하도록 하는 것이 정당한 정치적 표현을 실수로 배제하는 일을 피할 수 있는 더 좋을 방법일 것이다. 부모와 특정한 사유기관과 종교기관들은 악의적인 반유태주의와 같은 표현물로부터 어린 아동들과 취약한 개인들을 보호하기 위한 방안을 마련하기를 원하고 있다.

그러나 이 경우에 있어서도 더욱 신중함이 요구된다. 왜냐하면 증오적 표현과 유해한 혹은 이단적인 정치적 견해를 구별하기가 결코 쉽지 않기 때문이다. 일반적으로, 증오적 표현을 담고 있는 웹사이트들은 유태인 · 이탈리안 · 흑인 · 백인 · 동성애자 등과 같은 모든 사람들을 공격하고 모욕하며 또한 비하하고 있다. 많은 사이트들이 모호한 상태에 있으며, 이는 결국 이러한 사이트들에 대한 등급부여를 맡고 있는 사람들의 양심과 판단력을 믿고 따를 수밖에 없음을 의미한다.

익명의 표현

사이버 공간에 있어서의 익명의 커뮤니케이션은 익명을 이용한 재발송이 가능해지면서 널리 확산되고 있는 것으로, 이는 이메일 메시지에 담긴 정보의 확인을 어렵게 하며, 또한 익명의 코드나 임의의 숫자를 대신 사용하고 있다. 메시지를 암호화한 후 이를 일련의 익명의 재발송자를 통해 발송함으로써 특정 이용자는 자신의 메시지가 익명을 이용한 비밀로 남아 있게 될 것이라는 확신을 가질 수 있다. 이러한 과정을 연쇄 재발송(chained remailing)이라고 부른다. 이 과정은 어떤 재발송자도 암호화된 메시지를 해독할 수 있는 키를 갖고 있지 않기 때문에 효과적이다 ; 메시지를 받은 사람이나 (최초 발송자를 제외한) 어떤 재발송자도 발송자를 확인할 수는 없다 ; 연쇄 사슬 속에 위치한 모든 재발송자들이 서로 협력하지 않는 한, 메시지를 받은 사람이 메시지를 발송한 사람에게 연락할 수는 없다. 이는 각 재발송자들이 들어오고 나가는 메일의 대수(log)를 유지하고 있음을 전제하고 있는데, 이는 매우 바람직하지 않다.

프룸킨(Michael Froomkin)에 의하면 이러한 연쇄 재발송 기술을 통해 우리는 인터넷에서 "추적 불가능한 익명성", 즉 "원작자가 전혀 확인되지 않는 커뮤니케이션"을 할 수 있는 것이다.[17] 만일 누군가가 아무런 흔적도 남기지 않고 마을 광장에 한 다발의 정치 홍보물을 은밀하게 놓고 간다면 이 또한 추적 불가능한 익명성의 특성을 지닌다. 사이버 공간에 있어서 이는 조금 더 복잡하며, 또한 연쇄 재발송 기술조차도 완벽한 것은 아니다 : 만일 익명의 재발송자들이 누군가의 정체를 밝히려는 취지에 동참하게 된다면 익명성을 보장받을 사람은 그리 많지 않다.

디지털 익명성이 일반적으로 위법 행위에 대한 보호벽이 되고 있는데, 과연 우리는 진정으로 이를 보호해야만 할 필요가 있는 것일까? 익명성은 핵심적인 인간의 선으로 인간의 번영과 행복에 필수적인 것이라고 확신 있게 주장하기란 쉽지 않을 것이다. 혹자는 익명성이 행복의 요소가 되지 않고 있는 사람들과 사회를 확신할 수도 있다. 그러나 비록 익명성이 일차적인 선이 될 수는 없다 하더라도 이차적인 선은 될 수 있다. 왜냐하면 특정한 상황에 처한 어떤 사람들에게 있어서는 익명성의 보장 수준이 자신들의 합리적인 삶의 계획을 추진하는 데 있어서, 그리고 번영에 있어서 매우 중요하기 때문이다. 자유, 그리고 특히 표현의 자유를 정당하게 행사하려면 특정 상황에 있어서는 익명성의 보장을 필요로 한다. 발언자나 원저자가 익명을 선택할 수 없다면, 자유로운 표현의 기회는 여러가지 이유로 인해 제한될 수밖에 없으며, 또한 일부 중요한 문제에 대해서는 침묵을 지킬 수밖에 없을지도 모른다. 그러므로 익명성이라는 혜택이 없다면 자유의 가치는 제한되는 것이다.

익명의 자유로운 표현이 보호받을 가치가 있다는 주장을 옹호하는 구체적인 사례들을 한번 살펴보자. 특정 개인들은 사회적으로 용인되기 힘들기 때문에 곤란한 건강상의 문제나 부끄러운 장애에 대해 공개적으로 논의하기 위해서는 익명에 의존할 수밖에 없다. 내부 고발자들이 자신들의 익명이 보장되지 않는 한 중요한 정보의 제공을 꺼리게 된다는 것도 충분히 이해할 수 있다. 그리고 표현의 자유를 강조하는 민주사회라 할지라도 익명으로 표현되지 않는 한 정치적 반대 의견의 표출은 방해받을 수도 있다. 그렇다면 익명성은 압제에 반대하는, 그리고 나아가 보다 일상화된 기업이나 정부의 권력남용에 반대하는 투쟁에 있어서 확실한 가치를 지니고 있다. 예를 들면 코소보의 분쟁사태에 있어서 일부 개인들은(anonymizer.com과 같은) 익명화 프로그램을 사용하여 알바니아인들에게 가해진 잔학행위들을 폭로하였다. 만일 세르비아인들이 이들의 신원을 확인할 수 있었다면 그들의 생명은 커다란 위험에 빠지게 되었을 것이다.

따라서 설사 익명성을 보호하는 데에 상당한 대가가 따른다 하더라도 인간사에 있어서 그것이 지닌 중요성은 논쟁의 여지가 없을 만큼 확실하다. 익명성은 일종의 적극적 선이라고 할 수 있다 : 다시 말해 그것은 가치 있다고 여겨질 수 있는 적극적인 특성을 지닌다. 최소한 그것은 도구적 선, 즉 자유로운 표현을 완전히 실현할 수 있는 수단으로서의 가치를 부여받는다.

물론 재발송자에 의한 것이든 아니면 다른 목적에 의한 것이든 간에 익명을 사용한 커뮤니케이션도 나름대로의 결점을 지닌다. 이는 범죄를 도모하기 위해 익명으로 커뮤니케이션하려는 범죄자나 테러리스트에 의해 남용될 수 있다. 또한 비겁한 이용자들이 예의를 지키지 않고 커뮤니케이션하거나 책임감 없이, 그리고 사법처리에 대한 우려 없이 누군가를 비방하고 모욕하는 데 이용될 수도 있다. 익명성은 거래상의 비밀을 폭로하거나 기타 지적 재산권을 침해하는 데도 이용될 수 있다. 일반적으로 비밀과 익명은 남용되거나 오용될 경우 사회적으로 도움이 되지 않는다. 브린(David Brin)에 의하면 "익명성은——사사건건 문제를 일으키는 단순한 문제아로부터 흉악한 살인범과 폭군에 이르기까지——대부분의 악당들이 자신들이 비방한 사람들에게 발견되거나 보복당할 염려 없이 해를 끼치기 위해 숨어들어 가는 암흑의 세계이다."[18]

물론 너무 많은 비밀은 문제가 있다는 것을 인정하지만, 그렇다고 해서 모든 비밀을 제거하고 모든 것을 공개적이고 투명하게만 해야 한다는 것은 아니다. 이는 불가피하게 디지털 익명성을 잃게 되는 결과를 초래하게 될 것이다. 그렇다 하더라도 익명을 이용하는 것은 많은 결점을 지니며, 또한 디지털 익명성과 아무 제약 없는 인터넷은 수많은 악행의 도구로 악용될 수 있다는 점은 부인할 수 없다. 그러므로 정부는 인터넷 사용자들이 보다 책임감 있고 또한 익명성이라는 장벽 뒤로 숨어들어 가지 않도록 하는 조치들을 실시하려고 하는 것이다.

그러나 남용의 가능성이 있음에도 불구하고 그러한 조치의 실시를 삼가고 또한 익명을 사용하여 자유롭게 표현할 권리를 보호해야 하는 타당한 이유들이 있다. 개방되고 민주화된 사회에 있어서 익명을 사용한 표현을 금지하기 위해서는 엄청난 대가를 지불해야 한다는 것이 가장 대표적인 사례이다. 익명성의 상실은 당연히 현재 사이버 공간에서 매우 활발하게 표출되고 있는 이러한 의견 표현들을 위축시키게 될 것이다. 따라서 규제를 시도하는 사람들은 이 부분에서 매우 신중을 기해야만 할 것이다.

학생들의 웹사이트

오하이오 주 웨스트레이크 고등학교 학생인 오브라이언(Sean O'Brien)은 자신이 한 교사로부터 부당한 대우를 받고 있다고 생각했다. 이에 대응하여 오브라이언은 홈 페이지를 개설하여 음악 교사의 사진을 게재하였는데, 여기서 이 교사는 "이발하기를 싫어하는 비만의 중년 남자"로 묘사되었다. 학교는 분개하였고 즉시 필요한 조치를 취하였다. 오브라이언은 10일간의 정학과 더불어 홈페이지 폐쇄조치를 당했으며, 이에 불응할 경우 퇴학조치하겠다는 통보를 받았다. 오브라이언의 부모는 이러한 조치가 오브라이언이 지닌 자유로운 표현의 권리를 침해하고 있다며 학교를 상대로 소송을 제기하였다.

이 사건에 있어서 핵심 쟁점은 과연 학교가 개인적인 웹사이트의 내용물에 대해 학생들을 훈계할 권리를 지니고 있는가 하는 것이다. 오브라이언의 소송을 도와주고 있는 ACLU와 다른 법률학자들에 따르면, 학생들이 학교 밖에서 표현한 것에 대해 설사 그것이 상식을 벗어난 것이라 할지라도 홈페이지를 규제하려는 학교의 시도는 헌법 수정조항 제1조가 보장하고 있는 표현의 자유와 상충된다는 것이다. 이러한 관점에 따르면 학생들은 인터넷을 이용하여 자신의 학교나 교사들을 비판할 수 있는 모든 권리를 지니고 있다는 것이다.

이 문제와 관련된 법적인 판례는 다소 모호하다. 미 대법원은 학생의 표현에 대한 3가지 형태의 규제를 인정하였다. 첫째, 학교는 과외 활동과 관련된 학생 신문이나 기타 학생 출판물의 내용을 규제할 수 있다. 둘째, 학교는 학교 안에서 발생하는 저속한 표현을 규제하고 삭제할 수 있다. 셋째, 학교 밖에서 이루어지는 표현에 대해 만일 그러한 표현이 "구체적이고 실질적으로" 학교 활동을 저해(沮害)한다면 이를 규제할 수 있다. 오브라이언의 경우에 적용할 수 있는 유일한 기준은 바로 세 번째 기준이다. 과연 자신의 교사에 대한 오브라이언의 비판이 구체적인 저해라는 요건을 만족시키는가? 최대한 적용해 본다면 이 홈페이지는 주로 많은 오브라이언의 동료 학생들에 의해 읽혀졌으므로 그 음악 교사는 "저해"받았다고 할 수 있을 것이다. 그러나 미 대법원이 염두에 둔 것은 교사를 겨냥한 난처한 표현들은 아닐 것이다. 교실 밖에서의 학생들의 표현에 대한 검열을 보장하는 정도의 저해 행위라는 개념은 매우 신중하게 적용되어야만 할 것이다.

오브라이언 사건은 1998년 4월에 오브라이언 가족에게 30,000 달러의 손해배상금을 지불하는 법정 밖의 화해가 이루어졌다. 또한 오브라이언은 학교 당국으로부터 공식적인 사과를 받았으며, 즉시 복학조치가 취해졌다. 논쟁의 여지가 있는 홈페이지의 문제는 단지 사태를 악화시키게 될 뿐이며, 또한 인터넷을 통해 모든 이용자들에게 부여된 정보 평등주의를 위해 지불해야 할 온당한, 그러나 필연적인 대가인 것이다. 학교는 교사들을 조롱하거나 저속한 모욕을 담고 있는 학생들의 웹사이트들을 검열이 아닌 다른 방식으로 규제할 수 있는 방안을 강구해야만 할 것이다. 이에 대해 참조할 만한 점은 사이버 공간에서의 예의 있고 교양 있는 표현이 지닌 가치에 대해 지속적으로 강조하는 일이 중요하다는 사실이다.

자유로운 상업적 표현으로서의 스팸

스팸(spam)이란 원치 않는 광고용 전자우편을 의미하는 것으로 대개 수천 혹은 수백만의 인터넷 이용자들에게 대량으로 발송된다. 간단히 말해 이는 대개의 경우 이를 받는 사람들이 매우 귀찮게 느끼는 쓸데없는 전자우편(junk e-mail)을 지칭한다. 전자 정크 메일과 일반 정크 메일의 주요한 차이점은 전자의 발송 비용이 무척 저렴하다는 것이다. 일반 정크 메일의 경우 개당 종이와 인쇄비, 그리고 우송료가 들어가지만 정크 이메일의 경우에는 추가 발송 비용이 거의 들지 않는다. 예를 들어 스팸을 전문으로 하는 일부 중개업자들은 약 400달러의 비용을 받고 수백만 개의 메시지를 발송해 주고 있다.

그러나 스팸이 전혀 비용이 들지 않는 것은 아니다. 문제는 이러한 비용의 대부분이 외부비용(externalities), 즉 다른 사람들이 본의 아니게 부담해야 하는 비용이라는 점이다. 라이쉬(Robert Raisch)가 조사한 바에 의하면 스팸은 "당연히 우편요금을 지불하는 판촉활동"이다.[19] 스팸과 관련된 가장 큰 비용은 컴퓨터 자원의 소비이다. 예를 들어 누군가가 스팸을 발송하게 되면 이 메시지들은 디스크의 어딘가에 저장될 것이고, 결국 이는 귀중한 디스크 공간이 원치 않는 메일로 채워진다는 것을 의미한다. 또한 많은 이용자들이 메시지를 받거나 디스크 공간의 사용에 대한 비용을 부담해야만 한다. 어떤 사람들은 인터넷에 접속하는 시간만큼 돈을 지불하는데, 이 경우 스팸을 다운받고 삭제하는 데 많은 시간이 허비된다. 스팸의 양이 증가하고 인터넷의 상업적 이용이 확대됨에 따라 이러한 비용들은 지속적으로 증대될 것이다. 더군다나 스팸이 ISPs를 통해 전달될 경우 전송 비용을 부담해야만 한다. 이는 결국 쓸데없는 네트워크의 확장을 초래하고, 또한 전송 과정과 관련된 서버와 전송 네트워크와 더불어 디스크 저장공간과 같은 시스템 자원의 사용으로 귀결된다.

이러한 기술적 비용 뿐만 아니라 행정 비용 또한 들어간다. 원치 않는 메시지를 받는 이용자들은 이를 읽고 삭제하는 데 시간을 소비하게 된다. 만일 어떤 상인이 6백만 개의 메시지를 발송하고 각 메시지를 삭제하는 데 6초가 걸린다면, 이 단 한번의 우편 발송에 따른 전체 비용은 약 10,000시간의 손실에 달한다.

스팸을 발송하는 사람들이 주장하는 바는, 이는 전통적인 광고로서 헌법 수정조항 제1조의 보호를 받을 권리가 있는 자유로운 상업적 표현의 또 다른 형태에 불과하다는 것이다. 스팸에 대한 금지는 비현실적일 뿐만 아니라 헌법으로 보장된 커뮤니케이션권을 침해하기 때문에 위헌이라는 이들의 지적은 타당하다. 상업적 표현에 대한 권리가 명확하게 정의되어 오지 않았으며, 법적으로나 도덕적으로 정치적 표현과 동일한 것으로 간주되어진 적이 한 번도 없었다. 그러나 최근 몇 년간 법원은 수십 년 전과는 달리 상업적 표현을 보다 근본적으로 보호해 주고 있다. 카롤(Michael Carroll)에 의하면 "우리의 정보 경제가 발전함에 따라 법원은 아이디어 시장과 상품 시장간의 유대를 보다 광범위하게 보호하기 위해 헌법 수정조항 제1조를 넓게 해석하기 시작하였다."[20]

스팸을 규제하려는 사람들이 자유로운 표현의 권리를 잠재적으로 침해하고 있다는 점과 더불어 어떤 커뮤니케이션을 "스팸", 즉 정크 이메일로 분류할 것인가를 결정하기가 매우 어렵다는 점이 문제를 더욱 복잡하게 만든다. 논란을 불러일으킨 하미디와 인텔사의 소송사건(Intel Corporation v. Hamidi)을 한번 살펴보자. 과거 인텔사에서 일했던 하미디는 회사의 네트워크에 접속한 인텔직원들에게 이메일을 보내지 말라는 법원의 금지명령을 받았다. 종업원에 대한 인텔사의 열악한 대우에 대한 불만과 반발이 하미디가 보낸 메일의 주된 내용이었다. 하미디의 대량 우편발송은 회사의 운영을 방해하고 종업원들을 분열시키는 상업적 정크 이메일이라고 인텔사는 주장하였고, 법원은 이를 받아들였다. 이 사건을 어렵게 만든 것은 하미디의 표현이 비상업적이라는 사실이다. 그는 어떤 상품을 선전한 것이 아니라, 인텔사의 작업 환경에 비추어 볼 때 용납될 수 없는 것이긴 하지만 하나의 의견을 개진하고 있었던 것이다.

이와 유사한 사건이 플로리다 주에 있는 프래트 앤 위트니(Prat & Whitney)사에서 발생하였는데, 모금운동을 추진중인 노조가 이메일을 통해 회사의 2,000여 기술자들에게 연락하여 노조에 가입해줄 것을 간청했던 것이다. 코헨(Noam Cohen)에 의하면 노조는 이메일이 "친밀한 대화와 전단의 효율적인 대량 발송, 그리고 널리 산재해 있는 작업장에로의 정확한 메일의 전달을 가능하게 해주는 매우 효과적인 조직화 수단"임을 알게 된 것이다.[21] 그러나 프래트 앤 위트니와 같은 기업들의 주장은, 이러한 강제적인 대량 우편발송은 스팸과 동일한 것이므로 네트워크의 정체 유발과 같은 스팸이 지닌 부정적인 영향을 방지하기 위해서는 규제되어야만 한다는 것이다.

이러한 사례들을 통해 볼 때, 일부 자극적인 자유로운 표현이 지닌 문제점들이 제기되고 있다. 모든 무더기 이메일(bulk e-mail)이 설사 비상업적 성격을 지닌다 하더라도 스팸으로 간주되어야만 하는가? 만일 인터넷이 "민주화의 원동력"으로서 충분한 잠재력을 지닌 것으로 인식된다면 특정 형태의 무더기 이메일은 도덕적으로, 그리고 법적으로 허용될 수 없는 것인가? 무더기 이메일을 불쾌한 스팸으로 폄하하거나 또는 합법적 형태의 커뮤니케이션으로 판단하거나 하는 결정적인 구분 기준은 무엇인가?

스팸으로 분류된 무더기 이메일에 대해서는 어떻게 해야 하는가? 스팸은 좋지 않은 부작용을 지니고 있기 때문에 정부가 이를 규제해야만 하는 것인가? 이에 대한 가능한 규제 형태로는 스팸을 전면적으로 금지하거나 표시를 의무화하는 방법이 포함될 수 있다. 첫 번째 규제의 경우, 수취인이 원하지 않는 상업적 광고를 팩시밀리를 통해 전송하는 것을 금지하고 있는 1991년에 제정된 전화사용자보호법(TCPA, Telephone Consumer Protection Act)을 수정하여 시행할 수 있을 것이다. TCPA는 정크 팩스 뿐만 아니라 원하지 않는 상업적 이메일에도 적용되도록 수정될 수 있다. 그러나 스팸에 대한 전면적인 금지는 헌법 수정조항 제1조에 대한 침해의 요소를 띠고 있기도 하기 때문에 위헌 문제가 제기될 가능성이 높다. 또한 인터넷에서의 자유주의 윤리를 보존하려는 사람들은 단지 그 내용을 근거로 이메일과 같은 커뮤니케이션 방식을 금하는 것은 옳지 않다고 생각하고 있다.

두 번째 규제는 표시를 의무화하는 것이다. 모든 원치 않는 상업적 이메일과 인터넷 광고에는 일정한 확인표시를 부착함으로써 이용자들이 원할 경우 이를 차단할 수 있게 하는 것이다. 정확한 표시를 부착함으로써 ISPs는 그들의 네트워크에 원치 않는 어떠한 광고도 들어오지 못하게 하거나, 혹은 그러한 이메일을 받기로 동의한 곳에만 이러한 광고들이 전달되게 함으로써 보다 쉽게 스팸을 통제할 수 있을 것이다.

두 번째 규제 방식에 대해 비판하는 사람들의 주장은, 만일 의무적인 표시 부착이 시행된다면 이는 사실상 스팸을 합법화하는 것으로 현실적으로 스팸의 양을 증가시키는 부정적인 영향을 초래하게 된다는 것이다. 이렇게 되면 스팸은 보다 많은 업자들이 선호하는 광고 방식이 될 수도 있으며, 이는 결국 소비자와 ISPs로 하여금 원치 않는 무더기 이메일을 차단해야 하는 부담만을 더욱 증가시키게 될 것이다.

규제를 반대하고 이용자를 중심으로 하는 밑으로부터의 자율적 규제를 선호하는 사람들에게 있어서 스팸 문제에 대한 또 하나의 해결 방안은 법률에 의지하는 대신 코드에 전적으로 의뢰하는 것이다. 설사 스팸에 정확한 표시가 부착되지 않았다 하더라도 정상적인 메일은 받아들이면서 스팸은 제거하는 차단장치들이 현재 사용되고 있다. "무료!"와 같은 단어를 담고 있는 메시지와 같이 스팸의 가능성을 찾아내는 초기 이메일 차단장치들이 그동안 사용되어 왔다. 정크 메일과 정상적인 메일을 구분하는 보다 정교한 차단장치들 또한 개발되고 있다. 예를 들어 마이크로소프트(Microsoft)사는 다차원적 벡터 스페이스를 토대로 정크 메일을 확인해내는 차단장치를 개발하였다. 이 차단장치는 기존의 것보다 훨씬 더 많은 변인들을 분석하고 있다. 그 결과 마이크로소프트사의 차단 장치가 시판되면 "이는 스팸을 식별할 수 있는 징후들을 모아놓은 형태를 취하고 있다——일부는 특정 메시지의 단어와 또 일부는 그 모양과 관련된다 (예를 들어, !나 $$$와 같은 문자의 등장 횟수)."[22)]

결국 우리는 현재 위로부터 규제하는 방법과 다소 오류의 가능성은 있지만 효과적으로 스팸을 방지할 기술을 통해 아래로부터 자율적으로 접근하는 방법 중에서 하나를 선택해야 할 상황에 놓여 있다. 물론 음란물을 차단하는 데 있어 야기되는 문제가 스팸을 차단하는 데에도 동일하게 적용될 수는 있다. 아무리 신중하게

작성된 차단조항이라 하더라도 대가는 뒤따르게 마련이기 때문이다. 샤피로(David Shapiro)가 지적하였듯이 과도한 차단은 "우리의 선호들을 매우 협소하고 한정되게 만들어서 우리가 가장 필요로 할 때 넓은 시야를 지니지 못하게 할 수도 있다."[23)]

후기

스팸과 음란물, 명예 훼손, 그리고 증오적 표현——이 모두는 문제가 되는 자유로운 표현들로서, 개인의 권리와 공익 사이의 균형을 모색하고 있는 사이버 공간의 법 체계에 대한 심각한 도전으로 간주되고 있다. 물론 증오적 표현을 삼가고, 아동들에게 음란물을 유포하지 않으며, 또한 스팸을 상품의 선전수단으로 사용하려는 유혹을 규제함으로써 개인과 기관들이 스스로의 표현을 자율 규제하는 것이 가장 이상적일 것이다. 이러한 자기규제가 이루어지지 않는다면 인터넷 이해 당사자들은 그것이 조잡한 외설물이든 혹은 귀찮은 무더기 이메일이든 간에 원치 않는 표현으로부터 자신을 보호할 것인지의 여부에 대한 어려운 결정을 내려야만 할 것이다.

CDA II나 정크 이메일을 금지하는 법률과 같은 위로부터의 정부규제는 이 문제를 해결하기 위한 하나의 방법이 될 수 있다. 정확성과 엄밀성을 꾸준히 향상시키고 있는 정교한 차단장치의 사용은 이와는 다른, 그러나 보다 혼란스런 대안이 될 수 있다. 우리가 여기서 애써 강조해 왔던 것처럼 어떠한 형태의 규제들이——암호 · 법 · 시장 혹은 규범——사용되든 간에 개인의 자율성과 같은 핵심적인 도덕적 가치들이 최대한 존중되어야만 한다 ; 그러므로 사이버 공간에서의 비정상적인 행위를 효과적으로 규제하려고 할 때, 이러한 보편적 가치 기준들이 어떻게 최상으로 보존될 수 있는가에 대해 윤리적으로 성찰할 필요성이 있다. 그렇지 않으면 암호 혹은 사이버 공간에서의 법률이라는 폭군의 등장과 같은, 우리가 우려하는 최악의 사태가 현실로 나타날지도 모른다.

물론 또 하나의 선택은 사이버 공간에서의 이러한 논란이 되는 표현 형태에 대해 그냥 수수방관하는 것이다. 일부 시민 자유주의자들은 인터넷 이해 당사자들은 규제나 차단에 반대해야 하며, 또한 인터넷은 가능한 한 어떠한 구속도 없는 상태로 두어야 한다고 강변하고 있다. 우리가 현실세계에서 불쾌한 표현을 참고 넘기듯이 인터넷에서도 이를 참고 넘겨야만 한다는 것이다.

토의문제

1. CDA II에 대한 당신의 견해는 무엇인가? 이 법률에 반대하는 ACLU의 입장을 찬성하는가?
2. PICS와 같은 게재물 자동통제가 인터넷에서의 음란물을 규제하는 합리적인 방법인가?
3. 증오적 표현이나 인종주의적 표현을 담고 있는 웹사이트들은 표현의 자유를 명시하고 있는 수정헌법의 보호를 받을 만한 가치가 있는가?
4. 사이버 공간에서는 익명성이 보호되어야 한다는 입장에 동의하는가? 아니면 모든 사용자의 디지털 익명성은 어떤 방식으로라도 위임되어야만 하는가?

사례 연구

도서관장의 딜레마(가상)

여러분이 미국의 중소도시에 있는 도서관 시스템을 관장하는 자리에 막 취임했다고 한번 가정해 보자. 많은 인구가 밀집한 시내에 위치한 도서관 본관에는 여섯 대의 메킨토시 컴퓨터가 있지만, 이 컴퓨터들은 도서관의 주요 후원자만이 가끔씩 이용하고 있을 뿐이었다. 이 컴퓨터에는 재미 있는 프로그램도 설치되어 있지 않으며, 또한 인터넷에 접속할 수도 없다. 사업상 여러분이 내린 첫 번째 결정은, 일부 인기 있는 프로그램을 구입하고 인터넷에 접속할 수 있는 웹 브라우저를 설치하기로 한 것이다. 컴퓨터실은 순식간에 엄청난 성공을 거두게 된다. 컴퓨터들은 항상 가동되고 있으며, 가장 인기를 끄는 것은 바로 인터넷 검색이다. 여러분은 이러한 결정에 만족해하고 있다. 왜냐하면 이는 인터넷에 접속할 수 있는 컴퓨터 시스템을 구입할 수 없는 마을 사람들에게는 최고의 선물이기 때문이다.

그러나 얼마 지나지 않아 문제가 나타나기 시작한다. 어느 땐가, (대략 12살에서 13살 정도의) 일부 청소년들이 성적인 표현물들을 받아보고 있는 것이 발견된다. 충격을 받은 직원들은 당신에게 이들 청소년들이 가학적인 음란물들을 보고 있어서 도서관에서 쫓아냈다고 보고한다. 약 10일 후에 한 중년 남자가 아동 음란물을 몇 시간 동안 보고 있는 것이 목격되었다. 거의 매주 유사한 사건들이 일어난다.

부관장과 일부 직원들은 당신에게 차단 프로그램을 구입하여 즉시 설치할 것을 권유한다. 그러나 다른 직원들은 이러한 행위가 ALA의 책임조항을 위반하는 것이라고 진언한다. 당신은 이 조항을 다시 읽어보고 다음과 같은 문구에 충격을 받는다 : "성인 이용자들과 동일하게 미성년자들이 도서관 자료를 이용한다고 해서 도서관 자료의 선택과 확장이 제한되어서는 안 된다." 이들은 차단을 검열과 동일한 행위로 간주하고 있는 것이다. 한 직원은 차단은 마치 백과사전을 구입하여 특정 기준에 부합되지 않은 항목들을 삭제하는 것과 같다고 주장한다.

또 다른 직원은 도서관이 음란물을 수집하지 않고 있는데, 왜 인터넷에서는 그러한 자료에 대한 접근을 허용해야 하는가라고 묻는다.

이 문제가 확산되자 이 컴퓨터에 대해 무엇인가 조치를 취해야 한다는 마을 지도자들의 공개적인 압력이 제기되고 있다. 시장조차도 압력을 가하고 있다—시장 또한 아무런 규제가 없는 접속에 대해 불만을 표시한다. 당신은 어떻게 해야 할 것인가?

질문

1. 포르노 웹사이트에 대한 차단이 일종의 구입결정인가, 아니면 도서관 소장자료를 검열하려는 시도인가?
2. 도서관들은 외설적이고 저급한 자료로부터 아동을 보호할 어떠한 법적인 그리고/또는 도덕적인 의무를 지니고 있는가?
3. 당신은 어떤 행동을 취하겠는가? 당신의 견해를 피력해 보시오.

사례 연구

인텔사의 경우 스팸인가? 아니면 표현의 자유인가?

케니스 하미디(Kenneth Hamidi)씨는 과거 인텔사에 근무했던 불만이 많았던 사람으로, 인텔사가 종업원을 대하는 방식에 문제를 제기하였다. 그는 FACE로 알려진 조직의 창설자이자 대변인이었다. 이 조직은 전·현직 종업원들의 모임으로, 이들 대부분은 인텔사가 자신들을 부당하게 대우하고 있다고 주장하고 있다. 하미디는 무언가를 은밀하게 만들었다는 이유로 인텔사로부터 해고를 당하였지만, 그는 자신이 인종차별의 희생자라고 주장하였다.

해고당한 직후인 1996년 가을에 하미디는 인텔 종업원들에게 이메일을 보내 인텔사의 불공정한 처사를 알리기 시작하였다. 그는 회사가 나이와 장애에 따라 차별대우하고 있다고 주장하였으나 인텔사는 이러한 주장을 단호히 부인하였다. 인텔사에 따르면 하미디는 1996년과 1998년 사이에 회사의 고용 정책을 비난하는 약 30,000개의 이메일 메시지를 발송하였다. 예를 들어 어떤 메시지는 눈앞에 닥친 일시해고의 규모를 총체적으로 축소하고 있다며 인텔사를 비난하고 있다.

인텔사의 입장은 하미디의 이메일은 회사의 이메일 네트워크를 마비시키고 종업원들을 동요시키는 일종의 스팸이라는 것이다. 인텔사의 변호사들은 이러한 원치 않는 우편물은 회사의 업무를 방해하는 것이며 또한 회사에 손해를 끼치는 것이라고 주장하였다. 더군다나 원치 않는 메시지들은 인텔의 재산권을 침해하고 있다고 볼 수 있다; 마치 침입자가 누군가의 재산권에 자신의 방식을 강요하듯이 이러한 메시지들도 인텔사와 그 종업원들에게 강요되고 있다는 것이다. 요약하자면, 이들의 기본적인 주장은, 하미디는 인텔사의 재산인 이메일 시스템을 사용하여 자기의 개인적인 견해를 표현할 권리가 없다는 것이다. 또한 이들은 하미디가 자신의 의견을 표현할 수 있는 FACE 웹사이트와 같은 다른 많은 토론장을 갖고 있다는 점을 지적하고 있다.

1998년 11월에 캘리포니아 주 고등법원 판사는 이러한 주장을 받아들여 하미디가 더 이상 인텔 종업원들에게 어떠한 무더기 이메일도 발송하는 것을 금지하는 명령을 내렸다.

하미디의 행위를 옹호하는 사람들은 이러한 금지명령은 불공평한 과민반응이며 자기의 표현의 자유를 침해당하고 있다고 주장한다. 그의 주장은 이러한 대량 이메일이 스팸으로 분류되어서는 안 된다는 것이다. 왜냐하면 이는 비상업적 표현의 형태를 취하고 있으며, 수정헌법 제1조의 완전한 보호를 받을 가치가 있기 때문이다. 하미디의 표현에는 생각들이 담겨 있다; 그것은 인텔사에 대해 상품이나 용역을 판매하려는 의도를 지닌 것이 아니다. 그러므로 하미디는 비록 회사에게 불편을 끼친다 할지라도 인텔 종업원들에게 자신의 이메일 메시지를 발송할 수 있는 헌법상의 권리를 지닌다.

질문

1. 하미디의 표현이 헌법 수정조항 제1조의 보호를 받을 자격이 있는가? 그에게 법원의 간섭없이 이러한 메시지들을 보내도록 허용해야 하는가?
2. 하미디의 무더기 이메일에 대한 검열이 회사의 사유재산권을 보호하기 위한 것이라는 인텔사의 주장에 대해 어떻게 생각하는가?
3. 이 문제를 명확하게 할 새로운 법이 있어야 하는가? 이러한 법을 어떻게 제정할 것인가?

주석

1) Godwin, M. 1998. *CyberRight.* New York: Random House, p. 16.
2) *ACLU v. Reno,* 521 U.S., 870(1997).
3) *Ginsberg v. New York,* 390 U.S. 15 (1973).
4) Elmer-Dewit, P. 1995. Cyberporn. *Time,* July 3, p.40.
5) Godwin, M. p. 223.
6) *Communications* Decency Act, 47 U.S.C. #223 (d)(1)(b) 참조.
7) Zittain et al. Brief for Appelants. *Reno v. ACLU,* no. 96-511.
8) *ACLU v. Reno,* 882.
9) Halperin, M. 1999. The COPA battle and the future of free speech. *Communications of the ACM* 42(1):25.
10) Mendels, p. 1999. Setback for a law shiedding minors from smut Web sites. *The New York Times,* February 2, p. A10.
11) Kate, J. 1997. *Virtuous* reality. New York: Random House, p. 184.
12) Sunstein, C. 1995. The Fisrt Amendment in Cyberspace. *Yale Law Journal* 104:1757.
13) Quoted in Harmon, A. 1997. To screen or not: Libraries confront Internat access. *The New York Times,* June 23, p. D8.
14) 미국 도서관협회 웹사이트인 www.ala.org를 참조할 것.
15) Rosenberg, R. 1993. Free speech, pornography, sexual harassment, and electronic networks. *The Information Society* 9:289.
16) 이 문제에 대한 심도있는 논의는 *Natural law and natural right.* Oxford: Oxford University Press, pp. 216-218에 실핀 John Finnis(1980)의 논의를 참조할 것..
17) Froomkin, M. 1996. Flood control on the information ocean: Living with anonymity, digital cash, and distributed data bases. *University of*

Pittsburgh Journal of Laws and Commerce 395:278.

18) Brin, D. 1998. *The transparent society*. Reading, MA: Addison-Wesley, p. 27.

19) Raisch, R. *Postage due marketing: An Internet company white paper.* 아래 웹사이트에서 찾아볼 수 있음. http://www. internet com:2010/marketing/postage.html.

20) Carroll, M. 1996. Garbage in: Emerging media and regulation of unsolicited commercial solicitations. *Berkeley Technology Law Journal* 11(Fall).

21) Cohen, N. 1999. Corporations battling to bar use of e-mail for unions. *The New York Times,* August 23, p. C1.

22) Baldwin, W. 1998. Spam killers. *Forbes,* September 21, p. 255.

23) Shapiro, p. 114.

제4장
사이버 공간에서의 지적 재산권

제1부 : 지적 재산권에 대한 배경 설명

서론

네트워크화된 디지털 시대라는 복잡한 현실에 저작권법과 특허법을 적용하려는 시도는 이미 오래 전부터 논란이 되어 왔다. 국제적인 저작권 협약을 이끌어내기 위한 중요한 회의가 1996년 12월 제네바에서 개최되었다. 미국 대표인 리만(Bruce Lehman) 상공 차관보는 주요한 논제에 대해 아무런 합의도 이끌어내지 못한데 매우 당황하였다.

사이버 공간에서는 개인의 지적 재산권에 대해 통제하기가 어렵기 때문에 리만은 원저자, 즉 음반회사, 단행본과 잡지 출판사, 영화사, 그리고 소프트웨어 판매자가 지닌 소유권을 보다 엄격히 보호하는 규정들을 제정하려고 했다. 사무엘슨(Pamela Samuelson)은 이러한 입장을 옹호하는 사람들을 "최대한의 저작권을 요구하는 사람들"(copyright maximalists)로 묘사하고 있으며, "이들의 주장은 (인터넷을 검색하면서 이루어지는 복사와 같은) 컴퓨터 기억장치상에서 이루어지는 모든 일시적 복사 행위와, 저작권을 지닌 작품들을 디지털 형태로 전송하는 모든 행위에 대한 권리를 출판업자들에게 부여하라는 것이다 ; 또한 디지털 시대에 있어 정당한 이용권(the right of fair use)을 폐지하고, 저작권 침해를 단속하는 데 드는 많은 비용과 노력은 온라인 서비스 제공자들이 부담해야 한다고 주장한다."[1)]

분명한 것은 이들의 주장은 지적 재산권에 대한 자유주의적 관점과는 상반되고 있는데, 자유주의적 관점에서는 재산권을 그리 중요하게 생각하지 않는다는 점이다. 일부 자유주의자들은 "정보는 자유롭기를 원한다"라는 구호를 외치면서 사이버 공간에서의 자유로운 정보의 흐름을 제약하는 지적 재산권에 반대하고 있다.

심지어는 지적 재산권을 강력하게 보호해야 한다고 주장하는 일부 보수주의자와 온건주의자들조차도 새로운 제네바 협약으로 야기된 게재물 이용자들과 제공자들간의 힘의 불균형에 대해 유감을 표명하였다. 특히 관심을 끄는 것은 정당한 이용권의 축소로, 이는 연구와 지식의 전파를 매우 힘들게 만들 것이라는 점이다.

다른 한편으로는 최소한의 접근 허용 방식을 들 수 있는데, 이는 많은 자유주의자들과 디지털 시대에 지적 재산권을 보호하려는 것은 쓸데없는, 그리고 헛된 노력이라고 믿는 사람들의 지지를 받고 있다. 다이슨(Esther Dyson)은 사이버 공간에서의 저작권은 시대착오적인 것이며, 또한 저자들은 머지않아 인터넷상에서 자신의 저서들을 그냥 나누어주고 (강연과 같은) 다른 활동을 통해 돈을 벌어야만 될 것이라고 주장하고 있다. 발로우(John Perry Barlow)와 같은 사람들은 인터넷에서의 저작권 보호에 반대하는 보다 근본적인 철학적 논거를 제시하고 있다. 그가 주장하는 바는, 인터넷이라는 개방된 환경 속에서 정보를 소유(독점)한다는 것은 생각의 자유로운 순환을 방해할 수 있기 때문에 반민주적이라는 것이다.

최대 요구자들(maximalists)과 최소 요구자들(minimalists) 사이에서 합리적인 중도적 입장을 이끌어낼 수 있을까? 혹은 의견의 차이가 너무나도 깊고 크기 때문에 상호 수용 가능한 타협은 거의 불가능한 것인가? 또한 사이버 공간에서 남용될 위험성이 크다는 이유 때문에 정당한 이용을 보장하는 규정들이 폐지되어야만 하는가?

제네바 회의에서의 주된 논쟁은 합리적인 타협안이 이루어졌을 때 고려해야 할 핵심 쟁점들에 관한 것이었다. 이 중 하나의 쟁점은 사이버 공간에서 공적인 것과 사적인 것을 어떻게 구분할 것인가에 관한 것이었다. 저작권법이 규정하고 있는 정당한 이용 조항은 저작권의 보호를 받는 자료에 대한 사적인 이용만을 허용하고 있다. 내가 저작권의 보호를 받는 저서의 한 장을 복사하더라도 이 자료를 나 자신의 개인적인 용도로만 이용하는 한, 나는 어떠한 법도 위반하지 않고 있는 것이다. 그렇지만 만일 내가 많은 청중들에게 나누어주는 것과 같은 공적인 목적으로 복사를 하였다면 문제가 된다. 그러나 사이버 공간이라는 상호 연결된 세계에서 이와 같은 확실한 구분이 가능할 것인가? 이 문제에 대해 절충을 시도하기 위해서는 사이버 공간에서의 “복사”란 무엇을 의미하는가, 그리고 정확히 공중은 누구를 의미하는가와 같은 보다 근본적인 것들에 대해 논의가 이루어져야 할 것이다.

또 다른 광범위한 쟁점은 디지털 작품에 대한, 특히 인터넷에서 이용 가능한 것들에 대한 저작권의 보호 범위에 관한 것이다. 예를 들어 이것을 데이터베이스상의 새로운 형태의 저작권으로 포함시켜야 할 것인가? 또는 누군가가 많은 비용을 들여 제작한 재정 정보가 담긴 데이터베이스를 특정 회사는 복사할 수 있는가? 만일 그럴 수 없다면 누군가가 이러한 자료들을 다운받아서 재판매하는 것을 어떻게 막을 것인가? 이 문제 역시 제네바 회의에서 미국측이 내놓은 제안이었다. 만일 이러한 새로운 보호조치들이 시행된다면 누가 이를 책임지고 집행할 것인가? 이용자들이 저지른 저작권 침해에 대해 온라인 서비스 제공자들이 책임을 져야만 하는가?

제네바 회의에서 별다른 성과를 얻지 못한 이유는 바로 이러한 문제들이 지닌 복잡한 특성 때문이다. 이러한 문제들이 논의되고 또한 보다 적절하게 언급된 후에야 비로소 우리는 디지털 정보에 대한 공급자와 이용자의 이해관계를 올바르게 균형잡는 데 관건이 되는 규범적인 문제들에 대한 절충을 이끌어낼 수 있다.

이와는 다른 많은 새로운 지적 재산권 문제들이 인터넷 이용의 확대와 웹사이트의 출현으로 인해 야기되고 있다. 일단 적절하게 등록을 마쳤다면 조직(단체)들은 도메인 이름(예를 들어 www.cocacola.com)에 대한 재산권을 갖게 되는가? 또한 이러한 권리는 정확히 어느 범위까지 해당되는가? 웹사이트에서의 메타 태그(meta tags)의 이용을 어떻게 통제하고 규제할 것인가? 다른 웹사이트를 구성하고 연결하는 가장 공정한 방법은 무엇인가? 다른 웹사이트에 연결하는 것은 지적 재산권을 침해하는 것인가? 또한 저작권이나 상표 소유자는 인터넷에서의 자신의 작품에 대한 이용을 규제할 수 있는 특권을 지니고 있는가? 현재 악명 높은 "변형된 바비"(바비 인형의 이미지에 대한 웹 작품)를 만들어낸 사람들은 단지 독창적인 특허권을 행사하고 있는 것인가, 아니면 매텔(Mattel)사의 재산권을 침해하고 있는 것인가?

이 장에서는 이 모든 문제들과 관련하여 주로 도덕적으로 도움이 되는 관점에서 도출된 몇 가지 견해를 제시하고 있다. 먼저 특정 부류의 자료에 있어서는 아직도 지적 재산권의 보호가 중요한 이유에 대해 설명하는 것이 순서일 것이다. 그러한 논의의 맥락에서 지적 재산권을 보호하고 있는 관련 법률 전반에 대해 대략적으로 살펴보고, 이와 더불어 그러한 법률이 주로 근거하고 있을 만한 윤리적 토대에 대해 설명할 것이다. 이에 덧붙여 제1장에서 제시한 "레시그의 기본 구도"(Lessig framework)를 염두에 두면서, 법과 암호를 어떻게 결합시키는 것이 정당한 이용권을 손상시키지 않으면서도 사이버 공간에서의 재산권을 효과적으로 규제하는데 가장 적절한 것인가를 생각해 볼 것이다. 게재물 제공자들이 자신들의 자료를 더욱 효과적으로 통제할 수 있게 해주는 소프트웨어 암호가 등장하고는 있지만 이 또한 치료약이 병보다 더 나쁜 경우는 아닌가?

지적 재산권이란 무엇이며, 왜 문제가 되는가?

재산권의 정의

이 문제에 대한 분석에 들어가기에 앞서 먼저 재산권에 대한 현실적인 정의와 현대 사회에 있어서 재산권이 갖는 중요한 역할에 대하여 간략하게 살펴보는 것이 타당할 것이다. 재산권은 대부분의 법률 체계의 초석을 이루는 것이지만, 간단하게 정의내릴 수 없는 모호하고 복합적인 개념이다.

대부분의 현대 철학적 분석에서는 "소유권"과 "재산권"을 같은 개념으로 보고 있다. 그래서 "나는 이 집을 소유하고 있다"와 "이 집은 내 재산이다"라는 말은 동일한 정보를 담고 있기 때문에 같은 말이다. 더군다나 이러한 관점에서는 소유권을 "원숙한 법 체계가 인정하고 있는 가장 중대한 이해 관계"[2]로 정의하고 있다. 보다 간단히 말하자면, 재산을 소유한다는 것은 소유자가 그 재산과 관련하여 이의 이용과 관리, 소유 그리고 배타적인 이득의 도출을 포함하는 특정한 권리와 의무를 지니고 있다는 것을 의미한다. 이는 우리의 법률적 전통과 일치하는 것으로, 오래 전부터 소유권에는 18세기에 블랙스톤(William Blackstone)이 이러한 권리들에 대해 유명한 논평을 제기한 이후 소위 블랙스톤이 제기한 권리들(Blackstonian Bundle)이라고 알려진 수많은 권리가 내포되어 있는 것으로 인정되어 왔다. 블랙스톤에 의하면, 소유자는 자신의 재산을 다른 사람들로부터 차단하고, 자신이 원하는 바대로 이용하며, 이로부터 이득을 창출해내거나 혹은 누군가에게 이를 양도할 권리를 지닌다는 것이다.

왜 재산권이 그렇게 문제가 되는 것일까? 정의, 경제적 효율성, 그리고 정치적 자유의 원리들은 재산권의 기본 구조를 정당화하는 데 이용되어 왔다. 드롱(James DeLong)은 이러한 문제를 다룬 최근의 저서인 『재산권 문제들』(*Property Matters*)에서 만약 우리가 명확한 소유의 권리를 갖고 있지 않다면, 그리고 우리가 필요로 하는 재화(즉, 재산)에 대해 대가를 지불하지 않는다면 그 결과는 탐욕과 혼란으로 나타날 것이라고 강조하고 있다 : "만일 당신이 대가를 지불해야만 한다면 무엇이 진정으로 귀중한 것이고 무엇이 아닌지에 대해 생각하게 될 것이다. 만일 재산권이 존재하지 않는다면 결과는 분명해진다 : 손으로 잡을 수 있는 모든 것을 갖는다."[3] 이미 토지나 공기, 그리고 물과 같은 자유재의 남용은 심각한 환경 파괴와 "모두의 비극"을 야기하여 왔다. 만일 재산권의 개념이 희박해지고 소유권이 사적인 영역에서 공적인 영역으로 급격히 전환된다면 유사한 비극이 나타날 것이다. 무형의 지적 재산권의 경우에는 다소 상이하지만 중요한 유사점을 찾을 수 있다 : 데이터 브로커에 의해 판매되고 교환되는 개인적인 자료들 또한 값싼 상품이 되고 있기 때문에 남용될 가능성이 있다.

지적 재산권

지적 재산권은 원곡·시·소설·발명품·상품제조법 등과 같은 "지적 대상물"에 관련된다. 내가 어떤 대상을 이용한다는 것은 다른 사람이 이를 이용할 수 없다는 의미에서 물리적 대상물의 이용은 일종의 영화(零和, zero-sum) 게임이라고 할 수 있지만 지적 대상물은 상황이 다르다. 지적 대상물은 동시에 많은 사람들에 의해 이용될 수 있으며, 또한 누군가가 이를 이용한다고 해서 다른 사람이 이용하지 못하는 것이 아니기 때문에 독점적(배타적)이라고 할 수 없다. 내가 특별한 파스타 요리법을 이용한다고 해서 다른 사람들이 이와 똑같은 요리법을 이용 못하는 것은 아니다. 더군다나 지적 재산권의 대상들을 선정하는 데에는 많은 시간과 비용을 투자함에도 불구하고, 막상 지적 재산에 대한 별도의 접근권을 부여하는 데에 드는 한계 비용은 거의 무시되고 있다.

이러한 특성들 때문에 특히 자유로운 표현과 생각의 교환을 강조하는 개방적이고 민주화된 사회에 있어서는 지적 재산권을 정의하고 정당화하기가 매우 어렵다. 지적 대상물에 대해 재산권을 부여하는 것은 자유사회의 목표나 전통과는 부합되지 않아 보인다. 그러므로 강력한 저작권 보호에 반대하는 사람들은 미국 헌법 조항 제1조를 강조하면서, 아이디어 시장은 최대한의 활력을 지닐 필요가 있다는 것을 자신들의 반대 입장에 대한 이론적 근거로 제시하고 있다.

그럼에도 불구하고 이 장에서의 논의가 계속 진행되면, 재산권의 제한은 지적인 영역으로 확대될 수밖에 없게 되는 이유가 좀 더 명확하게 드러날 것이다. 물리적 재산에 대한 권리처럼 지적 재산에 대한 권리는 누군가가 특정 개념, 지식 혹은 정보에 대한 권리를 지닌다는 것을 의미한다. 그러나 누군가가 어떤 생각에 대해 재산권을 갖는다는 개념은 상당한 난점을 지닌다. 왜냐하면 이는 누군가가 그러한 생각들을 이용하고 발전시키지 못하게 할 "권리"를 의미할 수도 있기 때문이다. 어떤 생각과 그 생각의 표현을 구분함으로써, 그리고 대부분의 경우 특정한 생각의 표현에 대해서는 저작권 보호를 인정하지만 생각 그 자체에 대해서는 인정하지 않음으로써 이 문제를 해결할 수 있다.

지적 재산권에 대한 법적 보호

사이버 공간에서 가장 위험한 상태에 놓인 지적 재산의 대상물들은 대개 다음과 같은 세 가지 중 하나의 방식으로 보호를 받는

다 : (1) 저작권, (2) 특허권, 그리고 (3) 등록상표권.

등록상표권

지적 재산에 대한 첫번째 형태의 법적인 보호는 등록상표로, 이는 특정한 상품이나 서비스를 확실하게 확인해 주는 단어나 문구 혹은 상징을 말한다. "힘차게 분출하는" 나이키의 상징, 펩시(Pepsi)와 닥터 페퍼(Dr. Pepper)와 같은 이름들, 그리고 애플 컴퓨터사의 유명한 사과 로고 등등 구체적인 예는 수없이 많다. 하나의 등록상표로 인정받기 위해서는 표시나 이름이 매우 독창적이어야만 한다. 법률 용어로 본다면 독창성은 몇 가지 요소를 통해 결정되며, 여기에는 다음과 같은 것들이 포함된다 : 그 상표가 "자의적이거나 또는 기발한" 것인지, 다시 말해 그 상품과 논리적으로 아무런 연계가 없는가(예를 들어, 애플 컴퓨터의 상표는 컴퓨터와는 아무런 연관성도 없다), 그리고 그 상표가 나름대로의 방식으로 강력하게 무엇인가를 설명하거나 제시하고 있는가?

누군가가 최초로 특정 표시를 공개적으로 이용하거나 혹은 이 표시를 미 특허국에 최초로 등록하게 되면 상표권(등록상표)을 취득하게 된다. 등록상표가 반드시 영구히 지속되는 것은 아니다. 과도한 혹은 부적절한 인가를 통해 상표를 마구 이용하게 되면 상표권은 상실될 수 있다. 또한 상표들이 점차 보편화되고 이에 따라 공적인 범주에 속하게 되면 상표권은 상실될 수 있다.

일반적으로 상표권의 위반은 다음 두 가지 경우 중 하나이다 : 상표권이 침해되는 경우이거나 혹은 희석되는 경우이다. 특정 상표가 그 상품이나 서비스의 판매와 관련하여 다른 누군가에 의해 이용되면 이는 상표권에 대한 침해이다. 만일 최근에 등장한 운동화 회사가 “힘차게 분출하는” 상표를 가지고 자신의 상품을 판매하려 한다면, 이는 나이키사의 등록상표를 침해하는 것이다. 상표권 침해의 일반적인 기준은 소비자의 혼돈을 초래할 가능성이다. 또한 등록상표 소유권자는 자신들의 등록상표가 희석될 경우 법적인 조치를 취할 수 있다. 희석화는 유명한 등록상표가 오랜 기간 동안 독창성을 지니고 있으며 일반적으로 집중적인 광고와 인식을 통해 대중에게 알려진 경우에 해당된다. 희석화는 “훼손”이나 “변색”의 결과이다. 훼손이란, 예를 들면 디즈니의 상표를 이용하여 남성용 정장을 판매하는 경우와 같이 특정 상표가 전혀 다른 상품과 연계되는 것을 말한다. 변색이란 특정 상표가 좋지 않은 품질이나 평판을 지닌 상품이나 서비스와 관련되거나 혹은 부정적인 또는 평판을 훼손시키는 방식으로 표현되는 경우를 말한다.

등록상표법은 등록상표의 정당한 이용 뿐만 아니라 패러디하기 위해 이용하는 것도 허용하고 있다. 정당하게 이용되는 상황인 경우, 등록상표의 이름은 대개 (상업적이 아닌) 본래의 의미를 개진하고 있다. 예를 들어 어떤 시리얼을 “모든 밀”을 함유한 것으로 표시한다고 해서 이것이 켈로그(Kellog)사의 상품명인 “모든 밀”을 침해한 것이 아니다. 등록상표의 패러디는 그것이 상업적 이용과 밀접하게 연계되어 있지 않는 한 허용되고 있다. 할리우드의 유명한 상표를 조롱하는 것은 허용되지만, 경쟁이 되는 상품을 판매하기 위해 이 상표를 패러디하는 것은 허용될 수 없다.[4]

특허권

일반적으로 하나의 특허권은 17년 동안 보장된다. 연방정부는 상품이 특허권의 보장을 받을 수 있는 매우 광범위한 기준을 설정하였다. 특허에 관한 미국의 법규에 따르면,

> 새롭고 유익한 공정, 기계, 제조, 혹은 물질의 합성이나 이에 관한 새롭고 유익한 성능 향상을 발명하거나 발견한 사람은 누구나 특허권을 얻을 수 있다.[5)]

따라서 특허권의 보호를 받을 수 있는 제1차적 대상은 기계와 공정이나 새로운 제약품 같은 물질의 합성과 같이 독창적이고 유익하며 "전혀 새로운" 발명들이다. 공식이나 과학적 원리 등은 공적인 분야에 속하기 때문에 특허 대상에서 제외된다.

실제로 소프트웨어 프로그램과 이것이 이용하고 있는 특정한 연산 방식이 특허권의 보호를 받을 자격이 있는가에 대해서는 오랫동안 법적인 논쟁이 있어 왔다. 1972년의 다이어와 고츠쇼크의 소송사건(Gottschalk v. Diehr)에 대한 판결에서, 대법원은 그러한 연산 방식은 특허를 받을 수 없다고 판결하였다. 그러나 이 판결은 어떤 과정에 대한 특허의 청원이 단지 수학적 연산 방식이나 컴퓨터 프로그램을 지니고 있다는 이유만으로 거부될 수는 없다는 1981년의 획기적인 다이어와 다이아몬드간의 소송사건(Diamond v. Diehr) 판결에 의해 번복되었다. 이 사건에 있어 "법원의 다수 의견은 다이어의 연산 방법은 고무 제품을 만들어내는 하나의 과정에 불과한 것이며, 수학 공식에 대한 특허를 시도한 것이 아니

라는 결론을 내렸다."[6] 다시 말해서 이 과정 자체는 (이 경우에 있어서는 고무를 경화시키는 과정) 독창적인 것이며, 이에 따라 특허를 받을 수 있어야만 하고, 또한 만일 컴퓨터 연산이 그 과정의 일부라면 이 또한 특허권의 보호를 받아야 한다.

특허권은 특정 산업에 있어서는 냉소와 비판의 대상이 되어 왔다. 특허권은 누군가에게 생산품이나 발명에 대한 독점적인 권한을 주기 때문에 높은 가격의 청구와 독점권료의 수익을 가능하게 하고 있다. 이 때문에 경쟁이 심화되어 제조의약품의 비약적인 발전이 이루어지기는 하였으나, 독점적인 가격 정책 때문에 이들 의약품들은 가난한 환자들에게는 그림의 떡이 되고 있다. 특허권 보호는 반경쟁적인 것처럼 보이지만, 만일 그러한 보호가 없다면 기업들이 새로운 의약품 개발이나 여타의 기술 혁신을 위해 수백만 달러를 투자할 동기를 지니게 되겠는가? 영미 자본주의 체계의 기본 전제는 기업과 개인들에게 자신의 발명이나 기술 혁신에 대해 독점권을 철저하게 보장해 주는 방식으로 강력한 동기를 부여함으로써 장기적으로 사회에 도움이 되는 많은 혁신적인 발명들을 독려할 수 있다는 것이다.

인터넷에서의 혁신적인 기업의 출현은 새로운 특허 논쟁을 야기하고 있다. 미국 특허국은 자신들의 사업 모델을 모방하지 못하게 하는 특허권을 인가해 주고 있다. 예를 들어 프라이스라인(Priceline.comLLC, Inc)사는 인터넷을 통해 비행기표를 판매하고 또한 인터넷을 통한 구매자들에게 그에 상응하는 마일리지를 제공하고 있는 자신들의 인터넷 사업에 대한 특허권을 인가받았다. 이러한 형태의 특허권이 일반적인 사업 모델에도 적용되고 있고, 또한 정당한 경쟁을 배제하는 결과를 낳을 수도 있기 때문에 논란거리가 되고 있다. 또한 이는 특허권의 법적인 보장을 요구하는 상인들의 폭주 가능성도 지니고 있다. 보다 중요한 문제는 바로 주된 관심이 새로운 사이버 생산품을 만들어내는 데에 주어지는 것이 아니라, 경쟁자의 "특허받은" 아이디어를 본의 아니게 침해할 가능성에 대해 염려하는 데 주어진다는 것이다.

저작권

지적 재산에 대한 세 번째이자 마지막 형태의 보호는 바로 저작권법이다. 저작권은 특허권보다 취득하기가 보다 용이하며 훨씬 오래 지속된다(저자의 일생과 사후 약 70년 동안 지속된다). 저작권은 문학·음악·드라마·예술·건축·음성 혹은 시청각 작품에 대한 저작권자의 허락 없는 무단복제를 금지하고 있다. 저작권의 보호를 받으려면 문제의 작품이 독창적인 것이어야 한다. 즉, 작가의 독자적인 창작품이어야 한다. 또한 어떤 특정한 표현 매체를 통해 구체적으로 표현되어야만 한다. 따라서 어떤 춤 그 자체는 저작권을 지닐 수 없지만, 이 춤을 녹화한 것은 저작권의 보호를 받을 수 있다. 또한 중요한 점은 어떤 아이디어가 실제적이고 구체적으로 표현되면 저작권의 보호를 받지만, 아이디어 그 자체는 보호를 받을 수 없다는 것이다. 저작권법은 아이디어·개념·원리·연산 방식 등은 보호하지 않는다.

이 장의 서론 부분에서 살펴봤듯이 저작권법에서는 이러한 창의적 작품들에 대한, 교육적 혹은 비판적 목적을 위한 인용과 같은 "정당한 이용"은 허용하고 있다. 저작권법의 정당한 이용 조항은 비판이나 연구, 그리고 학교 수업과 같은 제한된 목적에 한해서만 특정 작품의 복사나 이용을 허용하고 있다. 특정 작품이 얼마만큼이나 복사될 수 있는가에 대해서는 비록 모호하기는 하지만 제한이 있다. 정당한 이용을 통해 교사는 어떤 책이나 잡지로부터 몇 단락을 복사해서 나누어줄 수는 있지만 그 책의 몇 개 장이나 전체를 복사할 수는 없다.

소프트웨어 산업이 막 태동하던 1970년대에 소프트웨어가 저작권에 따른 보호를 받을 자격이 있는가를 놓고 많은 논쟁이 있었다. 그러나 1976년에 수정된 저작권법에 따라 1980년에 소프트웨어 개발자들은 소설가나 영화대본 작가와 같은 다른 작가들이 지닌 저작권을 갖게 되었다. 연방 저작권법은 소스코드(source code : 프로그래머가 JAVA, BASIC 혹은 C와 같은 고도의 언어로 표기한 컴퓨터 암호라인) 뿐만 아니라 오브젝트 코드(object code : source code가 모아졌을 때 만들어지는 binary code)까지도 보호한다는 것을 이 수정법은 명시하고 있다. 소유한 프로그램의 구성과 디자인에 대한 광범위한 보호는 일부 논란의 대상이 되어 왔다.

그러므로 소프트웨어에 대한 저작권 침해는 다양한 방식으로 발생할 수 있다. 특정한 개인이나 단체는 경쟁자의 프로그램이 지닌 소스코드를 유용하여 자신이 만든 것인 양 이 프로그램을 판매할 수도 있다. 그와 같은 직접적인 복제, 특히 소스코드 도용을 통한 복제는 명백히 저작권법을 위반한 것이다. 어떤 사람은 구입이나 혹은 복사 허가를 받지 않고 완성된 제품에 대한 복사본을 만들 수도 있다. 예를 들면, 만일 누군가가 개인 컴퓨터에 이용하기 위해 문서작성 프로그램을 구입하여 인가협정을 위반하면서 이를 친구와 동료들이 복사할 수 있도록 빌려준다면 이 또한 저작권법을 어기게 되는 것이다.

지적 재산권에 대한 도덕적 정당화

이제까지 우리는 지적 재산권에 대한 다양한 형태의 법적 보호 형태들을 살펴보았다. 하지만 이러한 법률에 대한 철학적이고 도덕적인 정당화가 이루어졌는가? 분명히 재산권에 대하여 많은 이론들이 제기되었고, 또한 이러한 이론들 중의 일부는 지적 재산권법을 나름대로 정당화하고 있다. 두 개의 가장 적절한 정당화의 근거는 로크(John Locke)와 헤겔(G. W. F. Hegel)의 철학에서 찾아볼 수 있다. 로크의 노동가치론은 물리적 재산에 대한 권리를 옹호하는 데 널리 활용되어 왔으며, 이러한 주장들은 지적 재산권에도 적용될 수 있다. 또한 우리는 헤겔의 철학에 나타나는 지적 재산권에 대한 인격적 정당화를 로크의 이론에 추가시킬 수도 있다.

재산에 대한 로크의 이론이 그 동안 가장 많은 영향을 미쳐왔다는 데는 의심의 여지가 없다. 미묘한 부분이 있긴 하지만 그의 논제는 매우 간단하다 : 인간은 자신의 노동으로 얻은 산물에 대한 당연한 권리나 자격을 지닌다. 그러므로 만일 누군가가 쓸모없는 공유지를 땀흘려 일해서 비옥한 땅으로 개간했다면 그는 이 땅을 소유할 자격이 있다. 로크의 기본적인 주장은, 노동이란 일종의 귀찮고 유쾌하지 않은 활동이며, 따라서 사람들은 오로지 이에 따른 이득을 얻기 위해 노동을 한다는 것이다. 그러므로 그러한 고통을 감내해 가며 얻고자 했던 이득을 갖지 못하게 하는 것은 옳지 않다. 간단히 말해서 재산에 대한 권리는 노동자의 고통과 땀에 젖은 노력에 대한 대가로 인정되고 있는 것이다.

로크의 이론은 풍요로움의 전제와 같은 많은 문제점들을 지니고 있다. 또한 그의 이론은 시대착오적이고 부적절해 보이기도 한다. 우리는 노동을 자연과 결부시키는 것이 아니라 복잡한 경제체계에 결부시킨다. 즉, 한 사람의 노동은 단지 상품의 생산에 기여하는 작은 투입에 불과하다. 그럼에도 불구하고 로크 이론은 어떤 핵심적인 진리를 담고 있다 : 사람들은 자신의 노동에 대한 정당한 보상을 받아야만 하며, 오직 재산에 대한 권리만이 적절한 보상이라면 그러한 권리를 부여받아야만 한다.

재산권의 경우 로크가 유형의 자산을 염두에 두었던 것은 확실하지만, 그의 주장이 과연 지적 재산에도 적용될 수 있을 것인가? 대부분의 아이디어와 기타 지적 대상물을 만들어내는 데에는 대개 집중적인 노력이 필요하기 때문에 로크의 정당화는 어느 정도 적실성을 지니고 있는 것 같아 보인다. 로크의 핵심적인 주장대로, 육체노동에 따르는 고통과 어려움이 재산으로 보상받아야만 하기 때문에, 마찬가지로 정신적 노력과 창의적 작업에 따르는 어려움과 고통 또한 그런 방식으로 보상받아야만 한다는 논의가 도출된다. 이것이 가정하고 있는 바는, 모든 노동은 일종의 불편함이므로 이러한 불편함을 극복하기 위한 동기를 부여하기 위해서는 그에 상응하는 보상이 필요하다는 것이다.

그러나 어떤 경우에 있어서는 노동은 불편함이 아니다. 특히 아이디어의 산출과 표현은 그리 힘들거나 고통스러운 것이 아닐 수도 있다. 그러나 휴즈(Justin Hughes)가 지적하고 있듯이 부가가치론이라고 불리는 노동에 대한 로크의 정당화를 다른 관점에서 해석할 수도 있다. 이것은 일종의 결과주의적인 해석으로, "부가된 가치의 일부가 개인적으로 자신들에게 축적이 되면 사람들은 가치를 공동체에 부가하게 될 것이다"[7]라고 강조하고 있다. 이루어진 노력이 유쾌하건 불유쾌하건 간에 개인들은 자신들이 사회와 다른 사람의 삶에 부가한 가치에 대해 보상받아야만 한다.

그러므로 노력이 이루어지고 또한 가치가 창출되었기 때문에 어떤 사람이 독창적인 작업을 창조해내고 이를 어떤 구체적인 매체를 통해 표현했다면, 다른 사람들에게 해를 끼치지 않는 한, 이 사람은 그 작업에 대한 재산권을 가져야만 한다. 개인들은 타인의 지위에 해를 미치지 않는 한도 내에서 자신들의 지위를 향상시킬 수 있다는 조건부 단서는 재산이 사유화될 때에는 "충분한, 그리고 적절한 타인들의 몫"이 남아 있어야 한다는 로크의 경고와 부합되고 있다.

지적 재산권에 대하여 로크적인 정당화에 전적으로 의지하려 할 경우, 우리에게는 아직도 하나의 문제가 남아 있다. 하나의 아이디어나 정신적 산물에 노동이 거의 혹은 전혀 이루어지지 않았을 때는 어떻게 할 것인가? 로크의 이론으로는 이 문제를 도저히 설명할 수 없으며, 따라서 여기에는 이러한 희귀한 경우를 설명할 수 있는 별도의 이론으로 보완할 필요가 있다. 휴즈는 헤겔의 인격적 정당화를 통해 이 문제를 해결할 수 있다는 흥미로운 사례를 제시하고 있다.

헤겔은 개인들이 자신의 존재를 세상에 알리려 할 때, 재산은 자유의 실현을 위해 필요하다고 주장하였다. 리브(Reeve)에 의하면 "재산은 한 개인으로 하여금 자신의 의지를 어떤 '것'에 반영할 수 있게 해준다."[8] 그렇다면 재산은 인격에 대한 하나의 표현인 것이다. 인간들이 소설, 예술작품, 정교한 기술, 또는 심지어 보다 세속적인 것들과 같은 다양한 대상 속에서 자유롭게 자신의 의지를 객관화함으로써 자기 자신의 재산을 만들어내고 있다. 왜냐하면 이는 자신들이 누구인가를 표현한 것이기 때문이다. 그것은 그들의 존재를 표현한 것이며, 따라서 그들 것이다.

이러한 주장들은 저자의 인격을 확실하게 표현하고 있는 지적 대상물에 적용될 때 더욱 많은 설득력을 갖는다. 저자는 자신의 개인적 표현이 잘못 평가되거나 오용되지 않도록 이를 통제할 권리를 지닐 수 없는 것인가? 만일 내가 나의 마음 깊은 곳에서 우러나는 느낌을 표현한 시를 쓸 때, 이 시는 나의 일부가 되며 또한 나는 이 시의 이용, 즉 이 시가 타인들에게 공유되는 방식에 대한 상세한 것들을 통제할 권리를 지녀야만 한다. 그러므로 설사 지적 재산의 창출에 노동력이 거의 혹은 전혀 들어가지 않았다 하더라도, 재산에 대한 헤겔의 개념은 최종 산물이 그 창조자에게 속해야만 하는 이유에 대한 하나의 논리적 근거를 제시해 주고 있다. 지적 재산권에 대한 이러한 주장을 다음과 같이 요약할 수 있다 :

(i) 노동은 일종의 불편함이기 때문에 노동을 한 사람들은 자신의 지적 노동의 결과를 소유할 자격을 갖는다.

(ii) 설사 노동이 불편한 것이 아니라 할지라도 노동을 한 사람은 노동을 통해 가치를 부가하고 있기 때문에 이러한 보상을 받을 자격이 있으며, 또한 그러한 가치의 일부가 개인적으로 노동자에게 축적이 된다면 가치 부가에 대한 동기 부여는 크게 신장된다.

(iii) 설령 거의 혹은 전혀 노동을 들이지 않고 작업이 이루어졌다 하더라도, 이러한 작업들은 노동을 행한 사람의 인격을 표현하고 있기 때문에 창조자는 여전히 소유권을 지녀야만 하며, 또한 이러한 작업을 전적으로 공적인 영역으로 넘기는 것은 이 작품들이 남용될 수 있기 때문에 자신의 개인적 표현을 통제할 권리를 침해하는 것이다.

지적 재산권을 정당화하는 데 반드시 로크와 헤겔의 철학에 근거할 필요는 없다. 보다 실용주의적이고 공리주의적인 관점에서 이러한 권리들을 옹호할 수도 있다. 이러한 권리들을 규정하는 데 많은 부담이 따름에도 불구하고, 이는 매우 중요한 두 개의 이점을 갖는다 : 한정된 재산권은 (1) 노동의 개입 여부와는 관계없이 누군가의 과거의 창작활동을 보상하는, 그리고 (2) 미래의 창작 혹은 생산에 대한 동기를 부여하는 하나의 중요한 방법이다. 가장 근본적인 부담감은 바로 재산권으로 인해 자유로운 아이디어와 지식의 흐름이 방해를 받게 된다는 것이다. 그러나 적절한 동기가 부여되지 않는다면 훌륭한 아이디어와 가치 있는 정보는 많이 나타나지 않을 것이다. 창작자가 자신의 노력에 대한 보상에 대해 어떠한 확신도 갖지 못한다면 책의 저술, 음악의 녹음, 그리고 심지어 일부 걸작품의 표현조차도 이루어지지 않을 것이다.

노동은 보상받아야 한다는 로크의 주장이나 공리주의적인 추론이 지적 재산권의 논리적 근거로 자주 이용되고는 있지만, 보일(James Boyle)의 주장은 진정한 정당화는 바로 지나치게 낭만화된 "원저자"(authorship) 개념 속에 토대를 두고 있다는 것이다. 사회는 저자를 무엇인가 새로운 것을 만들어낸 최초의 창작자로 간주하고 있다. 이러한 새로운 작업에 대해 어떤 보호 조치를 취함으로써 저자에게 정당한 보상을 할 수 있으며, 또한 그 작업을 공적인 영역으로부터 분리시킬 수 있다. 이 작업은 새로운 것이기 때문에 이에 대해 보호한다고 해서 공공의 지식과 아이디어의 축적이 감소되지는 않을 것이다. 보일에 따르면 "재산권을 '정당화하는' 것은 바로 문화나 공동의 정서가 제공하는 소재에 새로움을 부가하고 있는 저자의 독창성이다."[9)]

독창성이라는 논제와 저자라는 이러한 낭만적 특성들은 근본적으로 지적 재산권을 정당화하고 있다. 그러나 이 권리가 권한을 얻기 위해서는 먼저 아이디어와 표현이 구분되어야 하는데, 이는 보호할 필요성과 공동의 지식을 보호할 필요성 사이에서 나타나는 긴장을 해결하기 위한 것이다. 따라서 보일의 논리에 따르면 이러한 세 가지(낭만적인 저자의 모습, 독창성, 그리고 아이디어/표현의 구분) 주제들은 저작권 보호에 관한 우리의 법적 토대를 형성하고 있는 것이다.

더군다나 이와 같은 "저자 위주의 관점"은 우리로 하여금 지적 재산을 보호하려는 노력에 지나치게 몰두하고 또한 공공 영역에 남아 있어야 할 지적 상품들을 사유화하도록 부추기고 있다. 인터넷에서의 지적 재산권에 대한 클린턴 행정부의 1995년도 백서는 이러한 추세를 확인해 주고 있다. 논란이 되었던 이 백서에서는 인터넷상에서의 손쉬운 접근으로 인해 불법적인 복사가 매우 용이하게 될 것에 대한 우려를 표명하고 있다. 이 백서는 정당한 이용의 축소를 제안하고 있으며, 나아가 브라우저를 통한 문건의 검색을 제한하려는 계획을 수립하였다. 이에 대한 근거는 바로 사이버 공간에서는 현실세계보다 더욱 엄격한 보호가 보장되어야 한다는 것이다.

비록 이 백서에서 제기된 대부분의 제안들이 아직 구체화되지는 않았지만, 최근에 통과된 1998년도의 소니 보노 저작권 기한 연장법(Sonny Bono Copyright Term Extension Act, CTEA)은 곧 이러한 것들이 실현될 것이라는 하나의 조짐으로 볼 수 있다. 기본적으로 이 법은 대부분의 저작권 기한을 20년 확대하고 있다. 1976년도에 통과된 저작권법하에서는 저자의 사망 이후 50년간 저작권이 보호되었지만, 이 법으로 인해 이 기간은 70년으로 확대될 것이다. (파라마운트 영화사와 같은) 법인 저자들의 경우에는, 1978년 이전에 출간된 작품에 대한 저작권 기한은 75년이었다. 법인 저자에 의해 1923년에 출간된 작품의 경우, 원래대로라면 1998년에 공공 영역으로 흡수되어야 하지만 이제는 2018년까지는 불가능할 것이다. 저작권 소유자의 상속인들과 함께 미국 영화사들은 이 법의 통과를 위해 막대한 로비를 하였다.

확실히 보일과 다른 사람들이 우려했던 바와 같이 저자에 대한 보다 근본적인 보호가 우선되는 상황에서 공공 영역은 위축되어 가고 있다. 그러나 만일 미국과 같은 국가들이 자신들의 정보 자원들을 너무 과도하게 보호한다면, 이는 공동으로 이용할 수 있는 지식의 샘물을 고갈시키고 이와 더불어 미래의 창의적인 연구를 위한 초석이 되는 아이디어들을 사장시키는 위험을 저지르는 것이다.[10)]

제2부: 인터넷 관련 쟁점들

디지털 권리의 관리 문제

우리는 지적 재산권법을 인터넷이 지닌 힘과 능력에 부합시키는 것이 얼마나 어려운 것인가를 살펴보았다. 더욱 더 많은 사람들이 전자 유통에 접하게 되면서 사이버 공간에서의 불법복사로 인해 지적 재산권은 별로 중요하게 간주되지 않고 있다. 그러므로 조만간에 암호와 기술이 법을 대신한 강력한 규제 수단이 될 것이라는 점은 어찌 보면 당연한 것일지도 모른다. 법은 지식을 공유하려는 공적 이해 관계와 내용물 제공자들의 사적 이해 관계 사이에서 균형을 모색하여 왔다. 그러나 "암호"는 사적 이해 관계에 보다 유리하게 작용하여 결국 이 균형을 근본적으로 변화시킬지도 모른다.

하나의 대표적인 디지털 권리의 관리 기술은 소위 승인 체계(trusted system)라고 불리는 것으로, 이는 컨텐츠(내용물) 제공자들에게 자신의 자료들에 대한 보다 강력한 통제권을 부여하고 있다. 승인 체계는 하드웨어와 소프트웨어로 구성되어 있으며, 언제 그리고 어떻게 디지털 작품이 이용될 수 있는가를 규정한 특정한 규칙이나 이용 권리를 따르도록 프로그램되어 있다. 스테픽(Mark Stefik)에 따르면 "승인 체계는 다양한 형태를 취할 수 있는데, 예를 들어 승인된 독자들만이 디지털 도서를 보거나, 승인된 재생장치를 통해 음악이나 영상물을 틀어보거나 볼 수 있고, 승인된 화가들만 저작권 상태를 나타내는 표시(수위표)를 지닌 복사를 하거나, 또한 승인된 서버들만이 인터넷에서 디지털 작품을 판매하는 형태를 취할 수도 있다."[11] 내용물 제공자들은 사이버 공간에서 자신의 작품을 암호화된 형태로 배분할 것이고, 오직 승인장치를 지닌 이용자들만이 이에 접속할 수 있을 것이다. 정교한 정관 체계에는 특정 작품에 대한 요금과 조건들이 포함될 것이며, 이러한 정관들은 승인 체계를 통해 판독될 것이다. 예를 들면, 만일 내가 온라인으로 어떤 음반을 구입하고자 할 때 나는 승인된 연주장치를 통해 음악을 틀어볼 수는 있지만, 음반회사에 온라인으로 지불을 하지 않는 한 음악을 재생할 수는 없다.

승인 체계를 이용하는 방법이 인터넷에서의 지적 재산권 보호 문제를 해결할 수 있는 이상적인 방안으로 보이지만, 이 또한 몇 가지 문제점을 내포하고 있다. 정당한 이용과 승인 체계를 어떻게 공존시킬 것인가? 비평가와 학자, 그리고 교사들이 정교한 메커니즘의 승인을 받아 원하는 자료에 접근해야만 하는가? 더군다나 이러한 체계들을 통해 내용물 제공자들은 자신들의 자료를 볼 수 있는 사람을 선택할 수 있으며, 특정 집단이 특정 자료를 보거나 듣는 것을 봉쇄하는 것도 가능하다. 만일 승인 체계가 올바르게 구축되지 않는다면, 이 체계가 저작권법의 정당한 이용 조항을 유명무실하게 할 수 있으며, 또한 창의적인 작품에 대한 일반 사람들의 접근을 어렵게 할 수도 있다.

승인 체계가 지닌 또 다른 심각한 문제점은 사생활을 침해할 가능성이 있다는 것이다. 승인 체계를 통해 내용물 제공자들은 누가 접속하고 구입하는가를 정확하게 확인할 수 있을 것이다. 이는 변호사, 공직자, 혹은 기타 호기심어린 제3자들로부터 이러한 정보에 대한 엄청난 수요를 불러일으킬 것이다. 우리는 과연 우리가 어떤 책을 읽는지, 혹은 어떤 종류의 음반을 구입하는지를 누군가가 빤히 알기를 바라고 있는가?

분명한 점은 승인 체계가 지적 재산의 보호를 위한 근본 규칙들을 변화시킬 가능성을 지니고 있다는 것이다. 권리에 대한 침해를 방지하는 데에는 법보다는 암호가 훨씬 더 효과적일 수 있다. 그러나 정당한 이용과 사생활 보호와 같은 소중한 사회적 선에 대한 대가는 무엇이 될 것인가?

그러나 승인 체계는 암호가 법보다 훨씬 강력하고 광범위하게 인터넷을 규제할 수 있다는 레시그의 주장을 생생하게 보여주는 또 하나의 사례가 되고 있다. 암호를 이용하면 오류 가능성을 지닌 법률 체계의 능력을 뛰어넘는 거의 완벽한, 그리고 완전한 통제가 가능해진다. 사실상 암호는 일반적인 저작권법에서 찾아볼 수 있는 적절한 견제와 균형이 이루어지지 않은 상태에서 저작권법이 사유화될 위험성을 지니고 있다.

만일 승인 체계가 널리 이용된다면 정당한 이용을 보호하기 위한 정부의 중재가 필요할 것이다. 아마도 공익과 암호를 고려하여 보다 사유재에 대한 사적 통제에 무게를 두는 합리적인 법률을 제정하면 매우 훌륭한 저작권 체계를 만들어낼 수 있을 것이다. 예를 들어 승인 체계가 학생들과 교사, 그리고 연구자의 정당한 이용권을 허용하고 또한 이용자들을 차별하지 않도록 법으로 명시할 수 있다. 다른 조치들 또한 법규 속에 명시함으로써 정당한 이용을 보장할 수 있다. 암호는 사적인 법이며, 저작권 같은 공적인 법처럼 이 암호 속에도 지적 재산권에 대한 분명한 한계가 명시되어져야 한다.

더군다나 레시그 모델을 시행함에 있어 다섯 번째의 금지조항, 즉 공통의 윤리 기준이 부가되었으며, 이는 암호를 개발하거나 법을 만드는 사람들이 다룰 수 있는 것이 아니라는 점을 잊어서는 안 된다. 이것이 함축하는 바는 승인 체계를 개발하는 사람과 이용하는 사람들은 인간의 기본권인 사생활의 가치를 존중해야만 한다는 것이다. 승인 체계는 개인의 사생활을 보호하고 이를 침해하지 않는 규칙들을 담고 있어야만 한다. 이 경우에 있어서 자신의 미적 취향이 법적 소송이나 취직에 있어 자신에게 불리하게 이용될 수 있다는 불안감 없이 저작권을 지닌 작품들을 익명으로 읽거나 감상, 또는 청취할 수 있는 권리가 확실하게 보장되어야만 한다. 만일 이러한 복잡한 규칙들 속에 윤리기준이 포함된다면 승인 체계들은 지적 재산권 보호를 위한 효과적인 방안의 일부가 될 수 있을 것이다.

소프트웨어 소유권의 미래

소프트웨어는 특허나 저작권에 의해 보호될 수 있는 특수한 형태의 지적 재산이다. 이것은 일종의 거래상의 비밀로 분류될 수도 있으나, 이러한 취약한 형태의 보호에 의존하는 것은 매우 위험할 수 있다. 소프트웨어는 다른 형태의 지적 재산과는 다르다. 이것은 어떤 법적인 틀 속에도 적절하게 들어맞지 않는다. 소프트웨어의 소스코드(source code)는 저작권 보호를 받을 수 있는 일종의 문학작품을 연상케 하지만, 다른 문학작품과는 달리 기능적 속성을 지니고 있다. 소프트웨어는 일종의 "기계"를 연상시키며, 따라서 특허권 보호가 보다 적합하다고 볼 수 있다. 그러나 소프트웨어와 기계 사이에는 '사용자 인터페이스' (user inferface)과 같은 어떤 차이들이 존재한다. 그러한 공유 영역 또한 특허권 보호를 받을 수 있는가? 나아가 사이버 공간에서 소프트웨어를 분배하기 위해서는 어떤 조치들이 취해져야 하는가? 소프트웨어는 그 동안 특히 불법복사에 시달려 왔으며, 인터넷은 이를 더욱 확대시키고 있다.

어떤 사람들은 소프트웨어의 유래나 예외적인 속성에 비추어 볼 때, 이에 대한 강력한 저작권이나 특허권 보호는 바람직하지 않다고 주장하고 있다. 무료 소프트웨어 재단(Free Software Foundation)의 회장인 스톨만(Richard Stallman)은 소프트웨어는 무료여야 한다는 것을 강조해 온 인물이다. 그에 따르면, 소프트웨어 프로그램을 소유하는 것은 장애가 될 뿐만 아니라 역효과를 초래한다는 것이다. 그러므로 소프트웨어는 누구나가 자유롭게 이용할 수 있도록 공공 영역에 두어져야 한다는 것이다. 그는 소프트웨어 이용료가 프로그램의 이용을 상당히 저해시키는 것으로 보고 있다. 왜냐하면 이로 인해 많은 이용자들이 인기 있는 많은 프로그램을 이용할 수 없기 때문이다. 또한 소유권은 소프트웨어 제품의 발전과 점진적인 기능 향상에도 장애가 되고 있다. 스톨만에 따르면,

소프트웨어의 발전은 일종의 진화 과정과 같은 것으로, 이는 어떤

> 사람이 특정 프로그램을 이용하고 이 프로그램의 특정 부분을 손질하여 하나의 새로운 기능을 부여하며, 그 후 또 다른 사람이 다른 부분들을 손질하여 또 다른 특성을 부가하는 것이다. 이 과정은 약 20년의 주기를 거쳐 계속된다 … 소유권자가 존재한다는 것은 이러한 종류의 진화를 방해하고 있으며, 어떤 프로그램을 개발하려 할 때 무에서부터 시작할 수밖에 없게 만들고 있다.[12]

스톨만이 내린 결론은, 프로그램의 소유권은 방해가 될 뿐이며, 또한 부정적인 결과들을 야기하기 때문에 이러한 정책은 폐지되어야만 한다는 것이다.

이와 같은 사고 방식으로 인해 일부 사람들은 불법 복사에 관여하여 소프트웨어의 자유로운 이용의 확대라는 목표를 증진시키고자 하였다. 실례로 1994년 3월에 MIT 학생인 라막키아(David LaMacchia)는 인터넷에서 CYNOSURE라는 게시판을 운영하면서 저작권을 지닌 많은 소프트웨어 프로그램의 복사본을 나눠주었다는 이유로 컴퓨터 범죄로 고소를 당하였다. 라막키아는 어떠한 프로그램도 실제로 올리거나 다운받지 않았으며, 또한 이러한 행위들 통해 어떤 방식으로도 돈이나 물질적 이득을 취하지 않았다. 비록 많은 사람들이 사이버 공간에서 마치 로빈훗처럼 행동한 라막키아의 행위를 비난하였지만, 일부 법률학자들은 그에 대한 기소가 자칫 잘못하면 사이버 공간에서의 정보의 전달을 위축시킬 우려가 있다며 신중을 기할 것을 강조하였다.

스톨만의 노력 덕분에 많은 인터넷 이해 당사자들은 소프트웨어 소유권의 타당성과 유용성을 재평가하기 시작하였다. 그 결과 소스개방(open source) 운동이 본격적으로 시작되었다. 소스가 개방된(open-source) 소프트웨어는 무료(free) 소프트웨어와는 다르다. 왜냐하면 무료 소프트웨어는 소스코드에 대한 접근을 반드시 허락하고 있는 것이 아니기 때문이다. 대부분의 개방 소프트웨어 패키지는 무료이지만, 소스 개방이 의미하는 바는 프로그램이 지닌 독창적인 소스코드가 이를 원하는 모든 사람들에게 개방되어 있다는 것이다. 이는 일반적으로 이용자들이 아무런 부담 없이 그 소프트웨어를 재분배할 수 있음을 의미한다. 그러나 이것이 항상 그런 것은 아니다.

지난 몇 년 동안 주요 소프트웨어 판매자들 사이에서는 자신들의 암호를 인터넷을 통해 보다 쉽게 접할 수 있도록 하려는 괄목할 만한 변화가 있어 왔다. 1998년에 넷스케이프(Netscape)는 자신들의 웹 브라우저에 관한 소스코드를 개방함으로써 소프트웨어 사들을 놀라게 하였다. 이에 덧붙여 개인용 컴퓨터에 이용되는 UNIX의 변종인 PERL과 LINUX 운영 체계와 같은 프로그램이 제한적이나마 성공을 거둠에 따라 자료개방 운동은 더욱 힘을 얻어갔다. 모든 이용자들은 LINUX를 무료로 다운받을 수 있다. LINUX는 토발즈(Linus Torvalds)라는 사람이 헬싱키대학 재학 당시에 만든 것이다. 이 프로그램은 곧바로 UNIX와 기타 소유권을 지닌 운영체계에 대한 하나의 적절한 대안으로 떠올랐다.

소스코드가 개방된(Open-source code) 소프트웨어는 컴퓨터 이용자들로 하여금 소프트웨어의 소스코드에 직접 접근하여 문제점을 바로잡거나 또는 기능 개선을 도모할 수 있게 한다. 즉, 인터넷상에서 얻을 수 있는 모든 프로그래밍에 관한 지식을 취합하는 것이 특정 회사의 단일 연구자 혹은 연구집단이 만들어낼 수 있는 것보다 훨씬 훌륭한 품질을 지닌 소프트웨어를 만들어내는 데 도움이 될 수 있다는 논리인 것이다.

레이몬드(Eric Raymond)는 「대성당과 잡화시장」(*The Cathedral and the Bazarr*)이라는 그의 유명한 수필 속에서 마이크로소프트나

오라클 같은 회사("the cathedral")에서 높은 급료를 받으면서 한 곳에 모여 전문적으로 일하는 프로그래머 집단보다는 널리 흩어져 있으면서 독자적으로 활동하는 해커와 프로그래머 집단("the bazarr")이 더욱 훌륭한 품질의 소프트웨어를 개발할 수 있는 이유에 대해 기술하고 있다. 후자("the bazarr")의 접근 방식이 훨씬 뛰어난 이유는 인터넷을 통해 특정 프로그램에 자유롭게 연결되어 있는 수많은 재능 있는 개인들이 지니고 있는 많은 지식들을 이용할 수 있기 때문이다. "대성당"과 "잡화시장"이라는 두 접근 방식에 있어 가장 근본적인 차이점은 후자가 훨씬 빨리 결점을 찾아내고 이를 교정할 수 있는 능력을 지니고 있다는 점이다. 레이몬드에 따르면,

> 대성당 건축가의 관점에서 프로그래밍을 볼 때, 결점과 개발 문제들은 까다롭고도 방심할 수 없는 중요한 현상이다. 모든 것이 완벽하다는 확신을 얻기 위해서는 이 문제를 전담하는 몇 명이 수개월에 걸쳐 자세하게 조사해야 한다. 그러므로 프로그램의 출시는 상당한 시일을 두고 이루어지게 되며, 또한 상당한 시일 끝에 출시된 프로그램이 완벽하지 않을 때 불가피하게 실망감이 나타나게 된다.
> 반면에 시장의 관점에서 볼 때, 결점들은 일반적으로 그리 중요하지 않은 현상으로 간주된다—아니면 최소한 모든 새로운 출시품을 샅샅이 분해해 보는 수많은 열성적인 공동개발자들이 이러한 결점들을 매우 빨리 보완할 것이다. 따라서 보다 많은 결점보완을 위해 더욱 자주 출시하게 되고, 또한 뜻하지 않은 실수를 했다 하더라도 손해볼 가능성이 그 만큼 줄어드는 부수 효과도 얻게 된다.[13)]

소프트웨어 제조회사들이 소프트웨어 판매가 아니라 소프트웨어 서비스와 지원을 통해 수익을 올릴 수 있게 된다면 소스코드

의 개방 추세는 더욱 강화될 것이다. 회사에게 가장 큰 혜택은 인건비를 줄일 수 있다는 것이다. 레오나드(Andrew Leonard)가 말한 바와 같이 "이러한 무료 노동을 이용하는 것보다 더 값싼 방법은 없었다."[14] 소스가 개방된 소프트웨어는 구매자와 판매자 모두에게 위험성은 있지만 매우 효과적일 수 있는 새로운 사업 모델을 제시해 주고 있다. 즉, 보다 저렴하고, 더욱 다양하며, 개개인의 취향을 보다 만족시킬 수 있는 소프트웨어의 제작을 가능하게 하며, 또한 이 모든 것들은 실망에 찬 많은 소프트웨어 이용자들을 매우 기쁘게 할 것이다.

암호 개방 접근 방식이 많은 이점을 갖고 있다는 것은 분명하지만, 이것이 지닌 하나의 문제점은 소프트웨어 프로그램의 교환에 있어 누구나 참가할 수 있는 위험한 시합을 만들어낼 수도 있다는 것이다. 현재의 소유권과 인허가 협정 체계는 소프트웨어를 만든 사람이 이에 대한 관리권와 보존권을 지니도록 되어 있다. 책임과 의무 조항들은 매우 분명하다. 그러나 소유권을 갖는 소프트웨어 시스템이 공동 재산과 같이 된다면 이러한 것들은 변화될 것이다. 자격이 없는 프로그래머에 의해 수정되어 재분배된 상품들은 중대한 결함과 문제점을 내포할 수 있을 것이고, 이럴 경우 책임 소재를 따지기가 매우 어렵게 될 것이다. 또 다른 문제점은 안전 문제이다. 어떤 해커가 무고한 이용자들에게 재분배되는 소스코드가 개방된 제품에 위험한 암호를 삽입할 수도 있다.

더군다나 암호 개방 운동의 뒷받침을 받고 있는 인터넷에서 이와 같은 개방된 구조는 미래의 인터넷 규제 방식에 대해 중요한 의미를 지닐 수 있다. 만일 소프트웨어 암호가 소유의 대상(즉, IBM이나 Apple과 같은 특정 판매자의 법적인 재산)이 된다면 국가가 이를 보다 쉽게 규제할 수 있게 된다. 이용자들이 어떤 특정 프로그램에 있어서 자신들의 고유한 프로그램이나 일련의 암호를 대체할 수 있기 때문에 암호의 개방은 그러한 규제와 통제를 막을 수 있다. 단일한 출원지에서 통제되는 고정된 암호가 없다면, 소프트웨어 프로그램이 담고 있어야 할 혹은 담아서는 안 되는 표준 원안이나 명령 체계의 설정은 불가능해진다. 예를 들어, 만일 국가가 모든 인터넷 브라우저의 소스에 특정한 인터넷 구매에 대한 세금을 자동적으로 계산하여 징수하는 프로그램을 포함시키려 했을 때, 브라우저 소스가 사이버 공간의 모든 프로그래머에 의해 공유된다면 이러한 규제는 시행되기 어려울 것이다. 그러므로 정부 규제에 대한 누구의 관점에 근거하건 간에, 소스의 개방은 개인과 국가 사이에 주도권을 둘러싸고 벌어지는 투쟁에 있어서 해방의 힘이 될 수도 있고 억압의 힘이 될 수도 있는 것이다.

누구에게나 무료로 개방되는 소스코드에 대한 열정이 증대되고 있음에도 불구하고, 마이크로소프트(Microsoft)와 같은 많은 회사들은 여전히 자신들의 소프트웨어 제품의 보호와 분배를 엄격히 통제하고자 할 것이다. 그러나 확실한 것은 지금까지 기술한 어떠한 지적 재산권 보호(저작권과 특허권)도 소프트웨어에는 적합하지 않다는 것이다. C++ 또는 JAVA와 같은 언어로 기술된 소프트웨어의 소스코드는 일종의 문학적 창착물이 될 수 있지만 소프트웨어는 또한 기능을 지니고 있다. 그리고 소프트웨어가 지닌 기능성 때문에 저작권법과는 부합되지 않는다. 그렇지만 이러한 실용적인 특성이 특허권 보호가 보다 적절하다는 것을 의미하는가? 하나의 기계와 같이 작동한다는 것 이외에도 하나의 표현된 문학작품이라는 점에서 소프트웨어는 특허권 보호와도 부합되지 않는다. 또한 설사 소프트웨어가 혁신적인 것이라 할지라도 그것은 사실상 발명된 것이 아니다. 물론 문제는 소프트웨어가 유용할 뿐만 아니라 문학적이라는 데에 있다. 다시 말해서 소프트웨어는 하나의 기계인 동시에 마치 하나의 예술작품처럼 표현력을 지니고 있다는 것이다.

사무엘슨(Pamela Samuelson)과 그녀의 동료들이 연구한 바에 따르면, 소프트웨어 프로그램들은 "제품 안에 자신들의 많은 전문지식들을 담고 있으며," 이러한 전문지식들은 "복제에 상당히 취약하다." 애플(Apple)사의 공동 창업자인 욥스(Steve Jobs)가 제록스(Xerox)의 연구실에서 그래픽 유저 인터페이스(interface)를 최초로 찾아냈다는 것은 이미 널리 알려진 사실이다. 상상력과 기술적 재능을 지닌 사람의 경우, 독창적인 소스코드를 이용하여 그러한 인터페이스를 만들어내는 것은 그리 어려운 문제가 아니다. 사뮤엘슨의 설명에 따르면, 만일 소프트웨어의 제1차적 가치가 유익한 행위라면 저작권법은 적절한 보호기제가 될 수 없다는 것이다. 왜냐하면 저작권법은 유익한 행위를 보호하지 않기 때문이다. 더욱이 만일 대부분의 소프트웨어가 실제로 창의적(발명적)이라기보다는 혁신적인 것이라면 특허를 받을 자격이 없는 것이다.

그러므로 소프트웨어에는 실제로 독특한 형태의 법적 보호가 필요하며, 아마도 그것은 소프트웨어의 특수한 성격을 고려한 특허권과 저작권의 어떤 혼합형태가 되어야 할 것이다. 사뮤엘슨은 소프트웨어가 지닌 "가치의 출처"를 보호하는 새로운 구조를 제안하고 있다 : 문자화된 소스코드, 그러한 암호에 의해 이루어지는 유익한 행위, 프로그램에 구현된 전문지식, 그리고 프로그램의 전반적인 설계가 그것이다. 그러나 어떤 새로운 구조 또한 미래의 혁신적인 소프트웨어 프로그램을 촉진시켜야만 한다. 따라서 사뮤엘슨은 다음과 같은 구조를 제안하고 있다 :

- ☆ 문자화된 소스코드에 대한 전통적인 저작권 보호
- ☆ "시장에 유통되는 기간" 동안 복제 행위에 대한 보호
- ☆ 지식의 공유를 촉진시키기 위한 혁신적 능력의 등록
- ☆ "당장 이용할 수 있는 책임 원칙들과 기준 면허"의 목록

시장 유통 기간을 통해 개발자들은 자신의 투자액을 회수할 수 있을 것이며, 또한 그 기간은 제품들이 경쟁하는 소프트웨어 회사의 구체적인 분야에 따라 결정될 것이다. 일반적으로 이 기간은 현재 특허권이 보장하고 있는 17년보다는 훨씬 짧을 것이다. 이 새로운 구조는 좀더 보완이 필요하겠지만, 실질적으로 이러한 독특한 형태의 지적 재산을 규제하는 하나의 합리적인 방향을 제시하고 있다. 이는 혁신과 경쟁을 증진시킬 필요성과 실제로 투자한 개발자들에게 보상할 필요성간의 적절한 균형을 함축하고 있다.

도메인 이름의 소유 문제

모든 인터넷 웹사이트는 www.disney.com과 같은 하나의 독특한 도메인 이름에 의해 확인된다. 도메인 이름은 전화 번호나 이메일 주소와 같은 성격을 지닌다. 도메인 이름은 네트워크 솔루션(Network Solutions)라는 회사에 의해 부여되는데, 일정 요금을 내고 먼저 등록한 사람이 우선적으로 소유하게 되어 있다. 2000년에 도메인 이름의 분배권은 ICANN으로 알려진 비영리 단체로 넘어갈 예정이다(제2장 참조).

누구나 알고 있듯이 이미 도메인 이름을 둘러싼 수많은 분쟁이

일어나고 있다. 일반적으로 제기되는 문제 중의 하나가 바로 "쌍둥이"(twins) 현상으로 알려진 것으로, 양측이 모두 동일한 이름에 대해 합법적 권리를 주장하는 경우이다. 2년 전에 하스브로사(Hasbro Inc.)는 Internet Entertainment Group(IEG)을 상대로 www.candyland.com에 대한 권리를 주장한 소송에서 승소하였다. 이 도메인 이름은 웹사이트가 상대적으로 희귀했고 또한 일반 기업들이 널리 이용하지 않았을 당시에 IEG에 의해 선점되었던 것이다. 하스브로사는 이 유명한 어린이용 게임에 대해 상표등록권을 소유하고 있었으며, 음란물 제공업체인 IEG사의 웹사이트가 동일한 이름을 이용하고 있는 것은 명백한 상표권 침해라고 주장하였다.

두 번째 주요한 문제는 "기생"(parasites)으로 인한 것이다. 기생이란 유명한 이름과 비슷한 이름을 등록하여 그 명성과 인지도를 이용하는 것을 의미한다. 예를 들어, www.disney'sgreat.com과 같은 도메인 이름을 등록하여 마치 디즈니사의 자회사인 것처럼 이용자들을 현혹시켜 디즈니사의 귀중한 상표명을 통해 상업적 이익을 취하려고 할 수도 있다.

세 번째 문제는 "사이버 선점자"(cybersquatters)에 관한 것으로, 이들은 동일한 이름을 원하는 회사에게 되팔기 위해 수많은 인터넷 이름들을 등록하여 선점하고 있다. 어떤 머리 좋은 사이버 선점자는 jpmorganonline.com과 같은 주요 투자은행의 이름에 근거한 도메인 이름들을 등록하였다. 일부 이들 은행들은 이러한 이름을 되찾는 데에 수천 달러를 지불해야 했다.

도메인 이름을 둘러싼 이와 같은 분쟁으로 인해 상표권 침해를 둘러싼 복잡한 법적인 논쟁을 불러일으키고 있다. 여기서 문제가 되고 있는 것은 법적인 권리들이 서로 상충되고 있다는 점이다. 특히 등록상표 소유자가 지닌 합법적 권리와 도메인 이름 소유자가 지닌 자유로운 표현권이 서로 충돌하고 있다. 등록상표와 여기서 유래된 도메인 이름이 사이버 공간에서 항상 지배권을 행사해야만 하는가? 만일 그렇다면 그러한 정책은 무엇을 의미하는가?

가장 근본적인 도덕적 문제는 다시 한 번 사이버 공간에서의 표현의 자유와 재산권간의 갈등에 모아지고 있다. 어떤 사람들은 "기생적 행위" 혹은 사이버 점유자로 분류된 회사 이름도 일종의 중요한 표현의 자유를 나타낸다고 주장한다. 이 문제는 매우 복잡하지만 두 가지 사례를 검토해 봄으로써 나름대로 정리해 볼 수 있을 것이다. 예를 들어 사이언톨로지 [scientology : 미국의 허발드(L. Ron Hubbard)에 의한 정신위생의 종합과학] 운동에 대한 신랄한 비판을 제기하면서 이러한 내용이 담긴 티셔츠를 판매하고 있는 www.scientology-kills.net의 경우를 한번 살펴보자. 사이언톨로지는 이 콜로라도 웹사이트 소유자가 상표권을 침해했다고 소송을 제기하면서, 이 도메인 이름이 "상표의 독창성을 침해하고" 있으며, 이는 "상표 소유자의 명성을 훼손할" 수 있다고 주장하였다.[16] 문제가 되고 있는 표현의 자유의 문제는 도메인 이름 그 자체가 하나의 견해 혹은 의견을 표현하고 있는가의 여부에 관한 것이다. 이 사례의 경우, "scientology-kills.net"이 사이언톨로지에 대해 당연히 보장되는 일종의 논평에 해당되는가?

이 사례에 있어 얽히고 설킨 규범적이고 법적인 문제들은 분류해내기가 쉽지 않다. 법적인 문제는 상표권 침해이지만, 이것을 과연 침해로 볼 수 있는가는 논란의 대상이 되고 있다. 도메인 이름은 그 사이트를 방문한 사람들을 속이거나 현혹시키지 않는 한 어떤 의견을 표현할 수 있도록 허용되어야만 하는가?

"scientology kills" 웹사이트를 금지하는 것은 위험한 선례를 남길 수 있다는 강력한 주장이 제기될 수 있다. 도메인 이름은 이제 자신의 의견을 표현하는 하나의 매체가 되고 있으며, 따라서 사기, 명예훼손, 다른 상표에 대한 부당한 이용을 통한 상업적 이득의 모색과 같은 특정한 기준을 위반하지 않는 한 이는 인정되어야만 한다. 문제가 되고 있는 이 웹사이트는 사이언톨로지가 위험한 운동이라는 주장을 제기하고 있다. 즉, 이것은 논란의 여지가 있는 의견을 표현한 일종의 선동적인 논평이라고 할 수 있지만, 개인이 지닌 자유로운 표현권의 범주내에 속한다고 볼 수 있다. 인터넷에서의 표현을 보호하고자 한다면 다른 사람의 중요한 관점을 억압하는 상표등록법을 동원해서 이를 과보호해서는 안 된다.

등록상표는 중요한 재산권으로 무책임하게 침해되어서는 안 되는 귀중한 사회적 재산이라는 것은 분명하다. 이것은 도덕적 진술의 한 면을 나타낸다. 그러나 자유로운 표현권을 규정한 헌법 수정조항 제1조에서 시작되는 규범적인 또 다른 면이 존재한다. 논란의 여지가 있지만, (1) 특정 상표의 모방이나 각색을 통해 이용자를 속이거나 상업적 이득을 추구하지 않는, 그리고 (2) 명예를 훼손하지 않고 어떤 견해를 책임 있게 표현하고 있는 웹사이트는 어떤 생각이나 특정한 견해를 표현하는 도메인 이름의 일부로 "scientology"와 같이 상표등록된 이름을 이용하는 것이 허용되어야만 한다. 침해가 너무나도 구체적이어서 도덕적으로 문제가 되는 사례가 있을 수 있으며, 그러한 사례들은 그에 상응하는 대가를 받아야만 한다. 그러나 이러한 논쟁에 있어 다소 문제가 되는 점들은 표현의 자유에 좀더 무게를 두는 방향으로 좋게 해석함으로써 전반적인 공동의 이익은 충족될 수 있을 것이다.

이와는 전혀 다른 사례로 뉴저지 출신의 정통 유태인인 브로드스키(Steve Brodsky)는 www.jewsforjesus.org라는 웹사이트를 개설하였다. 이 사이트는 예수님을 메시아로 신봉하면서 유태인을 기독교로 개종하고자 하는 예수님을 찬양하는 유태인(Jews for Jesus) 운동과는 아무런 관련이 없다. 그러나 이 사이트는 다음과 같은 메시지를 선언하고 있다 : "당신이 찾고자 하는 해답은 이미 당신의 신앙 안에 있다." 또한 이 사이트는 유대교 신앙의 목적론적 원리들을 강조하고 있는 Jewish Outreach라는 사이트로의 연결을 제공하였다. www.jews-for-jesus.org라는 도메인 이름을 실제로 웹사이트에서 이용하고 있는 Jews for Jesus 단체는 상표권 침해 소송을 제기하여 승소하였다.

비록 이 사건은 scientology라는 도메인 이름 사건과 유사하지만, 이 사건은 새로운 문제들을 내포하고 있으며 또한 상당한 도덕적 모호성을 지니고 있다. scientology 사건의 경우에는 도메인 이름 그 자체가 기만적이라는 주장은 없었다. 그러나 Jews for Jesus 단체에 따르면, 브로스키의 도메인 이름은 명백하게 기만적이며 또한 Jews for Jesus의 정당한 웹사이트를 찾고자 하는 사람들을 도중에서 가로챌 목적으로 선택되었다는 점에서는 의심의 여지가 없었다. 그들은 브로스키가 실제와 다른 사이트를 표방하고 있었기 때문에 이는 기만적인 광고 행위에 해당한다고 주장하였다. 브로스키의 변호사들은 그가 이 도메인 이름을 이용하는 것은 수정헌법 제1조항에 의해 보호받아야 한다고 주장하고 있다. 브로스키는 어떤 상품이나 서비스를 판매한 것이 아니라 하나의 아이디어를 표현했을 뿐이라는 것이다. 이 사건의 경우에는 등록상표법이 표현의 자유를 짓누르고 있다는 것이 이들의 주장이다. 그러나 표현의 자유에 대한 주장은 이 사건의 경우에는 그리 타당성을 얻지 못하고 있다. 왜냐하면 브로스키가 이용한 도메인 이름은 사이언톨로지 도메인 이름과는 달리 어떤 명확한 견해를 제시하지 않고 있기 때문이다.

이 두 사건은 많은 논쟁들을 대표하는 사건들로서, 이용자들이 자신의 도메인 이름에 대한 재산권을 주장하고 국가나 ICANN 같은 단체에 이에 대한 보호나 규제를 요청하게 되면 이러한 논쟁들은 앞으로 계속해서 제기될 것이다. 도메인 이름에 대한 정당한 권리를 둘러싼 이러한 논쟁들을 선별하기 위해서는 정교한 도덕적이고 법적인 추론이 필요하다.

연결(Linking)과 창 만들기(Framing)

재산권과 많은 관련을 지닌 논란이 되고 있는 행위가 바로 연결(linking)이다. 연결이란 사이버 공간에서 널리 행해지고 있는 것으로, 웹 페이지 내에서 인기 있는 하이퍼링크를 이용하는 일반적인 행위를 의미한다. 이러한 하이퍼링크를 통해 이용자들은 한 번의 마우스 클릭으로 다른 웹 페이지에 접속할 수 있다. 이는 인터넷이 지닌 편리성 중의 하나이다. 왜냐하면 이는 온라인상의 검색을 매우 용이하게 할 뿐만 아니라 많은 자료들에 대한 검색 능력을 증대시키고 있기 때문이다. 그러나 웹 페이지 운영자들은 아무 제약 없이 다른 웹 페이지로 연결할 수 있는 권리를 지니고 있는가? 연결이 저작권법을 위반하고 이에 따라 저작권을 침해하게 되는 것은 어떤 경우인가? 또한 언제 이러한 행위가 우리의 도덕적 감성을 해치게 되는가?

자유롭게 행해지고 있는 인터넷 연결과 관련된 일부 문제들은 1997년의 티켓마스터(Ticketmaster)사와 마이크로소프트사 사건을 계기로 수면 위로 떠올랐다. 티켓마스터사는 마이크로소프트사의 웹사이트에 있는 "시애틀 도로"(Seattle Sidewalk) 안내서가 "티켓마스터와 계약된 광고와 상품, 그리고 서비스들을 보여주고 있는 티켓마스터 웹사이트의 시작 페이지를 거치지 않고 곧바로 이 사이트의 내부 페이지와 연결되고" 있기 때문에 자신의 등록상표를 침해하는 연결을 제공하고 있다고 주장하면서 마이크로소프트사를 상대로 소송을 제기하였다.[17] 다시 말해 티켓마스터는 연결 그 자체에 대해 이의를 제기한 것이 아니다. 그보다는 그러한 연결이 티켓마스터 웹사이트의 홈페이지를 거치지 않고 곧바로 내부 페이지로 이동했기 때문에 그러한 연결이 이루어진 방식에 대해 이의를 제기한 것이다. 이러한 연결 방식을 "심층 연결"(deep linking)이라고 한다. 어떤 분석에 따르자면 "이 사건은 과연 사이트 소유자가 어디로, 그리고 어떻게 자신들의 페이지로 들어와야 하는가를 강요할 수 있는가의 문제를 제기하고 있다."[18]

법적인 측면에서 본다면 상표권을 침해했다는 주장은 나름대로 타당성을 갖는다. 어떤 웹사이트 내의 특정 부분으로의 연결하면서 홈페이지를 거치지 않고 통과하게 되면 마치 하나의 거대한 사이트라는 인상을 줄 수 있기 때문에 이는 일반 이용자들에게 두 개가 아닌 하나의 사이트만이 존재하는 것과 같은 착각을 줄 수도 있다. 그러므로 소비자의 마음 속에 있는 재산권의 한계가 희미해질 수 있다.

법적인 문제는 일단 제쳐두더라도 보다 애매한 규범적인 문제들이 존재한다——인터넷에서의 절대적인 연결권이 존재하고 있는가? 이러한 입장을 견지하는 사람들의 주장은 연결은 단순히 다른 사이트, 즉 인터넷에서 공개적으로 이용 가능한 정보를 편리하게 안내해 주는 것에 불과하다는 것이다. 또한 온라인상에 웹사이트를 개설하는 것 자체가 다른 사이트로부터의 연결을 암묵적으로 허락하는 것이라고 주장하고 있다.

그러나 웹사이트 운영자들이 다른 모든 웹사이트에 어떠한 방식으로든 연결할 수 있는 고유한 권리를 지니고 있다는 관점은 너무 지나친 것이다. 무엇보다도 먼저 연결을 통해 연결된 웹 페이지가 누군가의 브라우저로 전달되기 때문에 하이퍼링크는 단순한 안내자의 역할을 넘어서고 있다. 이는 단순히 어떤 주소나 전화번호를 듣는 것과는 전혀 다른 것으로 웹 운영자들의 책임문제를 가중시킬 수 있다. 예를 들어 연결된 사이트가 문제가 되는 내용을 담고 있을 경우에는 어떻게 할 것인가? 그 사이트로 연결하고 또한 이용자들에게 그러한 페이지를 전달한 웹사이트들 또한 문제가 되는 그러한 내용을 전파한 책임을 져야 하는가? 연결을 설정하기 전에 그 사이트를 검토해 보아야 할 도덕적 또는 법적인 의무가 있는가?

이러한 문제들 가운데 어떤 것도 적절하게 인식되지 않고 있으며, 이에 대한 지침이 될 만한 법적인 선례도 전무한 상태이다. 일부 이러한 문제들을 둘러싸고 벌어진 초창기 소송의 결과가 결국 이 모든 것에 대한 법적인 관점을 좌우하게 될 것이다. 그러나 엄격한 도덕적 관점에서 연결의 문제를 어떻게 평가할 것인가? 이는 복합적이고 다양한 측면을 지닌 문제이며, 이에 따라 2개의 핵심 주제에 대한 분석이 계속되어야 한다 : (1) 아무런 제재 없이 사이버 공간에서 다른 웹사이트로 연결할 절대적인 권리가 존재하는가? 그리고 (2) 다른 사이트로 연결하고 있는 웹사이트 운영자들은 연결된 사이트의 내용물에 대해 어떤 방식으로든 도덕적 책임을 져야 하는가?

의심할 여지없이 연결행위는 개방된 커뮤니케이션과 중단 없는 정보의 이용 가능성이라는 인터넷의 기본 목적에 부합되는 귀중한 사회적 선이다. 따라서 대부분의 경우 연결 행위는 활성화되어야만 하며, 다른 웹사이트로의 연결이 이루어질 때마다 승인을 받을 필요는 없다. 오히려 인터넷에의 동참 그 자체가 연결의 승인을 의미하고 있다고 보는 것이 타당할 것이다. 그러나 이것이 어떤 방식이건 모든 사이트에 연결할 수 있는 무제한적인 권리를 의미하는 것은 아니다. 여기서 관련되는 도덕적 원리가 바로 자율(autonomy)이며, 이는 자신의 재산을 통제할 수 있는 권리를 말한다. 만일 자율성이 충분히 존중된다면 하이퍼링크를 주관하는 웹사이트 담당자들은 특정 웹사이트에 대해 이러한 연결을 수용하도록 하는 행위를 강요하지 않게 될 것이다. 대부분의 웹사이트들은 자신의 웹사이트로의 연결을 환영할 것이지만, 만일 어떤 웹사이트가 어떠한 연결도 원치 않거나 그러한 연결에 대해 허가권을 주장한다면 이러한 입장은 존중되어야만 한다. 덧붙여 목표가 되고 있는 특정한 웹사이트 또한 그러한 연결들이 이루어지는 방식에 대한 구체적인 조건들을 제시할 수 있어야만 한다. 그러므로 마이크로소프트사와 티켓마스터사간의 분쟁에 있어서 티켓마스터사가 그러한 연결을 허용한 것은 틀림없지만, 마이크로소프트사는 관련 페이지보다는 먼저 홈페이지로 연결되어야 한다는 티켓마스터사의 입장을 존중했어야만 했다. 연결에 있어서 이와 같은 간단한 규제들은 결국 웹사이트 운영자들의 자율성을 적절하게 보여주는 것이다. 동시에 웹사이트들은 연결을 자의적으로 제한해서는 안 된다. 왜냐하면 이는 개방적 커뮤니케이션이라는 사회적 가치를 훼손하기 때문이다.

이것은 보다 난해한 책임의 문제를 불러일으키고 있다——문제가 될 만한 유해한 자료들에 대해서 여기에 연결시킨 웹사이트 운영자들에게 책임을 물어야만 할 것인가? 한편으로는 웹사이트 운영자는 연결된 사이트의 내용물들을 이용자들에게 제공하고 있으며, 따라서 유해한 자료를 전파시키는 데 직접적으로 기여하고 있다. 그러나 웹사이트 운영자가 자신이 연결한 웹사이트의 자료들에 대해 정확하게 파악하고 있을 것이라고 보기는 어렵다. 여기에는 어느 정도의 책임이 수반되어야만 하지만, 그 책임의 정도가 정확히 어떤 것이어야 하는가를 규정하기란 매우 어려운 문제이다. 예를 들어, 만일 어떤 운영자가 고등학생들을 위해 시정관련 웹사이트를 개설하고 실수로 음란물 사이트에(예를 들면, www.whitehuse.gov 대신에 www.whitehouse.com) 연결시켰다면 이는 학생들을 오도한 분명한 책임을 져야만 한다. 일반적으로 웹사이트 운영자는 최소한 자신이 연결하고 있는 사이트들의 내용물에 대해 어느 정도는 숙지하고 있어야만 한다. 해당 사이트를 간략하게 살펴보는 것이 그리 어려운 일은 아니지만, 그 사이트의 모든 페이지에 대한 철저한 이해를 요구하기란 매우 어려운 일이다. "당연히 해야 한다는 것은 할 수 있다는 것을 의미한다"는 도덕원리가 이 경우에 딱 들어맞는다.

그러므로 요약하자면, 책임감 있고 신중한 연결 정책들은 다음과 같은 것들이 포함되어야 한다 : 분명하게 연결을 금지하고 있는 사이트에 대해서는 연결을 하지 말 것, 연결하려는 사이트가 요구하는 방식에 따라 연결할 것, 연결된 사이트의 내용을 충분히 파악하여 이용자들의 피해를 방지할 것, 마지막으로 이러한 연결이 누군가의 상품이나 서비스를 어떤 방식으로든 선전하는 듯한 인상을 주지 말 것.

마이크로소프트사와 티켓마스터사는 1999년 초에 협상을 통해 법적 소송을 마무리지었으며, 양측은 협상 내용을 공표하지 않기로 합의하였다. 그러나 마이크로소프트사는 티켓마스터사의 관련

페이지로 바로 연결하지 않고 티켓마스터사의 홈페이지로 연결하기로 합의하였다. 법조계는 이번 사례가 연결과 관련된 판례가 될 것으로 기대하였지만 직접 연결의 법적 타당성에 대해서는 아직도 모호한 점이 존재하고 있다.

연결과 관련된 또 다른 관행은 창 만들기(framing)라고 불리는 것이다. 웹 페이지 작성자가 자신의 웹 페이지에 화면상에 작은 창이나 블록의 형태로 다른 웹 페이지의 자료를 포함시키는 행위를 말한다. 예를 들면, 어떤 사이트를 연결하여 그 사이트의 광고나 홍보 자료들은 배제한 채 그 사이트의 일부 내용들만을 작은 창의 형태로 화면상에 띄울 수 있다. 인디애나 주의 포트웨인(Fort Wayne)에 있는 《가제트》지(誌)(*Journal Gazette*)는 Ft-Wayne.com을 상대로 제기한 소송에서 이 사이트의 프래밍 기법은 자신들의 자료를 훔친 것과 같다고 주장하였다. 이 사이트는 신문 기사를 연결하였고, 창만들기를 이용하여 "브라우저 화면 속에 자신들의 광고와 사이트 주소를 첨가함으로써 신문 기사의 조판양식을 변형시켰다."[19]

다이슨(Esther Dyson)에 따르면, 이러한 형태의 창만들기는 "광고를 수주하거나 단순히 자신의 정체성을 유지하려고 노력하는 내용물 제공자들에게 해를 끼치고 있다."[20] 《가제트》지와 같은 창만들기의 "희생자"가 되고 있는 사람들은 불공정한 경쟁이자 자신들의 지적 재산에 대한 강탈이라고 주장하는 데 비해, 창 만들기를 시도하고 있는 사람들은 자신들은 단지 이용자들에게 편리한 쇼핑 서비스를 제공하고 있을 뿐이라고 강조한다. 이들은 새로운 형태의 웹 내용물을 발전시키고 있으며, 확실히 이는 공공의 이익을 더욱 증진시키고 있다. 창 만들기는 매우 복잡한 문제이며, 인터넷상의 많은 다른 문제들과 마찬가지로 윤리학자들과 법률전문가들은 이러한 관행에 대해 보다 세심한 주의를 기울여야 할 것이다.

메타 태그(Meta Tags)

메타 태그는 HTML에 들어 있는 무형의 암호를 의미하는 것으로 웹사이트를 구성할 때 이용되는 하이퍼 텍스트 지정언어(hypertext markup language)를 말한다. 그 이름은 웹 페이지에 있는 모든 대상물에 "명칭을 부여하는" 관행에서 비롯된 것이다. 예를 들어, 어떤 페이지의 명칭 속에는 그 페이지의 제목이 포함되어 있다. 메타 태그는 특정 웹 페이지의 내용물을 대개 한두 단어 정도로 간략하게 기술하거나 요약하고 있다. 보스톤에 있는 미술박물관(Museum of Fine Arts, MFA)의 홈페이지에는 그 웹 페이지를 기술하는 다음과 같은 메타 태그를 포함할 수 있다 : MFA, art museum, Boston, Museum of Fine Arts, 등등. 비록 이용자들은 이러한 것들을 볼 수는 없지만 특정한 사이트를 찾는 검색장치는 이를 인식할 것이다. 만일 누군가가 검색장치에 MFA라는 검색용어를 주입하게 되면 검색된 웹사이트는 미술박물관의 사이트가 될 것이다.

메타 태그는 시각적으로 분명하게 나타나지 않기 때문에 메타 태그의 이용은 감시하기가 매우 어렵다. 어떤 웹사이트가 그 게재물에 대해 정확하고도 정직하게 "명칭을 부여하고" 있다고 어떻게 확신할 수 있을까? 준(Meek Jun)에 따르면, "대개 메타 태그는 관련 HTML 페이지의 내용과는 거의 혹은 전혀 관계가 없는 검색용어를 포함하고 있지만, 그럼에도 불구하고 인터넷 이용자들을 특정 웹사이트로 유인할 목적으로 삽입되고 있다.[27]

웰리즈(Terri Welles)와 플레이보이사 (Playboy Enterprises Inc.)간에 벌어진 법적 투쟁은 메타 태그의 이용에 따른 이해 관계를 단적으로 보여주고 있다. 웰리즈는 1981년도 《플레이보이》(*Playboy*)지를 대표하는 모델이었다. 그녀는 현재 자신과 다른 모델의 사진과 신변 자료들, 그리고 개인용도의 달력을 주로 취급하는 웹사이트를 운영하고 있다. 이 사이트의 메타 태그에는 플레이메이트(playmate)와 플레이보이라는 용어가 담겨져 있다. 플레이보이사는 Playmate 혹은 Playboy라는 메타 태그는 "플레이보이 그룹"과의 관련성을 암시하고 있다고 주장하면서 이에 대해 이의를 제기하였다. 이들의 주장에 따르면, 웰리즈가 이러한 태그를 이용하게 되면 이용자들은 혼돈을 일으켜 플레이보이사가 아닌 그녀의 사이트로 잘못 접속하게 된다는 것이다.

웰리즈가 이 태그의 이용 중단을 거부하자 플레이보이사는 500만 불의 상표권 침해 소송을 제기하였지만 첫 판결은 그들에게 유리한 쪽으로 내려지지 않았다. 웰리즈는 "상표등록된 용어들이 그녀의 웹사이트의 내용물을 정확히 반영하고 있기 때문에 그러한 용어들을 이용할 수 있다"고 판결문에는 명시되어 있다. 1998년 11월에 플레이보이사는 일심에서 패소하였지만, 계속 투쟁할 것임을 천명하였다.

판결이 번복되지 않는 한 플레이보이사의 소송사건은 하나의 확실한 판례가 될 수도 있다. 그러나 만일 메타 태그가 남용되지 않는다면 보다 유연한 법적인 해결방안이 필요할 것이다. 단순히 어떤 상표로 등록된 명칭이 어떤 웹사이트의 내용물을 반영한다는 이유만으로 그것이 하나의 태그로 이용될 수 있다는 것인가?

만일 내가 개설한 아마추어 스포츠뉴스 웹 페이지에 보스톤 셀틱스(Boston Celtics)에 관해 장황하게 써놓았다면, 과연 이것은 내가 사이트의 메타 태그에 보스톤 셀틱스(Boston Celtics)라는 문구를 집어넣어도 좋다는 것을 의미하는 것인가? 이것이 바로 킵(Keep) 판사가 법적으로 내린 해석이지만, 메타 태그로 이용되는 용어들을 그렇게 광범위하게 허용하게 되면 이용자들은 잘못된 서비스를 받게 될 수도 있다. 다른 한편으로는 이번 소송사건에 있어서 웰리즈는 플레이메이트에 대한 단순한 기술 이상의 것을 행해 왔다. 그녀는 플레이보이사와 직접적이고 지속적인 협력 관계를 유지해 왔으며, 이로 인해 그녀의 웹사이트는 어느 정도의 신뢰감을 얻고 있다. 그러므로 그녀는 이러한 용어들을 보다 분명하게 이용할 권리를 지니고 있다고 주장할 수도 있다.

지금까지 살펴본 바와 같이 메타 태그의 이용에 있어서 자주 제기되고 있는 하나의 중요한 도덕적 문제는 바로 '기만'(deception)이다. 메타 태그가 단지 이용자들을 기만하고 오도하기 위해서 이용되는 것이 확실하다면 이에 대한 도덕적 판단은 분명해진다. 태그가 부주의하게 이용되어 검색장치를 우롱하고 또한 아무 의심 없는 이용자들을 그들이 찾고 있는 사이트와는 다른 곳으로 유인해서는 안 된다. 예를 들면, 온라인으로 장난감을 판매하는 어떤 사람이 HTML에 disney.store라는 용어를 삽입하여 진짜 디즈니 상점의 웹사이트를 찾는 사람들을 유인해 간다면, 이 장난감 판매인은 소비자들을 유인하기 위해 마치 디즈니사와 협력 관계에 있는 것처럼 노골적인 기만행위를 자행하고 있는 것이다. 이는 결국 기만적인 광고인 것이다.

그러나 웰리즈와 플레이보이사의 소송과 같은 난해한 사례들도 있다. 이 사건은 직접적인 기만 사건이 아니다. 웰리즈의 현재 활동에 신뢰감을 부여하는 과거의 특정한 관계가 존재하기 때문에 플레이보이와 같은 핵심 용어들은 연관 관계에 대한 잘못된 믿음을 이끌어내는 데 이용되지 않고 있다. 설사 웰리즈가 법적으로 다소 의심스런 상태에 놓였다 하더라도 그녀의 행동은 어떠한 기본적인 도덕 원칙도 위반한 것이 아니다.

창조적 보존

마지막으로 다룰 문제는 '창조적 보존'(creative integrity)이라고 불리는 것으로, 이는 인터넷상의 자신의 예술적 그리고 문학적 작업에 대한 저자의 지속적인 관리 능력을 포함한다. 기술의 발달함에 따라 이러한 작품을 감상하는 사람들도 그 자신이 저자가 될 수 있게 되었다. 즉, 인터넷을 통해 접한 디지털 이미지들을 변형하고 재창조하여 이를 다시 사이버 공간을 통해 재전송할 수 있게 되었다.

이러한 행위가 상표권이나 저작권법을 위반하는 것인가? 이러한 행위가 창작자가 당연히 지녀야 할 재산권을 침해하는 것인가? 저자들은 인터넷상의 자신의 작품들에 대한 모방과 조작을 금지할 특권을 지니고 있는가?

이러한 문제들을 전면으로 부상시킨 악명 높은 사건이 바로 "변형된 바비"이다. 이것은 미국 문화에 존재하는 바비인형상에 대한 일종의 비평으로서 바비를 디지털적으로 수정하는 웹 예술 재생을 단적으로 보여주고 있다. 이것을 만들어낸 예술가는 네피어(Mark Napier)로, 자신을 지지하는 사람들의 후원을 받는 웹사이

트에는 그의 창작에 대해 다음과 같이 씌어져 있다:

> 예술가 네피어(Mark Napier)는 왜곡된 바비의 저자이자 창조자로, 웹을 기반으로 하여 바비인형과 그 인형에 부속된 모든 것들이 미국 문화와 우리 자신에게 미친 영향에 대해 문자와 영상을 통해 철저히 파헤치고 있다. 이 사이트는 하나의 대표적인 시적이고 설득력있는 인터넷 예술 작품이다.[23)]

바비의 소유권자인 매텔(Mattel) 완구회사는 이에 대해 즉각적인 행동을 취했다. 이 회사는 강력하게 항의하였고, 이렇게 왜곡된 바비를 네피어의 웹사이트(Interport)에서 즉각 삭제할 것을 요구하였다. 매틀사와 그 변호인들은 "도덕적 권리"(moral rights) 옹호론을 개진하였다. 도덕적 권리란 프랑스어인 droit moral을 번역한 것으로 저자에게 자신의 작품에 대한 모든 권리를 부여하는 것이다. 미국에 있어서 도덕적 권리는 1990년에 제정되어 시각예술에만 적용되는 시각예술가 권리보호법(Visual Artists Rights Act, VARA)으로 구체화된 법률에 의해 보호를 받고 있다. VARA에 의하면, 창작자는 자신의 작품에 대한 개정이나 수정 혹은 왜곡을 금지할 수 있는 권리를 지닌다. VARA의 보호를 받는 시각예술에는 그림 · 문서작성 · 판화 · 인쇄 · 조각 그리고 전시회를 위해 찍은 사진이 포함된다. VARA는 단지 "인정된 재능"만을 보호하고 있다.

VARA는 저자에게 두 개의 기본적인 권리를 부여하고 있다 : (1) 귀속권 그리고 (2) 보존권. 귀속권은 저자의 작품이 다른 누구에게로 귀속되지 않도록 보호한다. 보존권은 예술가로서의 저자의 명성이나 재능을 손상시킬 수 있는 변형이나 왜곡을 방지한다. VARA가 왜곡된 바비 혹은 다른 상업적 상품의 모방에 적용되어야만 하는가?

여기에서 우리는 이 장의 핵심 주제인 재산권과 표현의 자유간의 갈등을 다시 접하게 된다. 네피어의 사이트는 바비인형을 통해 어떤 상업적 이득을 추구하고 있는 것이 아니며, 또한 그의 창작은 일종의 예술의 형태를 띄고 있다. 그러므로 현 시점에서 볼 때, 이는 브릴로 상자를 재이용한 워홀(Andy Warhol)이나 캠벨(Campbell)사의 스프캔의 경우와 유사한 상황으로 합법적 형태의 정당한 이용이라고 볼 수 있다. 와롤과 마찬가지로 네피어도 자신의 예술활동을 위한 소재와 착상으로 단지 널리 알려진 상업제품을 이용하고 있을 뿐이다. "여자아이들은 바비인형에 열광하고 있고 또한 방송은 너도나도 어린 마녀인 사브리나를 이용하고 있는" 이러한 상황에서 이것이 창의적인 활동의 소재가 될 수 있다는 것은 부인할 수 없다.[24] 어떤 점에서는 아무리 불쾌감을 준다하더라도 변형된 바비인형은 상업적 이득을 목적으로 하는 것이 아니라 그 자체가 이 시대에 대한 하나의 소중한 비평인 것이다. 그러한 예술적 열정이 지나치게 광범위한 저작권과 등록상표 규제 조항으로 인해 억눌려서는 안 된다.

변형된 바비인형의 사례는 정당한 이용과 지적 재산권 보호 사이에서 다소의 위험성을 지니고는 있지만, 꼭 필요한 적절한 균형의 유지를 매우 어렵게 하는 많은 사례들 중의 하나에 불과하다. 그러나 상업적 이미지에 기초한 예술 활동을 억압하는 것은 인터넷을 지나치게 과보호하는 것이다.

토의문제

1. 다른 웹사이트에 연결할 이용자의 권리에 대해 만일 가능하다면 어떠한 제약이 가해져야 할 것인가? 연결할 권리를 분명하게 규정하고 보호하는 법이 있어야만 하는가?
2. 암호 개방 운동은 어떤 중요성을 갖는가? 암호가 개방된 소프트웨어를 찬성하는 입자과 반대하는 입장에 대해 논평하시오.
3. 등록상표의 소유가 어떻게 자유로운 표현권과 충돌하는지를 설명하시오. 이러한 상반된 주장들을 어떻게 해결해야만 할 것인가?
4. "인터넷상의 지적 재산권"이라는 다이슨(Esther Dyson)의 글에서 나타나고 있는 다음과 같은 문장에 대해 논평하시오: "핵심 문제는 지적 재산권을 보호하는 법률들이 철폐될 것이라는 혹은 철폐되어야만 한다는 것이 아니라, 이러한 법률들이 단지 그 중요성이 감소될 것이라는 점이다."

사례연구

www.nga라는 도메인 이름을 둘러싼 논쟁 (가상)

미국 총기협회(NGA, Natioal Gun Association)는 하나의 강력한 로비단체로, 50년 전에 조직되어 주로 미국 서부와 남부지방에 집중되어 있는 수백만의 회원들의 권익을 보호하고 있다. 이 단체는 수도인 워싱턴에서 강력한 영향력을 행사하고 있으며, 총기 소유권을 규제하려는 시도에 대항하여 총기 소유권을 옹호하고 있다.

총기 소유권에 대한 총기협회의 공공연한 옹호는 이에 반대하는 많은 단체들을 낳았으며, 이들 단체들은 총기협회가 총기 소유권을 강조함에 따라 사회전반에 폭력적 분위기를 조장시키는 데 기여하고 있다고 믿고 있다.

www.nga.org는 총기협회의 웹사이트로, 이 사이트에서는 총기를 소유할 권리에 대한 정보 뿐만 아니라 총기 소유와 총기 규제에 관련된 문제들에 대한 정보를 제공하고 있다. 또한 이 사이트는 회원들에게 총기규제법안의 상정이 임박했음을 알리면서 어떻게 하면 공직자 선거에서 자신들의 의견을 반영할 수 있는지를 조언해 주고 있다. 이 사이트는 회원들에게 많은 인기를 얻고 있으며, 하루 평균 약 25,000여건의 조회가 이루어지고 있다.

총기협회에 반대하는 매우 과격한 단체들 중 하나인 총기규제를 위한 평화주의자들(PGC, Pacifists for Gun Control)은 비영리단체를 조직하여 관련 자료들을 배포하고 나름대로의 로비를 시도하고 있다. 이 단체는 www.nga-assassins.org라는 도메인 이름을 지닌 웹사이트를 개설하였다. 이러한 다소 비난섞인 도메인 이름을 이용한 것은 메타 태그를 통해 www.nga.org를 찾아가려는 이용자들을 방해하는데 그 목적이 있음을 PGC도 인정하고 있다. 이 단체의 홈페이지에는 다음과 같은 메시지가 실려 있다:

NGA에 기만당하지 맙시다.
실제로 총기류가 끼치는 해악을 여기서 확인해 보십시오.

PGC의 웹사이트는 총기 소유의 위험성과 총기규제, 특히 자동무기와 소총에 대한 규제의 필요성에 관한 자료들로 채워져 있다. 또한 총기협회의 과장된 주장과 특정한 의도를 지닌 주장을 비판하고 있는 다른 사이트로의 연결도 제공하고 있다. PGC는 이를 통해 총기 소유자들과 총기협회의 주장에 동정적인 여러 사람들의 생각을 바꿔보려는 노력을 하고 있다.

총기협회는 이 웹사이트의 도메인 이름이 기만적이며 사람들을 오도하고 있다고 주장하면서 이 사이트를 폐쇄해 달라는 소송을 제기하였다. 또한 "NGA"라는 자신들의 등록상표가 침해되고 훼손되었다고 주장하고 있다. 이에 대해 PGC는 단지 자유롭게 표현할 권리를 행사했을 뿐이라고 반박하고 있다. PGC는 총기소유에 대한 자신들의 정치적 견해를 널리 알리기 위해 이와 같은 도메인 이름을 이용하고 있는 것이다. 일시적으로 이 사이트에 접속하게 된 총기협회 회원들은 쉽게 총기협회의 웹사이트로 이동할 수 있었기 때문에 아무런 해도 끼치지 않았다고 PGC는 강조하고 있다. 총기협회의 본거지인 텍사스 주 법원은 문제를 받아들였고, 조만 간에 예비판결을 내릴 예정이다.

질문

1. 이는 표현의 자유를 둘러싼 문제인가? PGC는 www.nga-assassins.org라는 도메인 이름을 이용할 권리가 있는가?
2. 만일 여러분이 NGA의 편에서 이 사건을 법정에서 다루게 된다면 어떤 주장들을 하겠는가?

사례연구

창만들기는 도용인가?

1998년 5월, 인디애나 주 포트웨인에서 발행되는 주요 일간지인 가제트지(The Journal Gazette)와 www.Ft-Wayne.com이라는 웹사이트간에 심각한 재산권 분쟁이 벌어졌다. 이 웹사이트는 포트웨인과 그 인근 지역의 행사와 사건소식을 알려주는 일종의 공공 서비스로서 개설되었다.

신문사의 주장은, 이 사이트가 자신의 신문기사를 연결할 때, 그 기사를 자신들의 사이트 주소와 더불어 www.Ft-Wayne.com의 광고문구와 표식들로 둘러싸인 하나의 "프래임(창)" 속에 보여주고 있다는 것이다. 가제트지는 이러한 행위로 인해 자신들의 재산권이 조직적으로 "도용"되고 있다고 주장하면서 이 웹사이트를 상대로 소송을 제기하였다. 소송의 근거로는 연방 상표등록법과 저작권 침해조항이 제시되었다. 또한 가제트지는 자신의 기사들을 www.Ft-Wayne.com의 광고로 둘러싸인 창 속에서 보여주고 있기 때문에 이 사이트는 일종의 무임승차자와 같은 행동을 하고 있다고 주장하였다.

소송이 제기된 후 이 웹사이트는 신문기사의 창 만들기를 중단하였지만, 자신들은 어떠한 법률도 위반하지 않았으며 어떤 잘못도 저지르지 않았음을 강조하였다. 이 웹사이트를 옹호하는 사람들의 주장은, 가제트지에게 더 많은 독자를 가져다준 것이 이 사이트가 저지른 유일한 죄라는 것이다. 웹사이트를 개설한 사람 중 한 명도 "Ft-Wayne.com 사이트를 떠나지 않도록 네티즌들을 붙잡아 두는 하나의 방편으로서의" 이러한 관행을 옹호하였다.[26]

질문

1. 이 소송이 지닌 의미에 대해 논평하시오. 창만들기을 금지하는 명확한 법률이 있어야만 하는가? 주민들에게 서비스를 제공하는 사이트라는 점이 고려되어야 하는가?
2. 창만들기를 옹호하는 사람들이 들고 있는 비유는, 이러한 행위가 그 지역에 관한 광고 문구를 담고 있는 신문 가판대와 유사하다는 것이다. 여러분들은 이 비유가 타당하다고 생각하는가?

주석

1) Samuelson, P. 1997. Confab clips copyright cartel. *Wired* 5.03 : 62.
2) Honore. 1961. Ownershp. In Guest, A.G. (ED.). *Oxford essays in jurisprudence.* Oxford : Oxford University Press, p. 108.
3) DeLong, J.V. 1997. *Property matters.* New York : The Free Press, p. 340.
4) 이 부분과 관련된 자료는 Liu, J. Overview of trademark law에 있으며, 이 자료는 하바드 법대 웹사이트인 http://cyber.harvard.edu/law에서 찾아볼 수 있다. .
5) Bener, D. 1982. *Computer law: Evidence and procedure.* New York: M. Bender, p. 4A—2.
6) Hanneman, H. 1985. *The patentability of computer software. Deventer,* The Netherlands : Kluwer Academic Publishers, p. 87.
7) Hughes, J. 1997. Philosophy of intellectual property. In Moore, A.(Ed.). *Intellectual property.* Lanham, MD : Roman & Littlefield, p. 121.
8) Reeve, A. 1986. *Property.* Atlantic Highlands, NJ : Humanities Press, p. 137.
9) Boyle, J. 1996. *Shamans, software and spleens : Law and the construction of the information society.* Cambridge, MA: Harvard University Press, p. 23.
10) Boyle의 저서에 대해 좀더 자세한 것은, *Ethics and information technology* 1(2) : 161—163, 1999에 실린 *Shamans, sofware and spleens* 에 대한 나의 논평을 참조할 것. 이 장에서 논의되고 있는 것 중의 일부는 바로 이 논평에서 발췌한 것임.
11) Stefik, M. 1997. Trusted systems. *Scientific American,* March, p. 79.

12) Stallman, R. 1985. GNU manifesto. www.gnu.org/manifesto.html에서 찾아볼 수 있음.

13) Raymond, J. The cathedral and the bazarr. http:// www. tuxedo.org/~esr/writings/cathedral-bazarr 에서 볼 수 있음.

14) Leonard, A. 1999.Open season. *Wired*, May, p. 142.

15) Samuelson, P. et al. 1996. A new view of intellectual property and software. *Communications of the ACM* 39(3) : 24.

16) Macavinta, C. 1998. Scientologists in trademark dispute. *CNET News.com*, January 29.

17) Madoff, E. 1997. Freedom to link under attack. *New York Law Journal*, June 23.

18) Ibid.

19) Kaplan, C. 소송을 통해 프래밍이 절도행위인가가 판명될 것이다. *Cyber Law Journal*. 다음의 웹사이트에서 찾아볼 수 있음. http://www.nytimes.com/library/tech/98/05/cyberlaw.

20) Dyson, E. 1998. *Release* 2.1. New York: Random House, p. 199.요내,

21) Jun, M. 1997. Meta Tags : The case of the invisible infringer. *The New York Law Juornal*. October 24.

22) Kaplan, C. 1998. 웹사이트의 명칭을 둘러싼 소송에서 과거의 playmate가 승리하였다. *Cyber Law Journal*, November 13. http://www.nytimes.com/library/tech/98/11/cyberlaw 참조.

23) Napier의 웹사이트인 http://ezone.org/ez/e7/articles/napier/barbie.html 참조.

24) Mann, C. 1998. Who will own your next great idea. *Atlantic Monthly*, September, p. 183.

25) Dyson, E. 1994. Intellectual property on the net. In *Release* 1.0. New York : Random House.

26) Kaplan, C. Lawsuit.

第5장
인터넷 프라이버시의 규제

서론

정보화 시대는 기술 혁신으로 인해 프라이버시가 점차 위축되어 가는 개방사회를 만들어 가고 있다. 인터넷과 이를 뒷받침하는 수많은 기술들로 인해 개인의 행동을 추적하고 감시하는 것이 훨씬 용이해졌다. 인터넷 경제에 있어서 개인 정보는 비교적 쉽게 매매, 교환 또는 재결합될 수 있는 일종의 상품이 되어가고 있다. 컴퓨터나 소프트웨어 프로그램에 내장되어 있어서 최종 이용자를 추적할 수 있는 일련번호들을 확인하게 되면, 이제까지 사이버 공간에 있어서의 많은 상호작용을 특징지워 왔던 전자 익명성이 종식될 위험에 처하게 된다.

어떤 깜짝 놀랄 만한 뜻밖의 새로운 사실로 인해 의식이 깨우쳐지기 전까지는 일반 사람들은 프라이버시 문제에 관해서 이중적인, 그리고 심지어 무관심한 태도를 보여주고 있다. 간혹 가다 어떤 조직은 특정 한계를 넘어서게 되고, 이에 따라 분노한 소비자들로부터 엄청난 비판을 받기도 한다. 예를 들면 1997년 7월, 아메리카 온라인(AOL, America Online)은 자신의 고객들의 전화번호 목록을 일부 전자쇼핑 회사에게 제공한다는 계획을 발표한 후 엄청난 비난을 받게 되었다. AOL은 오래 전부터 고객들의 이름과 주소가 담긴 목록을 판매해 왔지만, 그러한 목록에는 이메일 주소나 전화번호가 담겨 있지 않았었다. 고객들은 자신들이 귀찮은 전화공세에 시달리게 될 것과 또한 이러한 정보들이 다른 개인 정보와 연계될지도 모른다는 점을 우려하였다.

더욱이 정교한 감시기술의 등장으로 인해 인터넷이라는 작업공간은 관리자들이 노동자들의 움직임이나 활동들을 이전보다 훨씬 쉽게 살펴볼 수 있는 사실상 일종의 팬옵티콘(panopticon : 한 지점에서 내부가 환히 보이는 감옥)이 되어버렸다. 따라서 인터넷이라는 공간에서 한때 존중되었던 고용인들의 프라이버시에 대한 권리는 이제 심각한 위험에 처하게 되었다.

프라이버시는 다른 많은 환경 속에서도 위협받고 있으며, 프라이버시가 인터넷과 전자 상거래(e-commerce)와 함께 공존할 가능성은 특히 희박하다. 프라이버시를 둘러싼 논쟁은 더욱 격렬해지고 있으며, 이 문제가 앞으로 상당 기간 동안 대표적인 윤리적 관심사가 될 것이라는 데에는 별다른 이견이 없다. 로텐버그(Marc Rotenberg)가 강조한 바와 같이, "소비자 보호와 환경에 대한 관심이 20세기 산업사회의 핵심 문제였다면, 다음 세기의 정보 경제에 있어서 핵심 문제는 프라이버시 문제가 될 것이다."[1)]

개인과 작업 현장에서의 프라이버시에 대한 이러한 부단한 침해는 어떤 결과를 야기하는가? 일단 침해되었을 경우 프라이버시는 다시 회복될 수 있는가? 고객의 자료들을 입수하는 데 혈안이 되어 있는 인터넷이나 전자 상거래 회사로부터 누군가가 정보를 회수하려고 할 때, 어떤 종류의 프라이버시 보호에 대해 생각해 볼 수 있는가? 아동들의 경우 아무 것도 모르고 웹사이트를 구경하다가 프라이버시를 침해당할 위험성이 더 크지 않은가? 작업현상에서의 적절한 프라이버시 보호는 어느 범위까지 이루어져야 하는가? 마지막으로 일부 프라이버시 보호 규정들이 지나치게 확대되어 사이버 공간에서의 표현의 자유를 침해하지는 않는가?

이 장에서는 이러한 문제들과 이와 관련된 여러 가지 문제들을 살펴볼 것이다. 그렇지만 무엇보다도 먼저 왜 프라이버시에 대한 권리가 도덕적인 측면에서 뿐만 아니라 법적인 측면에서도 매우 중요한 것인지를 살펴보아야만 한다. 이를 통해 프라이버시에 대한 점진적인, 그러나 지속적인 침해의 문제를 왜 가볍게 보아서는 안 되는지를 이해하게 될 것이다.

프라이버시에 대한 정의와 이론

프라이버시는 쉽게 정의될 수 있는 간단한 개념이 아니다. 아미도 가장 기본적이고도 포괄적인 정의는 1890년에 와렌(Samuel Warren)과 브랜다이즈(Louis Brandeis)가 하바드 법률회보(Harvard Law Review)에 게재한 논문으로 거슬러 올라간다. 이들은 프라이버시에 대한 권리를 다른 형태의 법적 권리들과 구별하고, 이를 개인의 삶에 있어서 어느 정도의 고독을 즐길 권리, 즉 간섭을 받지 않을 권리로 정의하였다.

이러한 일반적인 정의는 하나의 좋은 논의의 출발점이 될 수는 있지만, "간섭을 받지 않을 권리"는 다소 광범위하고 불명료하기 때문에 이러한 정의는 확실히 부적절한 것이다. 보다 적절한 정의는 가비슨(Ruth Gavison)에 의해 이루어졌다. 그녀는 프라이버시를 3개의 핵심 원리에 입각하여 어떤 개인에 대한 타인의 접근을 제한하는 것으로 정의하고 있다. 3개의 핵심 원리란 비밀성, 익명성, 그리고 고독이다. 익명성이란 원치 않는 관심으로부터의 보호를 의미하며, 고독은 다른 사람들과의 신체적 접촉이 없는 것을 말하고, 비밀성(은밀성)이란 자신에 대한 지식의 유포를 제한하는 것을 의미한다.[2] 시민사회에 있어서 익명성, 비밀성 그리고 고독에 대한 권리는 누구에게나 어느 정도의 제한이 가해질 수밖에 없다 하더라도, 가비슨은 프라이버시에 대한 권리를 이해하는 기본적인 토대를 마련해 주었다.

심리적 프라이버시 혹은 커뮤니케이션 프라이버시와 같은 다양한 형태의 프라이버시를 구별하는 것 또한 가능하다. 그러나 여기에서 우리의 관심사는 기본적으로 정보와 관련된 프라이버시에 초점을 두고 있다. 정보 프라이버시는 개인 정보의 수집, 이용 그리고 유포와 관련된다. 정보 프라이버시에 대한 권리는 자신의 개인 정보를 차단하거나 허용할 수 있는 일종의 통제권이라고 할 수 있다.

철학자들은 프라이버시권을 확립하거나 이를 정당화하려는 수많은 노력을 기울여 왔지만, 가장 설득력 있는 설명은 바로 프라이버시권을 재산, 신체적 안전, 그리고 자유와 같은 근본적인 권리들을 뒷받침하는 일종의 도구적(수단적) 가치로 보는 것이다. 프라이버시가 지닌 가치를 뒷받침해 주는 주요한 도덕적 토대는 그것이 자유(혹은 자율)에 대한 하나의 조건으로서의 역할을 한다는 것이다. 즉, 만일 누군가가 자유롭게 자신의 목표를 추구하거나 혹은 친밀한 사회관계를 돈독히 하고자 할 때, 프라이버시라는 보호막은 절대적으로 필요하다.

레이만(James Reiman)에 의하면, 만일 프라이버시가 보장되지 않는다면 우리의 자유는 다음과 같은 두 가지 방식으로 매우 위축된다.[3] 첫째, 프라이버시의 결여는 종종 타인들이 자신의 행위를 통제하는 결과를 낳을 수 있기 때문에 일종의 자유의 외면적 손실을 초래할 위험성을 지닌다. 누군가에게 허락을 받지 않고, 혹은 그에게 알리지 않고 수집된 민감한 정보는 권력을 지닌 사람들의 수중에 들어갈 경우 강력한 무기가 될 수 있다. 그러한 정보는 개인들로부터 승진이나 전직과 같은 어떤 보상이나 기회를 박탈하는 데 이용될 수도 있으며, 또는 보험이나 다른 중요한 필수품들에 대한 자격을 박탈할 수도 있다. 이는 우리의 자율성, 즉 외부의 간섭 없이 선택을 하고 스스로의 삶을 영위할 기본적인 능력을 방해하고 있다. 굴드(Carol Gould)가 강조한 바와 같이, "프라이버시는 다른 사람에 의해서 이루어지는 원치 않는 간섭이나 강요로부터의 보호이며, 따라서 한 개인의 자유로운 행동에 대한 보호이다."

또한 자유의 본질적 손실을 초래할 위험성도 있다. 대부분의 사람들은 타인에 의해 감시되거나 감독을 당할 때 평소와는 다르게 행동할 것이라는 것은 당연하다. 이러한 상황에서 자신의 계획이나 활동에 대해 매우 불편하게 느끼거나 망설이는 것은 지극히 정상적이다. 와센스톰(Richard Wassestorm)이 제기하였듯이, 프라이버시가 존재하지 않는다면 대개의 경우 삶은 "부자연스럽고 더욱 경직된다."[5]

요약하면, 프라이버시라는 혜택이 주어지지 않는다면 우리 모두는 타인에 의해 더욱 쉽게 조종되고 통제될 수 있으며, 또한 자신의 목표나 활동을 추구함에 있어 더욱 위축되고 소심해진다. 이는 엄밀히 말해 대부분의 감옥 체계가 죄수들이 스스로 "권력이 자동적으로 작동하는 의식적이고 끊임없는 감시상태"에 놓여 있다고 느끼는 곳으로 만들고자 하는 "팬옵티콘 효과"라고 푸코는 믿고 있다.[6] 그러나 과연 우리는 우리 자신의 집과 직장에 그와 같은 혼란스런 상황이 이루어지기를 바라고 있는가?

무어(James Moor)는 이와 유사하게 프라이버시를 정당화하고 있다. 인간이 존재함에 있어 근본이 되는 "핵심 가치들"이 공유되고 있다는 그의 주장을 떠올려 보자. 이러한 가치들에는 삶·행복·자유·지식·능력·자원 그리고 안전이 포함된다. 설사 프라이버시가 핵심 가치가 아니라 하더라도, 무어에 의하면 그것은 어떤 핵심 가치, 즉 안전이라는 가치를 표현하고 있는 것이다. 프라이버시가 없다면, 안전하다고 느끼고 그러한 상태에 놓이기가 어려워진다. 더군다나 프라이버시에 대한 심각한 위험이 상존하고 그에 따라 개인의 안전이 위협을 받는 컴퓨터화된 네트워크 문화에 있어서 프라이버시는 특별한 중요성을 지닌다. 무어에 따르면, "사람들은 기본적으로 보호받을 권리를 지니고 있으며, 현재의 컴퓨터화된 문화라는 관점에서 볼 때, 이러한 권리에는 프라이버시 보호가 포함된다."[7] 그러므로 현재 우리의 정보집약적 문화 속에서 어느 정도의 프라이버시는 안전을 위해, 그리고 더 나아가 인간의 번영을 위해, 필수적이기 때문에 이제 프라이버시는 사실상 다른 핵심 가치들과 동일한 수준으로 격상되고 있다.

외견상으로는 거의 모든 사람들이 이러한 주장의 타당성과 프라이버시권의 중요성을 인식하고 있다. 우리 모두는 삶을 영위함에 있어 어느 정도의 프라이버시와 고독을 원한다. 문제가 야기되는 것은 바로 프라이버시권이 종종 다른 기본권들과 갈등을 빚기 때문이며, 이럴 경우 어느 권리를 우선시할 것인가를 결정하는 일은 윤리학자들과 공공정책 결정자들에게 있어서 매우 곤란한 문제이다. 가장 심각한 갈등은 바로 프라이버시와 표현의 자유 사이에서 벌어진다. 예를 들면, 프라이버시 규제는 정보를 교환하고 유포할 수 있는 조직의 권리와 갈등을 빚기 때문에, 표현의 자유를 옹호하는 사람들은 프라이버시 규제를 일종의 검열로 간주하고 있다. 만일 보다 포괄적인 법률을 통해 프라이버시를 보호한다면 귀중한 고객자료를 자유롭게 교환할 권리를 잃게될 위험이 있다.

앞으로 살펴보겠지만, 이러한 개방적이고 유동적인 환경 속에서 한 개인의 프라이버시 영역은 상당히 위축되기 때문에, 인터넷 이용으로 인해 한 개인의 자율성과 안전은 심각한 위협을 받고 있다. 먼저 이러한 위협의 정확한 본질에 대해 살펴본 후, 어떤 적절한 정책적 대책이 가능한지에 대해 논의해 보자.

인터넷상의 개인 정보

인터넷 초보 이용자들은 종종 수많은 개인 정보들을 온라인을 통해 접할 수 있다는 점에 놀라곤 한다. 다음과 같은 시나리오를 한번 생각해 보자. 여러분은 밀워키 인근 숲이 울창한 교외에 살고 있으면서 새로 이사온 다소 괴팍한 이웃에 관심을 갖고 있다고 가정해 보자. 그녀의 행동은 어딘가 모르게 불안해 보였고 다소 유별나 보였다. 그래서 여러분은 그녀의 이름조차 모르고 있지만, 그래도 한번 그녀에 대해서 조사해 보기로 결심한다. 여러분이 알고 있는 것은 단지 그녀의 주소뿐이지만, 그것만으로도 조사를 시작하기에 충분하다 : 인포스페이스(Infospace) 검색 엔진에 설치되어 있는 "이웃찾기" 프로그램을 이용하여, 단지 주소만 알면 검색을 시작할 수 있는 역추적 조회(reverse lookup option)를 통해 이웃인 그녀의 이름과 전화번호와 같은 여러 정보들을 쉽게 찾는다. 그리고 나서 널리 이용되고 있는 또 다른 검색 엔진인 알타비스타(AltaVista)에 접속하여 그녀가 재직하고 있는 회사 이름을 알아낸다. 그 다음에는 밀워키 시 세금부과 내역이 담긴 데이터베이스(Milwaukee City Tax Assessment Online database)에 접속하여 주소를 입력하면 몇 초 내에 그녀가 어느 정도의 재산을 가지고 있으며 현재 재산세는 얼마 정도 납부하는지, 그리고 남편을 잃고 혼자 살아가는 미망인이기 때문에 일부 세금공제 혜택을 받고 있다는 사실을 알게 된다.

여러분이 인터넷을 통해 이 모든 것을 알아내는 데에는 대략 15분 정도가 소요되었고, 이는 이 여자의 배경에 대하여 개략적인 조사를 이제 막 시작한 것에 불과하다. 여러분은 좀더 자세한 조사를 계속할 수 있으며, 아마도 다른 검색 엔진과 웹사이트를 통해 이 여자에 대한 매우 자세한 신상명세서를 작성할 수 있을 것이다. 그러나 다른 사람의 개인적인 정보를 찾아내는 데 있어 어디까지 허용되어야 하는가? 이러한 "사이버 뒷조사"(cybersnooping)에 있어서 도덕적으로 문제가 되는 것은 없는가? 만일 다른 사람에 대한 어떠한 정보도 알아내지 못했거나, 혹은 알아낸 정보를 토대로 하여 어떠한 행동도 취하지 않았다면, 이는 전혀 문제가 되지 않는 것인가? 이러한 정보 수집을 가능하게 하는 검색 엔진에는 아무런 문제도 없는 것인가? 온라인 스토킹이나 이와 유사하게 악용되지 않도록 이러한 형태의 자료들은 규제를 받아야만 하는가? 공공정책 결정자들은 온라인 프라이버시를 최우선적으로 고려해야만 하는가?

무엇보다도 먼저 살펴보아야만 할 문제는 인터넷이 제공하는 정보가 과연 그렇게 “공적인”(public) 것인지, 그리고 누구나 쉽게 접근할 수 있는 것인지의 여부이다. 검색 엔진에 이용되고 있는 대부분의 자료들은 (전화번호부와 법원 기록과 같은) 공개적인 혹은 준공개적인 형태로 존재하였고 현재는 디지털화되고 있다. 어떤 측면에서 본다면 이와 관련해 어떠한 문제도 없다고 할 수 있다. 정보를 디지털 형태로 변환하여 그러한 정보들을 찾을 수 있는 보다 뛰어난 메커니즘을 제공하는 것은 매우 유익한 것이다. 정보의 자유가 이루어지지 않으면 정보를 은폐하고 이를 정부가 통제할 수 있기 때문에, 자유주의자들은 오래 전부터 민주사회에 있어서 정보의 자유를 주장해 왔다.

반면에 다른 측면에서 볼 경우, 당사자들의 동의를 구하지 않거나 혹은 당사자들 모르게 누구라도 검색 엔진을 통해 이러한 데이터베이스에서 개인 정보들을 쉽게 얻을 수 있게 되었다. 더군다나 여기서는 출력에서 디지털 포맷에 이르기까지 단순한 자료의 변환을 넘어서고 있다. 인터넷에서는 지구상의 모든 지역에서 동시에 데이터에 접근할 수 있다. 호기심 많은 이웃으로서의 여러분은 아마도 이웃에 대해 알아보기 위해 시청에 보관되어 있는 기록들을 몇 시간씩 열심히 찾아보려 하지는 않을 것이다. 그러나 만일 인터넷을 통하면 15분 만에 원하는 것을 얻을 수 있다면, 몰래 뒷조사를 하고 싶은 유혹은 더욱 커지게 된다. 또한 이러한 데이터들을 더욱 위협적인 것으로 만드는 것은 바로 얼핏 보기에 아무 관련이 없는 무관한 자료들을 새롭게 결합시켜 새로운 정보를 만들어낼 가능성이 상존하고 있다는 점이다. 위에서 우리가 가정했던 시나리오를 통해 볼 수 있듯이, 누군가에 대한 매우 자세한 신상명세서를 쉽게 만들어낼 수 있다. 이러한 행위는 사회적 해악을 초래할 가능성이 있으며, 그로 인해 많은 사람들은 자신들에 관한 정보들을 가능한 한 노출시키지 않으려 할 것이다.

그러므로 물리적으로 자료를 추적할 수 있는 것과 인터넷에서 검색 엔진을 통해 그것을 쉽게 찾을 수 있는 것은 질적으로 다른 문제이다. 그러나 온라인 데이터베이스에 대한 정부의 보다 엄격한 규제가 이에 대한 해결책이 될 수 있는가? 문제는 이러한 규제가 올바른 정보를 접하고 또 이를 전파시키는 행위를 위축시키는 부정적인 결과를 초래할 수 있다는 것이다.

철저히 금지하는 (혹은 구체적으로 규제하는) 것과 완전히 자유롭게 놔두는 것 사이에서 어느 정도의 책임을 부과하는 중간자적 입장을 정립하는 것이 이에 대한 하나의 바람직한 대안이 될 수 있을 것이다. 어떤 데이터들은 절대로 공개되어서는, 다시 말해 온라인 데이터베이스에 수록되어서는 안 되며, 이러한 것에는 사회보장번호(주민등록번호)와 같이 다른 중요한 정보들과 연결될 수 있는 것들이 포함된다. 또한 은행이나 다른 금융기관에서 신원 확인을 위해 이용되고 있는 어머니의 결혼 전 이름에 관한 정보 또한 수록되어서는 안 된다. 이를 윤리적으로 정당화하는 논리는 바로 그러한 정보들을 쉽게 손에 넣을 수 있게 된다면 많은 해악을 초래할 가능성이 매우 높아진다는 것이다.

현재까지는 이것이 온라인 데이터베이스가 아직 넘어서는 안 될 하나의 경계선이 되고 있지만, 이들은 그 한계 범위를 계속해서 시험해 보고 있다. 1996년에 수백만 명의 개인 정보를 수집하여 이를 판매하는 회사인 리식스-네식스(LEXIS-NEXIS)가 자신들의 "P-Trak"이라는 데이터베이스에 사회보장번호, 생년월일, 그리고 어머니의 결혼 전 이름을 수록하기 시작하자, 프라이버시를 옹호하는 사람들과 규제의 필요성을 강조하는 사람들의 엄청난 분노를 불러일으켰다. 이 회사는 방침을 번복하여 자료 목록에서 그러한 항목들을 삭제한다고 공식적으로 발표하였다.

만일 자유롭게 정보를 추구하고픈 욕구와 프라이버시를 보호할 필요성을 조화시키고자 한다면, 먼저 온라인 데이터 시스템은 원래부터 비도덕적이거나 사회적으로 유해한 것이 아니라는 점을 인정하는 것이 바람직하다. 그러나 다음과 같은 조건과 한계가 있어야만 한다 :

☆ 사회보장번호, 생년월일, 그리고 어머니의 결혼 전 이름과 같은 민감하고도 고유한 식별정보들은 배제해야 한다.
☆ 전화번호부에 기재되어 있지 않은 모든 전화번호는 배제되어야 한다.
☆ 자유롭게 탈퇴할 수 있는 선택권을 분명하게 제공함으로써 사람들이 곧바로 자신들의 이름을 데이터베이스에서 삭제할 수 있어야 한다.
☆ 사회보장번호에 대한 역추적을 금지해야 한다.

인터넷상의 소비자 프라이버시

정보화 시대 이전에는 판매자와 소비자간의 모든 거래 행위는 두 당사자간의 사적인 업무였다. 또한 이러한 행위들은 곧 잊혀졌다. 동네 제과점 주인은 여러분의 이름을 알고 있겠지만, 여러분이 지난달에 어떤 빵과 과자를 구매했는지는 아마 기억하지 못할 것이다. 이러한 것들이 정보화 경제에 있어서는 근본적으로 변화되고 있다. 왜냐하면 컴퓨터는 이 모든 것들을 영구히 기억할 수 있기 때문이다. 만일 우리가 동네 수퍼마켓에서 쇼핑 카드를 이용하게 되면 우리가 구매한 내역들은 데이터로 저장이 되며, 이따금이 데이터들은 식료품 생산자나 다른 사람들에게 공개되어 특정인을 대상으로 하는 영업 활동인 소위 타깃 마케팅(targeted marketing : 대상을 선별하여 판촉활동을 하는 판매전략—역자주)을 위해 이용된다.

소비자로서의 우리의 프라이버시는 대개 두 개의 독특한 단계를 거쳐 체계적으로 침해당하게 된다. 첫단계는 소위 "데이터베이스 단계"라고 불린다. 1980년대 초에 데이터베이스 기술이 등장함으로써 엄청난 양의 정보를 효율적이고도 경제적으로 저장, 검색 그리고 전달하는 것이 가능하게 되었다. 이 기간 동안에 우리의 개인 정보들은 컴퓨터에 기록되었고, 이는 고객 신상명세서의 토대가 되었다. 이러한 신상자료들은 대개의 경우 국가나 지방 차원에서 정부에 의해 이루어진 공개적인 기록에 근거하고 있다. 예를 들면, 자동차 등록과 면허 정보는 디지털화되어 특정 소비자 집단을 대상으로 하는 마케팅 자료의 주요한 토대가 되고 있다.

이러한 시스템에 있어 자료를 수집하는 또 다른 토대는 다양한 소비자의 거래 활동에서 추출해낸 정보들로 전화나 우편을 통한 주문, 회원권, 보증서 혹은 심지어 할인 쿠폰까지도 여기에 해당된다. 이러한 정보들 또한 소비자들에 대한 매우 자세한 정보를 수집할 수 있는 토대가 될 수 있다. 예를 들면, 제약회사는 무료 주문전화를 이용하거나 잡지를 구독한, 또는 의약품에 대한 설문조사에 응답한 소비자들을 토대로 하여 데이터베이스를 구축한다.

유명한 소매상점인 컨슈머 밸류 스토어(Consumer Value Store :

CVS)는 최근 당뇨병 환자들에게 레줄린(Rezulin)이라는 획기적인 신약을 소개하는 우편물을 발송하였다. CVS는 우편을 통해 직접 마케팅(Direct Marketing, DM)을 하는 회사와 계약을 체결하여, 이 회사가 지니고 있던 기존의 당뇨병 치료제인 인슐린을 이용하는 사람들에 대한 처방전 자료들을 이용하였던 것이다. 일부 소비자들은 환자로서의 자신들의 비밀을 보장받을 권리가 이렇게 침해된 데에 매우 분노하였고, CVS가 자신들을 당뇨병 환자로 따로 분류했다는 점에 대해 격분하였다. 이와 같은 반발에도 불구하고, 이 회사는 자신들은 고객들에게 소중한 정보를 제공했다는 점을 들어 이러한 행위를 옹호하고 있다.[8)]

메트로메일(Metromail)과 같은 일부 기업들은 전적으로 데이터 브로커의 기능만을 수행하고 있다. 이들 기업들은 소비자에 관한 수많은 데이터들을 전문적으로 수집하고 관리한다. 메트로메일의 전국 소비자 데이터베이스(National Consumer Data Base)에는 미국 내의 1억 3백만 명에 대한 구체적인 정보들이 수록되어 있다. 이 회사는 특히 사람들의 일상 생활에 있어서의 주요한 변화를 탐지해내는 데 아주 뛰어나다. 예를 들면, 만일 누군가 새 집으로 이사를 했다면 이들의 이름은 개당 25센트에 정크 메일러나 기타 상인들에게 제공될 것이다. 이들이 새로 이사한 집에 필요한 가구와 용품을 구하거나 전화를 가설하려고 할 것은 확실하다.

데이터 저장 소프트웨어와 광디스크 기술과 같은 보다 정교한 저장장치를 이용하게 됨으로써 엄청난 양의 소비자 데이터들을 보관할 수 있게 되었다. 또한 이로 인해 데이터 발굴 활동이 가능해지게 되었다. 아메리칸 항공의 세이비어 그룹(Sabre Group)은 최근에 자신의 항공사 예약 정보에 대한 데이터 베이스를 구축하여 다른 항공사에 판매하겠다는 계획을 발표한 후 언론으로부터 비

웃음을 받았다.[9]

만일 세이비어 그룹이 그러한 데이터를 판매한다면 인터넷이라는 전세계적인 네트워크를 통해 그러한 데이터는 쉽게 전파될 수 있을 것이다. 저장된 데이터를 이렇게 손쉽게 전달하고 또한 인터넷과 사적인 디지털 네트워크에 크게 의존하여 사업을 행하게 됨으로써 "네트워크 단계"가 도래하게 되었다. 소비자들은 이제 인터넷상의 전자 게시판으로 전해 오는 우편 메시지인 이메일을 통해 판매자들과 접촉하는 것이 일상화되어 있으며, 웹사이트들을 방문하여 온라인 상품 목록을 살펴보고 상품을 구매한다. 이러한 단계에 있어서 정보는 과거와는 비교될 수 없을 만큼 유동성을 지니게 되었고, 정보의 결합을 통해 개인의 행동을 보다 구체적으로 감시할 수 있게 되었다.

전자 상거래(e-commerce)가 지속적으로 발전하고 있다는 것이 의미하는 바는 바로 소비자의 프라이버시 보호를 위한 새로운 격전장이 이제 웹사이트의 상인들에게로 옮아가고 있다는 것이다. 연방통상위원회(Federal Trade Commission, FTC)가 행한 1998년도의 조사에 의하면, 상업적 웹사이트의 92%가 개인정보를 수집하고 있지만 이 중 단지 14%만이 소비자들에게 자신들이 정보를 수집하고 있다는 것을 밝히고 있다.[10] 이들 사이트 중 일부는 대부분의 경우 당사자들에게 이를 알리거나 동의를 구하지 않은 채 이러한 정보를 판매하고 있다.

어떤 경우에는 이용자들은 개인의 신상정보를 교환하는 조건으로 특정한 상품을 약속받기도 한다. 예를 들면, 카틸리나 마케팅(Catilina Marketing Corporation)사는 소비자들이 쇼핑카드 번호와 개인 정보를 제공해 주면 이들에게 그 대가로 온라인 수퍼마켓 쿠폰을 제공하고 있다. 이러한 정보는 그 후에 쿠폰회사와 마케팅 회사에게 재판매된다.

웹상에서의 이러한 활동의 갑작스런 증대는 특히 터무니 없는 프라이버시 침해를 야기하고 있다. 논란을 불러일으켰던 2백만 개의 개인 웹사이트로 구성된 온라인 공동체인 지오시티즈(Geocities)의 사례를 한번 살펴보자. 1998년 늦은 여름에 지오시티즈는 FCT 소송을 피하기 위해 자신들의 정보수집 정책을 수정해야만 했다. 자신의 개인 웹사이트를 개설하기 위해 지오시티즈에 새로 가입한 회원들은 등록양식을 작성하고 또한 자신들의 교육수준과 실제 수입등과 같은 정보를 제공해야만 했다. 회원들은 지오시티즈로부터 "자신들의 허락 없이는 이러한 정보를 공개하지 않을 것이며, 주로 어떤 사람들이 지오시티즈를 방문하는지를 좀더 정확히 파악하기 위해 이러한 정보를 이용할 것"이라는 확답을 받았다.[11)]

그러나 FTC에 따르면, 이용자들이 향후 마케팅 자료로 제공되지 않기를 선택하는 조그마한 창을 확인하지 않았기 때문에 이용자들이 그러한 "승락"을 하게 되었다는 것이다. 실제로 대부분의 이용자들은 이러한 창을 살펴보지 않았고, 그 결과 이용자들의 정보는 CMG 정보 서비스 혹은 인포비트(Infobeat)와 같은 다른 인터넷 회사들에게 널리 유포되었다. 최소한 지오시티즈는 자신들의 고객을 기만했다는 비난을 면치 못한다. 지오시티즈는 급여액과 같은 민감한 개인 정보를 유출하지 않겠다는 자신들의 약속을 지켰어야 했으며, 또한 자신들의 데이터를 공표해도 좋다는 허락을 할 수 있도록 이용자들에게 명료하고도 솔직한 메커니즘을 제공했어야만 했다.

이제 막 상업적 웹사이트를 방문하기 시작한 수많은 어린이들을 대상으로 하는 온라인 마케팅에 대해 특히 심각한 우려가 제기되고 있다. 일부 광고업자들은 어린이들로부터 개인 정보를 수집하는 데 자신들의 웹사이트를 이용하고 있다. 이러한 정보들은 아마도 어린이들이 좋아하는 만화 캐릭터를 통해 선별된 사람들에게 보내지는 이메일 메시지의 토대가 될 것이다. 1998년도에 실시된 FCT의 또 다른 조사에 의하면, 어린이를 겨냥한 212개의 웹사이트 중에서 89%가 어린이들로부터 개인 정보를 수집했으며, 이 중 절반만이 정보를 수집하는 자신들의 행위를 밝히고 있었다.[12] FTC에 의하면, 이러한 행위를 하는 모든 사이트들은 자신들의 행위를 분명하게 밝히고 이러한 개인적인 정보의 수집에 대해 부모가 통제할 수 있는 양식을 제공해야만 한다.

앞서 주장했듯이, 미국의 법률 체계는 일부 이와 같은 관행으로 초래된 프라이버시의 지속적 침해에 대해 속수무책인 상태이다. 이렇게 된 이유 중의 하나는 정보를 교묘하게 처리하여 돈을 벌고 있는 데이터 브로커들과 다른 기업들이 지닌 정치적 영향력에서 찾아볼 수 있다. 정보의 공유와 이에 따라 생겨나는 프라이버시의 침해는 정보 경제에 있어서 불가피하다는 인식 또한 존재한다. 너무나도 많은 상품들과 소비자들의 선택이 존재하는 경제에 있어서, 성공적인 마케팅의 열쇠는 바로 특정 목표를 위한 정보의 선별에 있다.

설사 우리가 이러한 점을 인정한다 하더라도, 그것이 현재의 관행이나 자유방임적인 태도가 전적으로 타당하다는 것을 의미하지는 않는다. 소비자들의 피해를 최소화하기 위해서는 합리적인 기준이 확립되어야만 한다——기업들은 진지하게 관리책임을 충실히 하고, 최소한 이러한 목록들과 우편발송을 중단시킬 수 있는 합리적인 방안을 제공하며, 또한 미성년자로부터 데이터를 수집하는 데 있어 부모의 동의를 구하는 메커니즘을 개발해야만 한다.

마지막으로 우리는 "쿠키 문제"(cookie problem)를 살펴보아야만 한다. 웹사이트 상인들이 자신의 고객들의 움직임을 추적할 수 있는 하나의 방법은 쿠키를 이용하는 것이다. "쿠키"란 이용자들이 브라우저를 통해 어떤 사이트를 방문하게 되면 그 사이트에 의해 이용자의 하드디스크에 기록되고 저장되는 조그마한 데이터 파일을 말한다. 여기에는 비밀번호, 방문한 웹사이트의 페이지 목록, 그리고 마지막으로 이 페이지를 검색한 날짜와 같은 정보들이 담겨져 있다. 이용자가 쿠키를 저장하고 있는 웹사이트를 다시 방문할 때, 이용자의 컴퓨터 시스템은 모든 관련 정보와 함께 쿠키를 아무도 모르게 다시 돌려보내게 된다.

쿠키는 이용자가 특정한 웹사이트를 방문했을 때 이들의 움직임을 추적하는 대표적인 방법이다. 만일 한 소비자가 온라인 서점을 방문한다면 쿠키는 이 사람이 스포츠 서적들을 둘러보는지, 아니면 곧바로 와인과 고급음식에 관한 책을 찾아보는지를 알려줄 수 있다. 만일 어떤 이용자가 단지 사이버 공간에서 상품을 둘러보다가 이 상점에 들리게 되면, 쿠키는 이들이 다시 방문했을 때 이들을 대상으로 한 광고의 토대가 될 수 있는 귀중한 정보를 상인들에게 제공해 줄 수 있다.

비록 인터넷을 통해 물건을 판매하는 대부분의 상인들이 쿠키를 긍정적인 것으로 보고 있다 할지라도, 이러한 기술은 사실상 무서운 "독재자"의 이미지를 연상시키는 일종의 은밀한 감시의 기능을 수행하고 있기 때문에 이에 대해 관심을 기울일 필요가 있다. 결국 쿠키 기술은 누군가가 비디오 카메라를 들고 여러분을 따라오는 것과 같은 것이다. 쿠키는 단지 귀찮은 행위에 불과한 것인가, 아니면 현실적인 피해를 초래할 수 있는 것인가?

쿠키가 현재와 같은 방식으로 이용된다면 이는 확실히 커다란 해악을 초래할 가능성이 있다. 일시적인 기분에서 방문했던 이상한 사이트나 음란한 사이트에서 각 방문자들에게 그들 모르게 쿠키를 보냈다면 어떻게 할 것인가? 이 쿠키들은 이들의 하드 드라이브에 자리를 잡게 되고, 그 컴퓨터와 접속되었을 때 이를 보낸 사람이나 다른 누군가가 이 쿠키를 열어볼 수 있게 된다. 뿐만 아니라 웹사이트들은 자신의 고객을 모니터해서 수집한 이러한 데이터들을 한데 묶어서 재판매할 수도 있다. Amazon.com은 고객들의 독서 습관에 관한 엄청난 양의 정보를 수집해 왔으며, 이 회사의 자료에 따르면 이러한 정보를 제3자에게 판매하는 것을 "금지"하지 않아 왔다.

도덕적인 관점에서 볼 때, 가장 근본적인 문제는 바로 소비자들의 자율성이 상실되고 있다는 점이다. 모든 회사가 이용자들에게 그 사실을 알리고 이에 대한 동의를 구하지 않은 채 이용자의 하드 드라이브에 쿠키 파일을 얹어놓을 수 있어야만 하는가? 이는 각자의 개인용 컴퓨터의 디스크 공간을 포함한 자신의 "사적 공간"을 통제할 수 있는 이용자의 권리를 무시하는 뻔뻔한 행동이라고 주장할 수 있다. 우리의 동의를 구하지 않은 상태에서 어떤 것들(예를 들면, 정크 메일)이 우리가 물리적으로 느끼는 공간으로 배달이 되면 최소한 우리는 그것들에 대해 알 수 있다. 쿠키가 그렇게 문제가 되는 이유는 바로 대부분의 이용자들이 자신들의 움직임을 추적하고 있는 이러한 화일들이 자신들의 컴퓨터 시스템에 의해 수용되고 있다는 사실을 전혀 모르고 있기 때문이다.

이 문제를 매우 간단하게 해결할 방법이 있다. 사전 동의를 구하는 정책을 실시하게 되면, 쿠키 기술에 문제가 있다고 생각하는 사람들에게 이 기술이 도덕적으로 별다른 문제가 없다고 인식시키는 데 큰 도움을 줄 수 있을 것이다. 브라우저에는 이용자가 쿠키를 받아들이기 전에 이를 미리 알려주는 기능이 이미 내장되어 있지만, 기본적인 세팅(default setting)은 웹사이트가 그와 같은 질문을 하지 않고 이러한 파일을 보내도록 되어 있다. 따라서 어떤 전송이 이루어지기 전에 이용자가 항상 이러한 선택을 할 수 있도록 기본적인 세팅을 바꿀 수 있다.

그러나 쿠키를 이용하고 있는 많은 상업적 웹사이트들은 쿠키가 실질적으로 어떠한 폐해도 끼치지 않는다고 주장하면서 그러한 수정은 불필요하다고 강조하고 있다. 최악의 경우 쿠키는 일종의 성가신 것으로, 이용자들이 자신의 웹 브라우저를 쿠키를 컴퓨터에 받아들이지 않도록 세팅함으로써 쉽게 처리할 수 있다는 것이다.

의료 프라이버시

프라이버시에 대한 또 다른 현저한 위협은 의료산업에서 나타나고 있는데, 현재 의료계에서는 비용을 줄이고 고객의 편의를 증대시키기 위해 온라인을 통해 환자의 진료 기록이 이루어지고 있다. 보험업자와 보건단체, 그리고 의사들은 이제 인터넷을 이용하여 환자들에게 검사 결과나 의료비 지출 내역과 같은 개인적인 의료 정보를 제공하고 있다. 조만간에 보건단체인 카이저 퍼머넌트(Kaiser Permanente)는 연구소 실험 결과를 인터넷을 통해 환자들에게 제공할 예정이다. 각 환자는 자신의 의료 기록을 볼 수 있는 개인별 신원 확인번호를 부여받게 될 것이다. 의사들 또한 이메일을 통해 자신의 환자들과 커뮤니케이션을 하기 시작했다. 환자들은 이러한 접근의 용이함과 편리함을 좋아하고는 있지만, 안전 문제와 프라이버시에 대해서는 우려를 표명하고 있다. 더군다나 아팔라치아의 한 의사는 온라인상에 의료 데이터를 올리는 것을 적극 후원하였는데, 그는 환자의 동의하에 환자들의 의료 기록을 인터넷에 올려왔다. 그가 희망했던 바는, 만일 자신의 환자들 중 어느 누가 이 시골 지역의 응급실에 실려갔을 경우, 그곳에 있는 의료진들이 인터넷을 통해 곧바로 이 환자의 의료 기록을 볼 수 있게 하는 것이었다.

프라이버시와 관련해 가장 중요한 관심은 신중을 요하는 환자의 데이터가 온라인상에 올려져 노출됨으로써 수많은 회사들이 접근할 수 있게 될 것이라는 점이다.

의약품 조제 데이터에 있어 이미 벌어지고 있는 바를 한번 살펴보도록 하자. 아엠에스 아메리카(IMS America)와 PCN(Physicians Computer Network)과 같은 일부 회사들은 환자의 질병과 그러한 질병에 처방된 의약품에 관한 정보를 전문적으로 수집하고 있다. 이들 회사들은 병원과 보건단체, 그리고 약국이 관리하는 데이터베이스에 곧바로 접속하여 이러한 정보를 얻어내고 있는데, 제약회사들은 바로 이러한 정보에 눈독을 들이고 있다. 이러한 기록들을 손에 넣게 되면 환자의 이름과 기타 개인 정보들을 쉽게 얻게 된다. 그러나 IMS는 자신들이 HMOs나 약국들로부터 이러한 데이터를 구입할 때, 종종 여기에는 환자의 이름도 함께 포함되고 있음을 인정하고 있다. 이 회사는 매우 조심스럽게 그러한 이름과 기타 신원을 확인할 수 있는 것들을 삭제하고 있지만 같은 업종에 종사하는 다른 회사들도 과연 이와 같이 양심적으로 행동할 것인가?

분명히 이러한 행위 그 자체는 많은 문제를 야기하고 있다. 의

사와 약사들이 그와 같이 예민한 정보들을 환자에게 알리고 동의를 구하지 않은 채 이러한 브로커들에게 맡기는 행위가 과연 도덕적으로 용납될 수 있는가? 그러한 행위가 정보를 관리해야 할 의무와 과연 부합되는가? 개인의 신원을 확인할 수 있는 것들(이름, 주민등록번호)은 절대로 이 데이터에 포함시키지 못하게 하는 보다 엄격한 안정장치가 있어서는 안 되는가?

연구소의 실험 결과를 온라인을 통해 누구나 볼 수 있게 된다면, 의사와 환자를 제외하고 구체적으로 어떤 사람들이 이를 볼 수 있어야 하는가? 특정한 제3자에게도 허용될 것인가? 처방된 의약품에 관한 데이터를 누구나 볼 수 있도록 하는 것이 어떤 선례가 된다면, 이러한 실험 결과는 사람들이 생각하는 것보다 훨씬 더 보안을 유지하기 힘들어질 것이다.

그러므로 소비자 프라이버시와 마찬가지로 의료 프라이버시 또한 우리의 정교한 정보 기술 체계의 희생양이 될 운명에 처해 있다. 너무 많은 의료 데이터를 온라인상에 올려놓게 되면 간혹 적절한 안정 장치도 없는 상태에서 정부와 보건업계, 그리고 정보산업은 비밀이 보장되어야 하는 의사 - 환자 관계의 토대를 무너뜨리는 상황을 유발할 가능성이 있다. 온라인상의 의료 데이터들이 보다 효율적인 건강 관리에 도움을 줄 수 있다는 것은 의심의 여지가 없지만, 그러나 인터넷 이해 당사자들은 그러한 효율성을 위해 어느 정도의 프라이버시를 희생할 각오를 해야만 한다.

매우 예민한 의료 정보들에 대해서는 정부가 개입하여 의료 프라이버시에 대한 이와 같은 침해를 방지할 필요가 있다. 그러나 미 연방정부의 최근의 행동은 문제를 해결하기보다는 오히려 문제를 야기하고 있다. 클린턴 행정부가 모든 미국인들에게 고유한 의료 인식 번호를 부여하여 모든 사람의 의료 기록을 출생에서 사망시까지 추적할 수 있도록 할 예정이라는 발표를 하였을 때 엄청난 항의 시위가 대대적으로 일어났다. 행정부는 이에 굴복하였고, 인식 번호를 부여할 계획은 보류되었다. 그러한 계획은 정부가 과연 객관적이고 신중하게 의료 프라이버시를 규제할 능력이 지니고 있는지에 대해 회의적인 생각을 갖게 하는 결과를 낳았다.

프라이버시는 검열인가?

만일 자율적이건, 기술을 통해서건, 아니면 연방법규에 의해서건 간에 강력한 프라이버시 보호 정책이 실시된다면 정보가 자유롭게 유통될 수 있는 영역은 불가피하게 제한을 받게 될 것이다. 이는 사회경제적으로 매우 부정적인 영향을 미치게 될 것이고, 따라서 그러한 정책이 시행되기 전에 반드시 이러한 영향에 대해 신중하게 검토해 보아야만 한다.

보다 강력한 프라이버시권에 대해 반대하는 사람들이 주장하는 바는 프라이버시를 보호하기 위해 정보의 흐름을 규제하는 것은 검열과 다르지 않다는 것이다. 카토 연구소(Cato Institute)의 싱글톤(Solveig Singleton)은 《The Wall Street Journal》과 《Forbes》와 같은 주요한 경제지에 대서특필되었던 자신의 대표적인 논문 속에서 이러한 견해를 대변하였다.[13]

싱글톤은 새로운 프라이버시권을 만들어내기 위해 자유로운 표현권이 유린되어서는 안 된다는 점을 강조한다. 그의 주장은 소비자에 관한 데이터베이스가 새로운 혹은 유례 없는 위협이 되지는 않는다는 것이며, 또한 기술이 이용되기 이전에 정보 교환의 기초가 되었던 가십(시중에 떠도는 소문들)과 같은 전통적인 정보의 수집과 유포 방식에 비해 더 나쁜 것도 아니라는 것이다. 조그마한 마을 안에서 비공식 통로를 통해 자유롭게 교환되는 가십은 최소한 이보다는 더 정확하고 공정한 사적인 데이터베이스에 비해 훨씬 많은 폐해를 초래할 수 있다. 소비자 데이터베이스는 단지 그러한 작은 마을에서 소비자와 상인간에 이루어진 보다 직접적인 정보의 유통을 정형화한 것에 지나지 않는다. 이는 소비자들이 구체적으로 원하는 바와 선호하는 것들, 그리고 이들의 신용상태 등을 보다 효율적으로 꾸준히 확인할 수 있는 대표적인 방법이다. 그러므로 만일 사적인 대화를 통해 이루어지는 이와 같은 유해한 개인 정보의 교환 방식을 규제하지 않는다면, "소비자 데이터베이스에 대한 규제를 정당화시킬 수 없다."[14]

더 나아가 싱글톤은 상업적인 차원에서 이루어지는 정보 수집과 보다 비공식적이고 우연한 방식으로 이루어지는 정보 수집간에는 아무런 차이가 없다고 주장한다. 한 개인의 구매 습관에 관한 정보는 "상품을 구매하는 사람 뿐만 아니라 상품을 판매하는 사람들의 소유이기도 하다."[15] 상인들이 이러한 정보를 이용하여 더 많은 제품을 판매하려고 하면 우리에게는 매우 성가신 일이 될 것이지만, 그러한 성가심이 엄격한 규제를 정당화하지는 않는다.

따라서 싱글톤은 정보 수집에 있어 (특정 목적을 위해 수집된 정보가 다른 목적으로 이용되기 위해서는 먼저 소비자들의 분명한 승인을 얻어야만 하는) "자발적 가입"(opt-in) 의무 조항과 같은 규제 조치들은 용납될 수 없으며, 이는 표현의 자유에 가해지는 일종의 "(중요 자료의) 공개금지령"(priorrestraint)을 의미한다고 결론내리고 있다. 그러나 그는 상업용 데이터베이스에 비해 프라이버시와 자율성에 대해 훨씬 심각한 위협이 되고 있는 정부 데이터베이스와 관련해서는 근본적으로 다른 견해를 제기하고 있다 : "국가는 사적 영역에 비해 훨씬 더 많은 권력을 요구하고 있기 때문에——권력이 주어지면 그 후에는 남용된다——정부 데이터베이스는 가공할 만한 위험이 된다."[16] 정부가 예민한 데이터에 접속하는 데 주민등록번호와 같은 고유한 식별번호에 의존하게 되면 이 문제는 더욱 복잡해진다.

이러한 주장이 설득력을 갖는가? 정부를 더 우려해야 하는가, 아니면 민간기업을 더 우려해야만 하는가? 인터넷을 통한 데이터 전송이 과거 유행했던 가십의 보다 세련된 형태인가?

싱글톤은 개인 정보의 잘못된 이용에 수반되는 위험성을 간과하고 있다. 정교한 정보기술(IT : Information Technology) 시스템의 발전으로 인해 값싸고도 효율적으로 개인정보를 수집하고 재결합하고 분류하는 것이 가능해졌다. 예를 들어 신용카드 회사는 (이름, 주소 그리고 전화번호와 같은) 신원을 확인할 수 있는 정보에 관한 기록을 작성하여 여기에 구매 기록을 첨가시키고, 이를 다시 다른 곳에서 사들인 금융 정보와 결합시킬 수 있다. 이렇게 만들어진 신상명세서는 포장되어 이에 관심을 갖는 3자에게 다시 팔릴 수도 있다——아마도 보험회사들은 우리와의 보험 계약을 갱신하거나 보험료를 상정하기 전에 우리에 대해 좀더 많을 것을 알고자 할 것이다. 갠디(Oscar Gandy)가 지적했듯이, 이와 같은 개인 정보의 수집과 재이용은 사람들을 다양한 범주로 분류할 때 이용되는 일종의 "복잡한 선별 기술"인, 팬옵틱 소트(panoptic sort : 한눈에 모든 것을 알 수 있는 분류)의 일부인 것이다. 팬옵틱 소트가 지닌 위험성은 바로 "개인 정보가 마케팅 조사에 있어 개인들을 포함시키는 데에 이용되고 있을 뿐만 아니라, 고용·보험·주택·교육, 그리고 신용과 관련된 다른 삶의 기회로부터 개인들을 배제하는 데에도 이용될 수 있다는 것이다."[17]

정보기술은 가십과는 비교할 수 없을 만큼 강력한 영향력을 미치고 있으며, 근본적으로 심각한, 그리고 오랫동안 영향을 미치는 전례 없는 프라이버시 침해를 야기하고 있다. 사람들은 그 지역 상인들을 좋아하며, 일상생활을 통해 접하게 되는 마을에 떠도는 가십들은 대부분 곧 잊혀진다. 그러나 거대한 데이터 저장소로서의 정보기술 시스템에는 망각이란 없다. 또한 사람들을 분류하고 구체적인 신상 기록을 작성하였기 때문에 이들은 손쉬운 선별 대상이 되어 결국에는 어떤 중요한 서비스로부터 배제될 수 있다. 이들은 경제적 불이익 뿐만 아니라 심지어는 공개적인 망신을 당할 수도 있다. 이러한 신상명세서는 소비자와 중요한 서비스를 제공하는 기업간의 정보의 불균형을 초래하고 있다. 이러한 전과정을 통해 기업의 권한은 강화되고 소비자의 자유는 감소되고 있다.

그러므로 프라이버시 보호를 둘러싼 이해 관계는 싱글톤이 생각하는 것보다 훨씬 복잡하다. 만일 프라이버시 보호가 단지 가십이라는 매체가 아닌 전자기기를 통한 정보 전달의 문제라면 이는 별 문제가 되지 않는다. 그러나 문제는 단순한 정보의 유포가 아니라 팬옵틱 소트에 있다. 특정한 방식으로 사람들을 구분한 신상명세서를 작성하기 위해 개인 정보가 수집되고 재결합되어 분류된다. 예를 들어, 어떤 데이터 브로커는 정기적인 신청서와 심지어 에이즈(AIDS) 긴급 직통전화로의 통화를 채취하여 작성한 동성애자들의 명단을 판매하고 있다. 이는 기본적으로 마케팅 목적으로 기술을 이용하여 우리들을 어떻게 분류하고 있는지에 관한 많은 사례중 단지 한 사례에 불과하다. 그러나 이러한 명단들이 사이버 공간을 통해 유포되고 다른 명단들과 결합되게 되면, 어느 누구도 궁극적으로 이러한 것들이 어떤 목적을 위해 이용될 것인지 장담할 수 없다.

유럽에서의 프라이버시 보호

자율적인 규제에 많이 의존하는 경향이 있는 미국과 같은 국가들에 비해, 유럽 국가들은 한동안 훨씬 엄격한 프라이버시 보호 정책을 추구해 왔다. 마케팅 목적을 위한 개인 정보의 판매 뿐만 아니라 전화를 이용한 마케팅까지도 금지하는 법률이 전유럽에서 시행되고 있다. 또한 이러한 법률들은 일반적으로 "인터넷을 통해 수집된 데이타를 기초로 파일을 만드는 것, (그리고) 개인적인 데이터 파일을 인터넷을 통해 전송하는 것"을 금지함으로써 이용자들을 보호하고 있다.[18]

뿐만 아니라 독일과 네델란드, 그리고 스웨덴 같은 유럽 국가들은 프라이버시 보호를 전담하는 정부 기관들을 설립하여 왔다. 스웨덴의 경우 데이터 조사국(Data Inspection Board, DIB)은 고객 정보가 담긴 상업용 데이터베이스를 관리하는 사람들에게 면허증을 발급하여, 여러 데이터베이스를 통해 정보를 조합하거나 재결합하는 모든 행위를 철저히 감시하고 있다.

1998년 가을, 모든 회원국들을 대표하여 유럽연합(EU)은 개인 정보의 매매를 금지하는 법률을 시행하였다. 이것이 바로 '데이터 보호에 관한 EU 명령'(EU Directive on Data Protection)이다. 《뉴욕 타임즈》에 의하면 "회사가 고객들이 전혀 눈치채지 못하는 방법으로 고객들의 정보를 이용하는——예를 들면, 이러한 정보를 마켓팅 도구로 이용하고자 하는 다른 회사에게 판매하는——것을 금지하려는 것이 바로 이 법의 목표이다."[19]

이 명령이 각 회원국에서 구체적인 법률로 번안되어 시행된 이후, 유럽과 미국간의 전자 상거래가 위축될 수 있다는 우려가 확산되었다. 이 명령에는 유럽연합 회원국들에 대해 이에 상응하는 보호 규정을 두지 않고 있는 모든 국가로의 개인 정보 유포 행위를 금지하는 조항이 담겨져 있다. 이것이 의미하는 바는, 유럽은 유럽과 미국에서 활동하는 다국적 기업에 의해 이루어지고 있는 데이터의 전송을 차단하겠다는 것이다. 또한 이 법은 미국의 전자 상거래 회사들이 특정한 프라이버시 기준에 동의하지 않는 한, 설사 그것이 온라인 거래에 있어 대표적인 행위라고 할지라도 유럽 소비자들로부터 고객 정보를 수집하려는 어떠한 행위도 금지하고 있다.

이 명령의 핵심은 바로 개인 정보와 관련된 소비자의 기본권을 보장하는 데 있다. 정보가 언제 수집되고 그러한 정보가 어떻게 이용되는가를 알 권리, 정보를 수집하는 사람들의 신원을 알 권리, 데이터 파일에 저장된 정보를 열람할 수 있는 권리, 그리고 파일에 담긴 잘못된 혹은 불완전한 정보를 수정할 수 있는 권리가 여기에 포함된다.

프라이버시 보호에 관한 유럽식의 접근 방법은 체계적인 규제 시스템이 어떻게 기능할 수 있는가에 대한 하나의 모델을 제시해 주고 있다. 소비자의 프라이버시권을 상세하게 규정하는 포괄적인 법률과는 별도로, 규정을 준수하고 있는지를 감독하고 위반자를 처벌할 수 있는 행정적인 뒷받침이 필요하다. 이러한 모델이 지닌 장점들을 부정하는 사람들은 하나도 없지만, 선진국과 개발도상국의 모든 정부는 그러한 행정 기능에 투자를 하거나 자국민들의 프라이버시를 보호하기 위한 정보수사대를 설립하는 데 주저하고 있다. 그렇지만 이것만이 진정으로 자국민들의 프라이버시를 효율적이고 안정적으로 보호할 수 있는 유일한 방법일 것이다.

프라이버시와 인터넷 기술

지금까지 이 장에서 우리는 프라이버시의 침해를 주도하고 있는 핵심적인 기술들에 관해 살펴보아 왔다. 데이터베이스와 이에 대한 검색 기술의 발전으로 엄청난 양의 개인 정보를 축적하는 것이 가능해졌으며, 호기심 많은 이용자와 편의를 추구하는 기업들은 이러한 정보들을 쉽게 얻을 수 있게 되었다. 인터넷에 있어 쿠키와 같은 기술들은 다른 웹 상점에서 쇼핑하고 있는 이용자들에 대한 감시까지도 가능하게 하고 있다. 이러한 기술은 특히 치명적인 것이 될 수 있는데, 그 이유는 이 기술을 통해 이용자가 자신의 하드 드라이브에 쿠키가 심어져 있다는 것을 인식하지 못한 상태에서 은밀하게 정보를 수집할 수 있기 때문이다. 만일 미래의 인터넷 기술이 계속해서 이와 같이 은밀하게 작동된다면, 이것이 프라이버시에 대해 시사하는 바는 무엇인가?

1999년 초에 인텔사가 자신의 차세대 컴퓨터 칩인 팬티엄 III(Pentium III)에 식별번호를 부여하겠다는 계획을 발표하자 인터넷 기술과 프라이버시를 둘러싼 논쟁이 격화되었다. 일련번호를 부여하려는 근본 목적은 상업적 거래에 있어서 이용자의 신원을 확인할 수 있고, 또한 회사나 조직이 그들의 컴퓨터 장비를 보다 용이하게 추적할 수 있게 하려는 것이었다. 위조될 수 있는 디지털 증명서와는 달리, 이는 거의 오류가 없이 개인의 실제 디지털 신원을 확인할 수 있는 방법으로 여겨졌다.

그러나 프라이버시를 강조하는 사람들은 이와는 전혀 다른 생각을 지니고 있었으며, 즉각적으로 FTC에 인텔사에 대한 이 칩의 판매 철회 명령을 내리도록 요청하였다. 반대 운동이 격화되고 불매 운동을 하겠다는 위협이 가시화되자, 인텔사는 이용자가 시행하지 않으면 일련번호는 무용지물이 되도록 이 칩을 수정하기로 양보했다. 이러한 방안조차도 인텔사를 비판했던 사람들을 만족시키지는 못했는데, 이들은 개인용 컴퓨터 제조업자들은 일련번호가 작동 못하게 하는 소프트웨어 장치를 쉽게 제거할 수 있으며, 또한 일련번호가 작동되는 상태로 제품을 포장할 수도 있다는 점을 지적하였다. 그 밖의 사람들은 여전히 외부 침입자들이 시스템을 파괴하고 스위치를 작동시킬 수도 있다는 점을 우려하였다.

인텔의 일련번호가 온라인상의 상업적 거래에 있어 안전성을 향상시키고 개인 정보를 훔치거나 속이는 행위를 방지하는 데 도움을 주게 될 것이라는 데에는 모두 동의하고 있다. 그렇지만 여기에는 심각한 프라이버시 침해를 초래할 가능성이 내포되어 있다. 쿠키가 지닌 식별 메커니즘과 마찬가지로, 이 기술 또한 인터넷 상인들이 일련번호에 대한 검색을 통해 온라인상의 소비자들을 은밀하게 추적하는 것을 가능하게 하고 있다. 비록 인텔사가 일련번호와 연계된 소비자들의 이름이 담긴 완전한 데이터베이스를 구축하려는 어떠한 의도도 없음을 천명하고는 있지만, 미래에 어떤 일이 벌어질지는 아무도 모른다.

컴퓨터에서 철저하게 이루어지는 디지털 신원 확인은 사이버 공간에서의 새로운 신원 확인 기술을 단적으로 보여주는 것으로, 이는 신원을 확인할 뿐만 아니라 신원이 확인된 이용자들을 어떠한 통보나 사전 동의 없이 온라인상에서 추적하기도 한다. 다시 한 번 기술이 발전함에 따라 이용자에 대한 감시와 신상자료 작성 기술 또한 전혀 새롭고 보다 우려할 만한 차원에서 이루어지고 있음을 알 수 있다.

그러나 정면으로 맞대응하는 것이, 다시 말해 프라이버시를 위협하기보다는 오히려 이를 보호하는 기술을 이용하는 것이 과연 가능한가? 암호를 이용하면 소비자에 관한 정보를 얻기 위해 혈안이 되어 있는 사람들의 활동을 규제할 수 있을 것인가?

그러한 가능성을 지닌 하나의 기술이 바로 월드 와이드 웹 컨소시엄(World Wide Web Consortium : W3C)에 의해 개발된 프라이버시 보호계획안(Platform for Privacy Preferences Project) 또는 P3P라는 것이다. P3P는 어떤 정보들을 공개할 것인지, 그리고 그러한 정보들을 어떻게 다룰 것인지에 대해 이용자와 웹사이트가 서로 협의할 수 있는 기술적 토대를 제공해 주고 있다. 그것은 대개 다음과 같이 작동한다 : 이용자는 자신의 웹 브라우저에 개인 정보를 입력하고 이러한 정보가 공개되어도 좋은 조건들을 상세히 기술한다. 예를 들어, 제3자에게 판매하지 않는다는 조건하에 웹사이트로 정보를 전송할 수 있다. 인터넷을 검색하다 보면 이용자는 정보를 수집하는 어떤 웹사이트와 만나게 된다. 만일 그 웹사이트가 이용자가 제시한 조건을 충실히 이행하는 정책을 시행하고 있다면, 개인적인 정보는 자동적으로 그 웹사이트에 전송된다. 그러나 만일 그 웹사이트가 다른 기준하에서 정보를 수집한다면, 브라우저는 이용자에게 경고를 내리고 개인 정보의 전달해도 좋은지를 물어보게 된다. 그리고 만일 이용자가 이를 허용하지 않으면 그 웹사이트와의 접속은 종료될 것이다. 관련 웹사이트들은 그대로 컴퓨터에 의해 처리될 수 있는 제안서를 제공하고 있으며, 이 제안서는 이용자의 대리인, 즉 일반적으로 이용자의 웹 브라우저에 의해 자동적으로 해석된다. 쿨 카타로그(Cool Catalog)라고 불리는 온라인 회사의 제안서는 다음과 같다:

> 우리는 우리의 HTTP 작동 기록을 통해 클릭 스트림에 대한 데이터를 수집하고 있다. 또한 여러분이 관심을 보이는 의류제품에 맞춰 카탈로그를 제작하기 위해, 그리고 자체 연구와 상품 개발을 위해 우리는 여러분의 이름과 나이, 그리고 성별에 관한 정보를 수집하고 있다. 우리는 이러한 정보를 개개인을 식별하는 방법으로 이용하지 않는다. 우리는 이러한 정보를 외부로 유포시키지 않는다. 여러분에게서 얻은 정보에 대한 접근권을 부여하지는 않지만 보호와 삭제 정책을 실시하고 있으며, 이에 대해서는 여러분이 우리 회사의 프라이버시에 대한 규정을 담고 있는 http://CoolCatalog.com/Privacy/Practice.html에서 확인할 수 있다. 우리가 이러한 규정을 준수하고 있다는 것은 PrivacySeal.org가 보증한다.[20]

P3P는 아직도 실험단계에 있지만, 미리 정해진 부적절한 방식으로 소비자들로부터 개인 정보를 수집하는 행위를 자동적으로 방지할 수 있는 하나의 대표적인 방법임에는 틀림없다. 매우 복잡하다는 일부 결점도 있지만 P3P는 매우 상당한 이점들을 지니고 있다. 이용자들은 다양한 웹사이트와 일 대 일의 관계를 구축할 수 있으며, 그 사이트가 시행하는 정책에 따라 서로 다른 양의 데이터를 제공할 수도 있다. 결국 이용자의 정보는 자동적으로 전송되고, 이로 인해 반복해서 자판을 두들길 필요가 없어지게 된다.

P3P가 프라이버시 보호에 있어 일종의 만병통치약은 결코 아

니지만, 자신의 개인 정보를 공개하는 방식을 이용자가 결정할 수 있게 해주는 제1세대 기술을 대표하고 있다. 만일 이것이 널리 이용되고 좀더 보완된다면 P3P는 자신들의 프라이버시를 지킬 수 있도록 소비자들을 도와주는 적절한 역할을 수행할 수 있을 것이다.

해결 방안의 모색

프라이버시 문제가 만족스럽게 해결될 수 있을까? 일부 민감한 정보는 공개되지 않고 보호받을 수 있도록 상황이 반전될 수 있을까? 이 모든 정보가 일종의 온라인 상품인 이상 이러한 추세를 반전시키기는 매우 어려울 것이다. 그럼에도 불구하고 피해를 최소화하고 개인의 의료기록과 같은 민감한 데이터를 보호하기 위한 조치들이 취해져야만 한다. 규범, 자유시장의 힘, 규제 혹은 기술 등을 어떻게 적절히 이용하면 이 문제에 대한 최적의 해결책을 수립할 수 있을까?

프라이버시의 보호와 관련하여 기본적으로 두 개의 방안이 이용된다. 첫번째는 주로 법적 규제를 통해 이루어지는 정부의 규제로, 유럽과 같은 국가들이 주로 이용하고 있다. 두 번째는 자율적인 규제에 의존하는 것으로, 시장과 규범 그리고 기술과 같은 다양한 규제를 적절히 활용하는 것이다. 정보를 수집하는 사람들과 정보를 관리하는 사람들은 모두 합리적인 프라이버시 보호 정책을 개발할 책임을 지닌다. 이들은 다이렉트 마케팅협회(Direct Marketing Association)와 같은 기업 연합체나 혹은 심지어 정부 기관에 의해 설정된 비공식적이고 자의적인 기준에 따라 움직일지도 모른다.

먼저 정부 규제에 대해 살펴보자. 몇 가지 가능한 규제 모델을 생각해 볼 수 있다. 예를 들면 정부는 어떤 형태의 '사전 동의'(informed consent)를 의무화할 수 있다. 상인들은 누군가와 관련된 개인 정보를 판매하거나 재이용하기 전에 반드시 승인이나 동의를 얻도록 법적으로 의무화할 수 있다. 이러한 모델은 다시 둘로 구분된다. 첫번째는 개인들이 자신들의 개인 정보에 대한 이차적 이용을 분명하게 승인해야만 되는 "자발적 가입"(opt - in) 방식이다. 예를 들어, 만일 누군가가 대출을 받기 위해 신용에 관한 데이터를 은행에 제출했을 경우, 이 은행은 이 사람의 승인 없이는 이 데이터를 마케팅 회사에 판매할 수 없다. 두 번째는 "자발적 탈퇴"(opt-out) 방식으로, 이는 개인들이 상인에게 이에 동의하지 않는다는 의사를 분명하게 전달하지 않는 한, 자신들의 개인 정보들이 다른 목적으로 이용될 수 있다는 것을 통보받는 방식이다. 만일 사전 동의 제도가 제대로 운영된다면, 이는 결국 소비자들의 이익과 기회를 보장하는 규제 장치가 될 수 것이다. 즉, 그러한 정보에 대한 어떠한 재이용도 적절한 방식으로 반드시 이용자에게 통보해야 하며, 또한 이용자는 이를 규제할 수 있는 온당한 기회를 부여받아야만 한다.

정부 또한 정보 소유에 관한 규정들을 개정할 수 있다. 결국 개인에 관한 신용, 의료 혹은 기타 정보를 누가 진정으로 소유하는가? 현재의 법률은 애매모호한 상태이며, 이로 인해 이러한 정보를 수집하고 있는 대부분의 조직들은 이에 대한 소유권을 주장하고 있는 상태이다. 그러나 정보를 수집하는 활동이 자동적으로 어떤 재산권을 가져다 주는 것은 결코 아니다. 그렇다면 이러한 정보에 대해 가장 합법적으로 소유권을 주장할 수 있는 사람은 과연 누구일까?

일부 학자들이 제기해서 논란이 되고 있는 패러다임은 어떤 사람의 개인 정보는 그 사람의 사유재산으로 간주하자는 것이다. 이러한 패러다임에 따르면, 개인은 자신에 관한 모든 개인 정보에 대해 소유권을 지녀야만 한다는 것이다. 특히 그러한 정보가 어떻게 이용되는가 하는 것은 개인에게는 매우 중요한 이해 관계를 지니는 문제이기 때문에 더욱 그래야 한다는 것이다. 만일 우리의 정보가 실제로 경제적인 가치를 지니고 있다면, 어떤 기업이 이를 이용해 어떤 이득을 얻었을 때 우리는 이에 상응하는 적절한 보상을 받아야만 한다. 개인에게 그와 같은 재산권을 부여함으로써 사회는 개인 정보가 지닌 경제적 가치와 소유의 본질을 인식하게 된다.

일단 정보가 법적 구속력을 지닌 자산인 사유재산으로 간주되면 정보가 오남용으로부터 보호받을 수 있는 경우는 언제인지, 자신의 정보가 제3자에 의해 이용되었을 때 개인들은 어떻게 보상받아야 하는지, 그리고 공공정책 혹은 나아가 기술 개발을 위해 정보가 양도되는 경우는 어느 때인지를 규정하는 일련의 법률과 이에 상응하는 적절한 규제들이 마련될 수 있다. 재산권은 절대적인 것은 아니며, 극단적인 경우 개인이 소유하고 있는 토지에 대한 권리가 토지수용권에 종속되듯이 개인 정보도 경우에 따라서는 공공의 이익을 위해 희생되어야만 한다.

비록 이러한 관점이 이론적으로는 타당하지만, 유감스럽게도 여기에는 많은 실천상의 문제들이 수반된다. 이용자들은 자신들의 정보를 수집하려고 하는 모든 상인들 혹은 인터넷 사업자들과의 협상을 강요받게 될 것이다. 이는 상업적 데이터의 자유로운 흐름을 위축시키는 결과를 초대할 것이며, 또한 이용자와 사업자 모두에게 있어 많은 시간을 소비하게 되는 부담이 될 것이다.

온라인 거래에 있어서 소비자를 보호하기 위한 프라이버시 보호법안의 필요성을 주장하는 사람들은 특정한 형태의 자율 규제를 채택하고 있는 기업들이 실제로 뚜렷한 행적을 보이지 않고 있다는 점을 지적하고 있다. 기업들이 스스로를 단속할 수 있는 도덕적 규율을 지니게 될 것이라는 데에 이들은 회의적인 반응을 보이고 있다. 이들의 생각은 오직 전국적으로 통일된 프라이버시 보호 기준을 담고 있는 연방법률만이 소비자의 프라이버시를 보호할 수 있다는 것이다. 더군다나 이들은 이러한 규제 모델이 많은 유럽 국가에서 효과를 거두고 있음을 강조하고 있다.

두 번째 접근 방식은 개인 정보를 수집하고 유포하는 단체가 개인의 프라이버시권을 침해하지 않도록 스스로 규제하도록 하는 것이다. 이러한 규제는 시장으로부터의 압력이나 혹은 프라이버시권에 대한 존중과 같은 다양한 동기에서 이루어질 수 있다.

간혹 시장이 지닌 "보이지 않는 손"은 실제로 기업들로 하여금 순전히 현실적인 이유에서 특정한 도덕 규범을 준수하게끔 만들지만, 과연 이것이 프라이버시권과 관련되어 이루어지는 것일까? 만일 프라이버시가 소비자에게 매우 중요한 것이라면, 일부 상인들은 결국에는 비밀보장 약속을 통해 이를 인정하게 될 것이다. 이는 자신의 고객들에게 확신과 신뢰감을 높여주게 될 것이다. 그러므로 소비자의 요구와 경쟁에서 오는 압력으로 인해 기업들은 프라이버시와 안전에 관한 보다 엄격한 기준을 마련하지 않을 수 없게 될 것이다. 비밀보장과 철저한 안전을 이행하는 데에는 많은 비용이 소요되지만, 자신의 프라이버시에 관심을 갖는 소비자들은 이를 위해 좀더 지출하는 데 주저하지 않을 것이다. 특히 전자 상거래가 아직 완전히 정착되지 않은 사이버 공간에 있어서는 프라이버시 보호에 대한 관심이 그다지 높지 않기 때문에 더욱 그러할 것이다. 일부 소비자들은 자신들의 온라인 거래에 있어 비밀과 안전에 대한 철저한 보장을 위해 기꺼이 추가 비용을 부담하고자 할 것이다.

그러나 자유시장 메커니즘만으로 프라이버시 침해라는 대세를 완전히 역전시키기는 매우 어려울 것이다. 일부 기업들은 기회주의적인 마케팅을 통해 프라이버시에 대한 관심을 유리하게 이용하고자 하겠지만, 정보라는 상품의 거래에서 오는 대가와 마케팅 이득이 너무나도 크기 때문에 현재와 같은 약탈적인 정보 수집 관행을 시장의 힘에 의존하여 통제하기란 불가능하다.

다른 이유에서 기업들이 자기 스스로를 규제할 수도 있다. 기업들은 그들 스스로 행하는 자율적인 규제에 비해 더욱 부담이 될지도 모를 정부 규제를 사전에 봉쇄하고자 할 것이다. 혹은 기업들이 보다 순수한 동기에서 프라이버시 보호 기준은 지켜져야 하며, 또한 윤리적으로 행동해야 한다는 확신을 지니고 있을 수도 있다. 어떤 경우이건 간에 자율적인 규제가 이루어진다면, 이는 이 모든 동기들이 부분적으로 다 관련되고 있기 때문이다.

강력한 영향력을 행사하고 있는 DMA와 같은 일부 미국의 단체들은 오랫동안 이러한 접근 방식을 옹호해 왔으며, 회원사들을 위한 프라이버시 보호원칙들을 수립해 왔다. 이러한 원칙에는 온라인 회사들이 소비자들에게 자신들의 정보가 어떻게 이용될 것인지에 관해 알려주고 이를 준수하도록 하는 것이 포함되어 있다. DMA는 이러한 원칙들을 철저하게 준수하고 있는 웹사이트에 대해 인증서를 발급하고 있다.

결국 우리는 제3의 가능성, 즉 기술의 도움을 받아 소비자들이 자신들의 프라이버시권을 보호하는 데 직접 참여할 수 있는 보다 소비자 위주의 접근 방식에 대해 관심을 기울일 필요가 있다. 정부의 규제나 기업들의 일관된 자기규제가 존재하지 않는다면 소비자들은 P3P와 같은 인터넷 기술을 수용하고 온라인 기업들도 이를 따르도록 압박함으로써 프라이버시 문제를 자기 스스로 해결하고자 할 것이다. 적절하게만 이용된다면 P3P와 관련 기술들은 프라이버시권과 경제적 효율성간의 올바른 균형을 성취할 수 있는 잠재력을 지니게 될 것이다.

프라이버시에 관한 대처 방안

유럽의 경우 정부에 의해 시행되는 포괄적인 규제 조항들은 프라이버시의 문제가 변덕스런 시장이나 불안한 자기규제에 맡겨질 수 없다는 것을 단적으로 보여주는 것이다. 미국의 경우, 이와 같은 복잡한 문제에 적절하게 대처할 수 있는 보다 신중하고 세심한 해결 방안이 필요하다. 비밀이 새어나가 심각한 폐해를 초래할 수 있는 상황에서는 연방법의 제정이 필수적이다. 신용 정보를 보호하는 법률(Fair Credit Reporting Act)은 이미 존재하고 있으며, 의료 정보는 그 특성상 매우 예민하기 때문에 궁극적으로는 이러한 정보를 보호할 정부규제 또한 필요할 것이다. 어떤 종류의 정보를 보호할 것인지를 결정하는 데 있어서는 비례의 원칙이 적용되어야만 한다. 즉, 정보의 부당한 누설로 인한 잠재적 피해에 상응하는 정부규제가 필요하다.

하나의 타당한, 그러나 확실히 논란의 여지가 있는 사례가 있을 수 있는데, 바로 일반적인 소비자 데이터는 이러한 비례의 원칙에 따르지 않고 있다는 점이다. 이용자의 쇼핑 정보는 의료나 재정 정보에 비해 덜 민감한 정보가 된다. 그럼에도 불구하고 이러한 데이터도 일정한 수준의 보호를 받고 있다. 새로운 법을 제정하지 않고도 상당한 프라이버시 보호 효과를 지니고 있는 P3P와 같은 메커니즘을 이용하는 것도 하나의 현실적인 대안으로 고려해 볼 수 있다. P3P는 온라인 기업들이 기술적 훈련을 통해 스스로를 규제할 수 있는 하나의 방법이 될 수 있다. 이는 암묵적으로 이용자가 자신의 정보에 대해 일종의 재산권을 지니고 있음을 인정하는 것이며, 또한 이러한 권리를 보호하기 위한 철저한 법 제도의 정비가 불필요하다는 것을 보여준다. 물론 웹상에서 운영되는 모든 회사들은 깊은 도덕적 의무감을 갖고 프라이버시의 가치를 존중해야만 한다. 이들은 자신들의 프라이버시 보호 정책을 쿨 카타로그(CoolCatalog)사가 시행하고 있는 것과 같은 진술의 형태로 분명하고도 솔직하게 공포해야만 한다. 가장 효과적으로 작동되고 소비자의 신뢰를 더욱 증진시키기 위해서는 P3P 또한 정책을 위반한 기업들에 대해 처벌조치를 취할 수 있는 트러스티(Trustee)와 같은 제3자에 의한 감사와 감독을 받아야 할 것이다. 프라이버시에 대한 소비자들의 관심이 증대되고 있기 때문에, 시장은 실제로 함께 참여하고 있는 기업에게 이에 상응하는 보상을 가져다 줄 것이다.

기술을 이용한 자율적 규제는 개인의 프라이버시를 보호하기 위한 포괄적인 해결 방안을 마련하는 데 하나의 구성요소가 될 수 있다. P3P와 같은 기술들을 이용하면 개인들은 각 웹사이트와 협의할 필요가 없다. 그 대신에 웹사이트들은 직접 이용자의 컴퓨터 시스템과 협상을 할 수 있다. 그러나 여기에 참여하는 상인들이 프라이버시라는 핵심가치를 진정으로 존중하지 않는다면, 이 중 어떤 것도 실제로 효과를 나타낼 수는 없다. 만일 이들이 도덕적 성실성이라는 올바른 자세로 이러한 문제를 대하지 않는다면, 시스템의 허점을 찾으려는 또는 결점을 이용하려는 유혹이 생겨날 것이다. 기업의 정직성을 대신할 만한 것은 없으며, 이것만이 효과적이고 지속적인 자율 규제에 필수적인 양심과 자기 훈련을 가능하게 한다.

직장에서의 프라이버시

지난 20년간 기업들과 이용자들이 IT(정보기술)에 깊이 의존하여 데이터를 처리하고 광범위하게 퍼져 있는 공정들을 통제하고 있기 때문에 기술은 노동(일)의 성격을 근본적으로 재정의하고 있다. IT의 등장으로 많은 기업들은 작업 과정을 재설계하고 또한 보다 일상적인 업무처리 과정을 자동화할 수 있게 되었다. 분명 인터넷은 각 조직들간의 커뮤니케이션과 데이터 교류를 촉진시킴으로써 이 모든 것에 있어 매우 중요한 역할을 담당하여 왔다.

그러나 직장에서의 이러한 변화는 보다 부정적인 측면을 담고 있다. 기술은 종업원들을 더욱 강력하게 통제할 뿐만 아니라 이들의 사생활까지도 침해할 수 있게 해주고 있다. 예를 들면, 일부 머리 좋은 고용주들은 전자 감시를 통해 종업원들의 소재를 확인하고, 건강상태에 관한 데이터 뱅크를 관리하고, 또한 종업원의 전자우편과 음성우편, 그리고 인터넷 검색 습성을 정기적으로 확인한다. 작업 현장이 회사의 최고 경영자들에 의해 종업원들의 모든 행동과 상호작용이 훤히 파악되는 일종의 팬옵티콘이 되어 가는 현실적인 위험이 나타나고 있다.

이 장에서 이러한 중요한 주제에 대해 충분히 논의할 수는 없기 때문에, 여기서의 우리의 논의는 하나의 대표적 문제인 고용인의 이메일 프라이버시권에 한정될 것이다. 과연 기업들은 종업원들의 전자우편을 검사할 수 있는 도덕적 특권을 가지고 있는가, 아니면 종업원들은 자신들의 메시지를 관리자들이 읽을지도 모른다는 두려움 없이 전자우편을 통해 커뮤니케이션을 할 수 있어야만 하는가? 이 문제를 논의하기 전에 직장에서의 프라이버시에 대한 배경에 대해 살펴보는 것이 순서일 것이다.

기술의 발전과 기타 여러 압력 덕분에, 우리는 프라이버시와 같은 작업 현장에서의 권리에 대한 존중이 사라져 가는 새로운 시대로 들어서고 있다. 이러한 변화를 설명하는 몇 가지 요인들이 있다. 전지구적으로 벌어지는 치열한 경쟁과 값싼 임금을 지닌 외국으로의 미국 기업의 대대적인 이주로 인해 많은 기업들의 지위는 강화된 반면, 한때 강력한 영향력을 행사했던 노조의 협상력은 약화되는 결과가 초래되었다. 미국처럼 소송을 좋아하는 사회에 있어서는 기업들 또한 책임을 둘러싼 보다 큰 위협에 직면하고 있다. 예를 들어, 이제 기업들은 자신이 고용한 사람의 배경 조사를 소홀히 하였다면 부주의한 고용에 대한 책임을 져야 한다. 그리고 정교한 감시 기술은 전례 없는 방식으로 통제력을 행사할 수 있는 기회를 가져다 주고 있다. 이 모든 것은 특히 법적인 보호가 미약한 프라이버시와 관련된 권리에 대한 중대한 위협이 되고 있다.

대부분의 기업들이 종원원들의 프라이버시는 어느 정도 보호돼야 한다는 점에 동의하고 있음에도 불구하고, 이들은 전자우편에 대한 검색을 허용하는 정책을 채택하여 왔다. 대개 고용인(종업원)들에게는 그들의 전자우편을 사적인 것으로 간주하지 않으며, 어느 때고 관리자나 기타 회사 임원들에 의해 읽혀질 수 있다는 사실이 통보된다. 이러한 정책을 정당화하고 있는 핵심 주장은 매우 간단하다. 즉, 이메일 네트워크는 고용주(회사)의 소유이고, 따라서 고용주는 필요한 경우에는 언제나 이러한 메시지들을 검사할 권리를 지닌다는 것이다. 고용주들은 고용인들이 사적인 용도로 회사의 재산을 이용하고 있지 않는다는 점을 확인하기 위해 이들의 전자우편을 읽을 권리를 지니고 있음을 주장하고 있다. 여기에는 소유권과 프라이버시권간의 갈등이 존재하고 있으며, 고용주들은 재산권이 우선되어야 한다고 주장한다. 분명히 미국과 같은 국가에서는 재산 소유자가 자신의 재산을 감독할 수 있는 권리를 강조하는 전통이 존재해 왔으며, 이에 따라 고용주들은 매우 견고한 법적 뒷받침을 받고 있다고 하겠다.

또한 전자우편에 대한 감시를 옹호하는 사람들은 종업원들이 회사의 전자우편 시스템을 통해 사내나 사외로 전송하고 있는 것들에 대한 책임을 고용주가 지고 있음을 강조한다. 만일 어떤 고용주가 전자우편 시스템을 이용하여 자신의 종업원들을 괴롭혔을 경우, 이러한 행동을 바로잡기 위한 조치들을 너무 늦게 취한 것으로 판명되면 회사는 이에 대한 법적인 책임을 지게 될 것이다. 따라서 신중하고도 정례적으로 감독할 필요가 있다.

다른 한편으로는, 최소한 이메일 프라이버시권을 포함한 직장에서의 프라이버시권을 강력히 옹호하는 주장들이 제기되고 있다. 여기서 우리는 매우 적절해 보이는 하나의 추론 과정에 초점을 맞출 것이다. 이 주장은 자율권, 자유로운 선택권 그리고 자신의 의지대로 행동할 권리와 같은 각 개인이 지니고 있는 근본적인 권리에 초점을 두고 있다. 이 장 앞부분에서 이미 강조하였듯이, 프라이버시는 개인의 자율성을 실천하는 데 있어 매우 중요한 전제조건이다. 프라이버시가 보장되지 않는다면 자율성은 지속적으로 위협을 받아 무기력해질 것이다. 더군다나 도덕적 양식과 대부분의 철학적 전통에 입각해 볼 때, 자율성은 한 개인의 인간다움에 있어 기본적인 측면이 되고 있다. 따라서 다른 사람의 자율성에 대한 존중은 경제적 편의를 위해 임의적으로 포기되거나 무시될 수 없는 일종의 도덕적 명령인 것이다. 워레인(Pat Werhane)이 주장하고 있는 바와 같이, 직장에서의 자율권을 존중하지 않는 것은 "종업원들을 인간으로 존중하지 않는 것과 같다."[21] 프라이버시는 자율적 행위의 필요조건이 되기 때문에, 노동자들은 어느 정도의 프라이버시권을 반드시 지녀야만 한다.

물론 이것이 종업원들이 직장이라는 환경 속에서 완전한 자유를 누려야 한다는 것을 의미하는 것은 아니다. 왜냐하면 종업원들은 고용주에 대해 정상적으로 자신들의 업무를 수행할 책임을 지니고 있기 때문이다. 자율성과 프라이버시는 그러한 요구들을 충족시킬 수 있도록 적절하게, 그리고 신중하게 규정되어야만 한다. 그러나 이것이 진정으로 의미하는 바는 소위 합법적으로 "알아야 할 필요"(need to know)가 없는 한, 고용주들은 불필요하게 고용인들의 프라이버시를 침해하고 이로 인해 이들의 기본적인 자율성을 위협하는 고용인에 대한 정보를 수집해서는 절대 안 된다는 것이다.

대부분의 고용주들은, 아마 최소한 이론적인 관점에서는 이 모든 것에 동의할 것이다. 이들은 자신의 종업원들에게 일정 수준의 프라이버시 보호가 제공되어야 한다는 점을 부인하지는 않고 있다. 예를 들면, 대부분의 고용주들은 집에 있는 종업원들을 염탐

하거나 혹은 이들의 사생활에 관해 구체적으로 자세하게 캐내려고 해서는 안 된다는 것을 잘 알고 있다. 그러나 시민자유주의자들이 보다 강력한 권리로 주장하는 데 반해, 이들은 프라이버시권을 상당히 좁게 인식하려는 경향을 보인다. 고용인에 관한 정보 수집에 이용되는 방법이 과연 타당한가를 놓고도 다양한 논쟁들이 제기되고 있다. 일부 기업들은 거짓말 탐지기, 심리검사 그리고 은밀한 감시 카메라와 같은 문제될 만한 방법을 이용하여 종업원들에 관한 데이터를 수집하고 있다.

이러한 논쟁이 벌어지고 있다면, 노동자의 프라이버시권과 기업의 정보 요구간에 적절한 균형을 어떻게 유지할 것인가? 고용인에게 적절한 프라이버시 보호구역의 윤곽을 제시하는 데 도움이 될 만한 최소한 두 개의 중요한 지침을 찾아볼 수 있다. 첫째, 고용주들은 그들 종업원들과 **관련된**(relevant) 정보만을 수집해야 한다. 직장을 구하는 사람들에게 있어서 과거 직장 경력과 기타 중요한 배경 정보들이 여기에 포함된다. 이미 직장을 구한 사람들에게 있어서는 업무 성취도나 회사 목표에의 기여도와 관련된 정보들이 포함될 수 있다. 둘째, 고용주는 **통상적인**(ordinary) 그리고 상식적인 방법, 다시 말해 "종업원의 작업을 감독하는 데 일반적으로 이용되는 감독 활동"을 통해 정보를 수집해야 한다.[22] 고용주들은 숨겨진 감시장치, 몰래 카메라, 도청, 거짓말 탐지기 등과 같은 예외적인 데이터 수집 방법을 일상적으로 이용해서는 안 된다. 데자르뎅(Joseph DesJardins)이 주장하듯이, "모든 고용인에 대한 포괄적 감시"와 같은 예외적인 데이터 수집 방법은 매우 침해적이고 폐해를 초래할 가능성을 지니고 있기 때문에 불법적인 것이다.[23] 그러므로 상황 자체가 예외적인 경우가 아닌 한, 이러한 방법들이 이용되어서는 안 된다. 예를 들면, 사업 기밀의 절취나 회사 재산의 오용에 대한 의심이 제기되는 경우에는 이를 보호하기 위해 예외적인 방법을 이용하는 것이 정당화될 수 있다. 어떤 경우에 있어서는 품질 관리 목적을 위해 어떤 예외적인 방법이 필요할 때도 있다.

조직적으로 이루어지는 전자우편에 대한 감독과 판독은 일종의 감시에 해당되며, 따라서 예외적인 데이터 수집 방법으로 분류된다. 클라크(Robert Clarke)는 감시(surveillance)를 "한 사람 혹은 그 이상의 사람들의 행동이나 커뮤니케이션에 대한 조직적인 조사나 감독"이라고 정의하고 있다.[24] 어떤 기업이 고용인의 전자우편에 대한 관리자의 검사와 판독을 허용하는 정책을 시행하고 있다면, 이 정책은 감시에 해당하는 행위를 조장하고 있는 것이다.

비록 전자우편에 대한 검사가 일종의 감시이자 고용인의 행위를 조사하는 하나의 예외적인 방법이라는 점을 인정한다 할지라도, 이러한 형태의 감시가 진정으로 부적절하고 유해하다고는 할 수 없다. 그러므로 전자우편 검사라는 예외적인 데이터 수집 방법이 개인의 프라이버시를 침해하게 되는 과정에 대한 정확한 고찰이 이루어져야 한다.

분명한 것은 개인의 전자우편 내용이 임의적으로 검열된다면 비밀보장(은밀성)과 익명성은 상실되기 때문에 개인의 프라이버시는 침해된다는 것이다. 비밀성과 익명성은 프라이버시를 정의하는 데 있어 두 개의 핵심 요소라는 가비슨(Ruth Gavison)의 주장을 상기해 보라. 제3자(시스템 관리자나 감독관)에 의해 읽혀지고 발송자와 수신자의 이름이 노출되기 때문에 메시지에 담긴 정보는 더 이상 비밀이 보장되지 않으며, 따라서 이들의 익명성은 상실된다.

그러나 어떤 방식을 통해 이러한 행위가 도를 넘어서서 해를 미치게 되는가? 예를 들어, 직장에서 이루어지는 많은 상호작용들을 통해 사업 정보와 개인 정보가 유포된다. 이러한 현상은 종종 노동자들이 근무를 하면서 자신들의 사생활에 관한 어떤 면에 대해 언급할 때 무심코 이루어진다. 노동자들에게 항상 이러한 행위를 하지 못하도록 강요하는 것은 부당할 뿐만 아니라 현실적이지도 못하다. 또한 통상적으로 오전 9시부터 오후 5시까지 (대부분의 경우 이보다 좀더 오랜 시간 동안) 근무하는 직원들은 어쩔 수 없이 사무실에서 개인적인 업무를 처리할 수밖에 없는 경우가 많다. 그 결과 전자우편을 통상적으로 검열하는 회사들은 이따금 직원들의 업무나 직원들의 사생활에 관한 민감한 내용들에 관여하게 된다.

더군다나 어떤 상황하에서는 익명성의 상실이라는 결과가 초래되기도 한다. 예를 들면, 죠(Joe)와 마리(Marie)라는 두 직원간의 통신은 전적으로 직업상의 통신으로 아무런 해를 미치지 않는 것일 수도 있지만, 마리의 매니저는 이러한 커뮤니케이션의 빈도로부터 부당한 추측을 이끌어낼지도 모르며, 또는 그러한 추측이 사실과는 다르게 반영될 수도 있다. 이는 회사에서의 그녀의 미래 지위에 영향을 미칠 수도 있다.

감시와 이로 인한 비밀보장과 익명성의 상실로 인해 개인에게 해가 미칠 수 있기 때문에 많은 사람들이 고용인들에게는 최소한 확실하게, 혹은 조건부의 이메일 프라이버시권이 보장되어야 한다고 주장하고 있다. 인간의 존엄성과 직결되고 있기 때문에 재산권보다는 프라이버시권에 더 무게가 실려야만 한다.

이메일 프라이버시를 둘러싼 이러한 논쟁은 매우 모호할 뿐만 아니라 복잡하게 얽혀 있으며, 또한 이해 관계가 얽힌 모든 사람들을 만족시키는 해결 방안이 제시될 가능성은 거의 없어 보인다.

고용주들이 자신의 재산권을 주장하는 한, 그리고 직원들이 회사의 이메일 시스템을 통해 행한 것들에 대하여 책임을 져야 할 가능성에 대해 우려하고 있는 한, 고용주들은 직장에서의 이메일 프라이버시에 대한 조건부의 권리조차도 인정하기를 꺼리게 될 것이다.

토의문제

1. 여러분이 생각하기에 정보 프라이버시를 보호하는 데 자율적인 규제가 효과를 거둘 수 있겠는가? 아니면 법률과 규제조치에 의해 이를 보완할 필요가 있는가? 유럽의 모델은 타당성을 지니고 있는가?
2. 쿠키 기술에 대한 여러분들의 생각은 어떠한가? 이 기술이 이용되는 방식에 있어 스스로 어떤 한계를 두어야만 하는가?
3. 직원의 전자우편을 검열하는 고용주의 행위는 도덕적으로 정당화될 수 있는가? 이용자의 전자통신에 대한 ISP의 도청이 허용되어야만 하는 것은 어떤 상황하에서인가?

사례연구

greatcareers.com에서의 쿠키의 이용 (가상)

당신은 greatcareers.com이라는 웹사이트를 이제 막 개설하였다. 이 사이트의 목적은 주로 보스톤이나 뉴욕 인근의 구직자들을 위해 다양한 정보를 교환하는 것이다. 이용자들은 이 사이트에 무료로 등록하여 매주 갱신되는 광범위한 직장 목록을 살펴볼 수 있다. 이 웹 페이지의 주요 부분들은 다양한 직종과 직업에 따라 구분되어 있다.

당신이 기대하는 수입원은 주로 각 페이지에 나타나는 광고들이다. 당신에게 광고주들을 소개해 주고 있는 한 광고 대행사가 등록 회원들의 "쿠키" 정보를 달라는 요청을 하고 있다. 이들은 이용자의 검색 영역이 담긴 쿠키 정보를 이용하여 각 이용자에게 적합한 보다 개인적인 광고를 제작하려고 하고 있다. 따라서 교육직을 찾고 있는 사람들은 간호직을 찾는 사람과는 다른 광고를 보게 될 것이다. 이와 같이 고객의 취향에 맞추어 제작된 광고들은 보다 많은 수입을 가져다 줄 수 있다.

이는 합리적인 제안 같아 보이지만, 당신은 이런 식으로 쿠키 기술을 이용하는 것이 과연 정당한 것인지에 대해 확신이 서지 않고 있다. 만일 그렇다면 이용자에게 이러한 행위를 알려주어야만 하는가? 이용자들에게 "자발적 탈퇴" 의 기회가 주어져야만 하는가?

질문

1. 이러한 제안에 대한 찬성 입장과 반대 입장에 대해 논의하시오. 여러분은 어떤 선택을 하겠는가?
2. 사전 동의라는 원칙이 여기에도 적용될 수 있는가?

사례연구

AOL과 온라인 프라이버시

AOL(America Online)사의 스티브 케이스(Steve Case)와 다른 경영진들은 최근 자신들의 언론 발표에 따라 야기된 격렬한 논쟁에 대해 전혀 대비하지 못하였다. AOL은 850만 고객의 집 전화번호를 일부 텔레마케터(tetlmarketer)에게 판매할 계획임을 발표하였다. 많은 AOL 고객들 뿐만 아니라 심지어 일부 정부관료들까지도 전화나 전자우편을 통해 자신들의 불만을 이 회사에 전달하였다. 이러한 엄청난 저항의 결과로 AOL은 신속한 결단을 내려야만 했다.

이러한 계획을 발표하기 전에, AOL은 이미 할인 서비스 업체인 CUC International과 전화 할인 서비스 업체인 TelSave Holdings, Inc. 라는 두 마케팅 회사와의 협정에 서명한 상태였다. 분명히 AOL은 이 두 회사에게 선별된 대상을 상대로 전화를 이용한 마케팅을 할 수 있도록 자신들의 고객 전화번호를 제공할 계획을 갖고 있었다.

미국 최대의 온라인 서비스 업체인 AOL은 채 6개월도 안 돼서 고객들의 불만이 폭증하는 사태를 두 번째 맞이하게 된 것이다. 1997년 1월에 AOL은 월 $19,95의 이용료를 내면 인터넷에 무제한 접속할 수 있는 상품을 판매하기 시작하였다. 그러나 AOL은 네트워크 용량의 향상시키지 않았기 때문에 이용자 폭주로 인한 시스템 과부화가 초래되었다. 그 결과 AOL은 이러한 상품 판매로 증가된 접속량을 소화할 수 없었으며, 격분한 수많은 회원들로부터 환불 압력을 받았었다. 이 회사는 이러한 실추된 이미지를 이제 막 회복하고 있는 상태였으며, 많은 사람들은 또 다른 타격을 받게 될 것이라고 생각하였다.

AOL의 경영진들은 실로 엄청난 회원들의 불만을 인식하였기 때문에 자신들의 결정을 재고하였다. 이들은 당초의 계획을 그대로 밀고 나가거나 아니면 CUC International과 TelSave를 대신 자신의 회사 직원들을 동원해 마케팅 전화를 하게 할 수 있었다. AOL은 자체적으로 전문적인 델레마케팅 그룹을 결성하여 AOL 비자카드와 같은 상품을 고객들에게 판매하였다. 이러한 계획하에서 이들의 역할을 확대될 수밖에 없었다.

논쟁이 격화됨에 따라 AOL 간부들은 전혀 다른 문제에 직면하게 되었다. 온라인 회원들의 전화번호를 판매할 계획을 고수하면서 부정적인 견해들은 곧 수그러지게 될 것이라는 바램을 가져야만 할 것인가? 또한 이러한 전화를 원치 않는 회원들은 어떻게 처리해야만 할 것인가?

질문

1. AOL이 취할 수 있는 구체적인 행동에 대해 추천해 보시오. 당신의 입장은 어떤 철학적 혹은 윤리적 원칙에 입각하고 있는가?
2. 어떠한 상황하에서도 AOL은 이러한 전화번호를 제한 없이 이용할 수 있어야 하는가? 이 회사가 이러한 전화를 하는 행위는 회원들의 프라이버시를 위반하고 있는 것인가?

주석

1) Gleick, J. 1996. Big brother is us. *New York Times Magazine*, September 29, p. 130에서 인용.
2) Gavison, R. 1984.Privacy and the limits of the law. *The Yale Law Journal* 89 : 421—471.
3) Reiman, J. 1995. Driving to the panopticon: A philosophical exploration of the risks to privacy posed by the highway technology of the future. *Santa Clara Computer and High Technology Law Journal* 11(1) : 27—44.
4) Gould, C. 1989. *The information Web: Ethical and social implication of computer networking.* Boulder, CO : Westview Press, p. 44.
5) Wassestorm, R. 1984. Privacy : Some arguments and assumptions. In Schoeman, F. (Ed.). *Philosophical dimensions of privacy.* New York : Cambridge University Press, p. 328.
6) Foucault, M. 1979. *Discipline and punish: The birth of the prison.* New York : Vintage Books, p. 200.
7) Moor, J. 1997. Towards a theory of privacy in the information age. *Computers and Society* September : 29.
8) 보다 자세한 설명은 Bulkeley, W. M. 1998. Prescriptions, toll free numbrs yield a gold mine for marketers. *The Wall Street Journal,* April 17, p. B1을 참조할 것.
9) Deck, S. 1998. Sabre in privacy hotseat. *Computerworld,* July 13, p. 65.
10) Wasserman, E. 1998. Internet industry fails government's test. *The Industry Standard,* June 8, p. 19.
11) Gimein, M. 1998. The peculiar business of one-to-one marketing. *The Industry Standard,* August 24. p. 19.

12) Children in cyberspace: A privacy resource guide. *Privacy Rights Clearinghouse* (www.privacyright.org)

13) Seligman, D. 1998. Too much of a good thing. *Forbes*, February 28, pp. 64—65 참조.

14) Singleton, S. 1998. *Privacy as censorship: A skeptical view of proposals to regulate privacy in the private sector.* Washington DC : Cato Institute. www.cato.org 참조.

15) Ibid.

16) Ibid.

17) Gandy, O. 1996. Coming to terms with the panoptic sort. In Lyon, D. (Ed.), *Computers, surveillance, & privacy.* Minneapolis: University of Minnesota Press, pp. 132—158.

18) Hance, O. 1996. *Business and law on the Internet.* NewYork : McGraw-Hill, p. 129.

19) Andrews, E. 1998. European law aims to protect privacy of data. The *New York Times*, October 26, p. A1.

20) CoolCatalog사의 웹 페이지인 http://CoolCatalog.com/catalogue을 참조할 것.

21) Werhane, P. 1985. *Persons, rights and corporations.* Englewood Cliffs, NJ : Prentice Hall, p. 103.

22) Velasquez, M. 1992. *Business ethics : Concepts and cases* (3rd ed.). Englewood Cliffs, NJ : Prentice Hall, p. 400.

23) Des Jardins, J. 1985. *Contemporary issues in business ethics.* Belmont, CA : Wadsworth, p. 226.

24) Clarke, R. 1988. Information technology and dataveillance. *Communications of the ACM* May : 499.

제6장
전자 국경의 보호

서론

인터넷의 폭발적 성장에 있어 하나의 장애물이 있다면 그것은 인터넷이 지닌 안전(보안)상의 문제에 대한 일반의 우려일 것이다. 새로운 문제점들을 들춰내고 인터넷이 지닌 취약한 기반구조를 강조하는 보도들이 종종 언론을 통해 나타나고 있다. 방화벽, 보안 검색장치, 침입 방지 상품, 그리고 기타 보안 장치를 이용하고 있음에도 불구하고 웹사이트들은 해커들의 최후의 표적이 되고 있다. 인기 있는 웹 페이지에 대한 해킹은 가장 많이 이루어지면서 엄청난 손실을 초래하는 대표적인 형태의 불법적 전자 침입이다. 프라이스 워터하우스 코퍼스(Price Waterhouse Coppers)의 최근 조사에 따르면, 1997년에 웹사이트를 운영하는 모든 기업의 59%가 한 번 혹은 그 이상의 무단 침입을 경험했다. 더군다나 이러한 사건의 상당수는 대개 드러나지 않기 때문에 이 수치는 실제보다 훨씬 낮을 가능성이 높다.

더욱 악명 높고 널리 알려진 보안 침해 사건 중 하나가 1998년 9월 13일에 《뉴욕 타임즈》에서 발생하였다. 이 신문사의 웹사이트 서버에 일단의 호전적인 해커들이 침입하여 음란물을 게재하고 모두가 볼 수 있는 다음과 같은 위협적인 메시지를 올려놓았다 :

첫째, 우리가 하고픈 말은 … 우리가 바보 같은 너희들을 소유하고 있다는 것이다.

둘째, 여기에는 수많은 패배자들이 있다. 누가 가장 바보인지 가려낼 수 없을 정도이다.

모든 정보기술이 동원되어 이 공격적인 메시지를 삭제하고 결점을 보완하기까지, 9시간 동안 이 사이트는 폐쇄될 수밖에 없었다.

물론 인터넷에 있어서의 보안 침해는 상업적 웹 사이트에 국한되지 않는다. 1998년 5월에 실시된 의회에서의 증언에서 로트 헤비 인더스트리즈(Lopht Heavy Industries)라고 불리는 한 감시단체의 회원들인 몇몇 전현직 해커들은 마음만 먹으면 자신들은 30분 이내에 인터넷을 굴복시킬 수도 있다고 호언장담을 하였다. 이들은 인터넷이 너무나도 취약하기 때문에 "미국과 다른 모든 국가들과의 커뮤니케이션을 종결시키는 것이 가능할 뿐만 아니라, MCI와 AT&T 같은 중추적인 주요 제공자들이 서로 네트워크를 통해 교류하지 못하게 할 수도 있다"고 단언하였다. 이 단체는 매우 걱정스런 목소리로 기업과 정부의 관료들이 보안 문제에 대해 너무나도 순진하고 무관심하다는 점을 증언하였다. 이들 해커들에 따르면, 이들 관료들은 인터넷에 기반을 둔 조직을 관리하는 데 있어 제기되는 위험들을 제대로 파악하지 못하고 있다는 것이다. 사람들은 이 단체가 우려하는 최악의 상태가 결코 벌어지지 않기를 바라고 있다. 그러나 인터넷의 불안정성은 언젠가 파괴적인 결과를 초래할지도 모르는데, 아직까지도 이 문제에 대한 진지한 관심이나 재정적 지원은 이루어지지 않고 있다.

인터넷의 취약한 기반구조에 대한 일반의 관심을 불러일으킨 최초의 사건 중 하나가 바로 코넬 대학 학생인 모리스(Robert Morris)가 개발한 "인터넷 벌레"(Internet Worm)이다. 1988년 11월, 모리스는 간결하면서도 스스로 복제되는 C 프로그램이라는 벌레를 코넬 대학의 주 컴퓨터 시스템에 풀어놓았고, 이는 인터넷을 통해 다른 시스템으로 급속히 퍼져나가게 되었다. 감염된 컴퓨터의 UNIX 운용 체계 소프트웨어가 지닌 치명적인 안전상의 결함으로 인해 이 벌레는 급속도로 증식되어 갔다. 이들 컴퓨터들이 일단 침입을 받게 되면 프로그램은 스스로를 끊임없이 복제함으로써 엄청난 양의 기억 용량을 소모하였다. 시스템 파일을 수정하거나 정보를 파괴하지는 않았지만 "벌레"에 감염된 시스템의 성능은 급속도로 약화되어 결국에는 완전히 망가지게 되었다.

첫번째 시스템이 감염된 후 약 12시간이 지나서야 버클리(Berkeley)에 있는 컴퓨터 시스템 연구소(Computer Systems Research Group)는 이 벌레의 급속한 확산을 중단시키는 프로그램을 개발하였다. 작동 불능 상태에 빠진 모든 컴퓨터 시스템들의 전원이 차단된 상태에서 이 벌레를 제거하고 이의 재발을 방지하기 위한 수리와 예방조치들이 취해졌다. 최종적인 피해 상황은 약 2,000대의 컴퓨터가 감염되었고 복구비용으로만 100만 달러가 넘게 소요되었다.

다행히도 이러한 규모의 사건들이 그리 흔한 것은 아니지만,

이 사건이 발생한 이후에도 전자 국경을 보호하기 위한 충분한 발전이 이루어지지 않고 있는 실정이다. 더욱 더 많은 기업들이 전자 상거래나 기타 네트워크를 이용한 사업에 있어 인터넷에 대한 의존도가 더욱 높아짐에 따라 자신들의 시스템을 보호하는 것이 매우 어렵다는 것을 깨닫고 있다. 가장 근본적인 문제는 익히 알려진 것이다 : 인터넷의 기술은 정보를 감추는 것이 아니라 공유하도록 설계되어 급속히 개방되고 있다. 감당할 만한 위험도를 지닌 적절한 수준의 보안성을 개발하는 것이 가능하지만, 이를 위해서는 시간과 자금이 필요한 상황인데도 많은 정부기관과 기업들은 이를 달가워하지 않고 있다.

인터넷의 보안성이라는 문제에는 많은 범주가 포함된다. 보안성에 대한 위협에는 바이러스·시한폭탄·벌레·무단접속·온라인 절도 등등이 포함된다. 이러한 전자침해나 기타 공격으로부터 컴퓨터 시스템을 보호하는 방어 메커니즘이 있음에도 불구하고 어떤 시스템도 결코 안전하지 못하다. 해커들은 어떤 사소한 보안상의 허점이라도 능숙하게 찾아내어 이용하고 있음을 보여주고 있다.

이 장에서는 이 책에서 전반적으로 다루고 있는 다른 주제들 중 일부와 밀접하게 관련되고 있는 세 개의 기본적인 문제들을 다루고 있다. 무엇보다도 먼저 "무단칩입"(trespass) 혹은 승인받지 않은 무단접속에 대해 살펴볼 것이다. 아마도 이는 인터넷상에서 보안과 관련하여 가장 보편적으로, 그리고 지속적으로 발생하는 문제일 것이다. 무단칩입은 단순한 문제인 것같아 보이지만 윤리적/법률적 모호함이라는 이례적인 특징을 지닌다. 이것이 전자 침입에 대한 적절한 비유라고 할 수 있을까? 사이버 공간에서 무단침입이란 무엇을 말하는가? 어떠한 손상을 미치지 않는다 하더라도 이것이 그렇게 나쁜 이유는 무엇이며, 또한 이로 인해 피해를 입은 사람들에 대한 적절한 법적 배상책은 무엇인가?

둘째로, 암호화의 문제와 이것이 야기하고 있는 공공 정책을 둘러싼 논쟁에 대해 살펴볼 것이다. 정보의 안전성을 확보하는 하나의 방법은 개인의 전자통신을 암호화하는 것이다. 이는 암호화된 데이터를 해독할 수 있는 열쇠를 지닌 사람만이 이 데이터를 판독하게 하는 것이다. 그러나 미국 정부는 이 기술이 범죄자나 테러분자의 수중에 들어갈 경우, 절대로 판독할 수 없는 암호를 개발하는 데 사용될 수 있다는 점을 우려하고 있기 때문에 이 기술에 대해 상당한 통제를 추구해 왔다. 그러나 그 열쇠가 정부에게 주어지는 것은 프라이버시권에 대한 엄청난 위협이 될 수 있다는 점 또한 부인할 수 없다.

그러면 논란이 되고 있는 것은 바로 다음과 같은 비판적인 의혹들이다 : 이용자들은 합법적 정부의 국가 안보 이익에 우선하는 프라이버시권와 데이터 교류에 있어 비밀보장권을 지니고 있는가? 일단 우여곡절을 겪고 있는 계속되는 암호화 논쟁의 배경에 대해 잠시 살펴본 후 이러한 민감한 문제를 보다 자세히 살펴볼 것이다.

마지막으로, 전자 상거래에 있어 가장 두드러진 안전상의 위협요인들을 살펴볼 것이다. 이러한 논의 속에는 안전한 온라인상의 상업적 거래를 위해 취해질 수 있는 다양한 조치들의 취급 방법도 포함되는데, 예를 들면 웹사이트를 통해 전달되고 전달받는 정보를 원상 그대로 보존하기 위해 만들어진 디지털 인증서와 기타 약정서를 사용하는 방법 등이 논의될 것이다.

여기서의 우리의 목적은 인터넷이 지닌 안전상의 결점을 철저하게 파헤치거나 또는 적절한 예방 수단에 관해 설명하려는 것이 아니다. 그보다는 우리의 목적은 이러한 중요한 문제가 지닌 윤리적 중요성을 검토해 보고, 정보의 안전성이라는 중요한 문제가 다른 중요한 문제들과 어떻게 상충되고 있는가를 살펴보며, 또한 이렇게 서로 경쟁하고 있는 문제들을 어떻게 효과적으로 균형잡히게 할 것인가를 모색하는 데 있다.

사이버 공간에서의 무단침입

도덕적 문제로서의 사이버 무단침입

컴퓨터 시스템으로의 승인되지 않은 무단접속은 인터넷에서 널리 행해지고 있는 문제이다. 사이버 공간에서의 무단침입자들을 엄중히 단속하려는 사법당국의 많은 노력에도 불구하고, 여전히 이러한 위법 행위를 진지하게 받아들이지 않으려는 풍조가 만연되어 있다. 주된 범죄 용의자들은 단순히 재미삼아 "안전"하다고 여겨지는 시스템에 침입하고 있는 해커들이다. 실제로 데닝(Dorothy Denning)에 따르면 해커 윤리는 다음과 같은 기본 원리에 토대를 두고 있다 : "컴퓨터에 대한 접속은——세계의 작동방식에 관해 무엇인가를 알려주는 모든 것은——무제한적이고 총체적이어야만 한다."

1983년으로 거슬러올라가 보면 패트릭(Neil Patrick)과 다른 여섯 명의 밀워키 청소년들이 컴퓨터 무단침입으로 유죄판결을 받았을 때, 이들의 반응은 "우리는 단지 게임을 했을 뿐이다"라는 것이었다. 그러나 이들이 말하는 소위 게임이란 로스 알라모스 국립연구소(Los Alamos National Laboratory)와 뉴욕에 있는 슬로안 케터링 암센터(Sloan Kettering Cancer Center)와 같이 매우 민감한 데이터를 보관하고 있는 기관에의 불법침입으로 간주될 수 있는 것이었다. 또한 "호기심이 그들의 유일한 죄였다"라고 선언하고 있는 유명한 헐리우드 영화인 해커스(Hackers)의 광고를 한번 살펴보자. 광고와 영화 자체가 함축하고 있는 메시지는 이들 고등학생 컴퓨터 천재들이 안전한 컴퓨터시스템에 침입하여 실제로 어떠한 엄청난 잘못도 저지르지 않았다는 것이다. 불행히도 이 영화는 이따금 해킹을 선정적으로 다루고 해커들을 유명인사의 지위로 치켜세우는 경향을 보여왔던 대중매체의 왜곡된 시각을 대변하고 있다.

문제는 많은 사람들이 컴퓨터 시스템에 대한 무단침입과 누군가의 사유지에 대한 무단침입은 별반 다르지 않다는 점을 제대로 인식하지 못하고 있다는 사실이다. 이들은 전자를 보다 추상적인 것으로 간주하면서, 네트워크로 연결된 컴퓨터 시스템들은 "빌려와서" 아무런 손상 없이 되돌려 줄 수 있는 것으로 생각하고 있다. 그러나 인터넷의 전반적인 구조가 그처럼 개방되고 조직적이지 않은 환경이라는 사실에도 불구하고, 승인받지 않은 무단접속이 물리적인 무단침입과 동일하다고 할 수 있는 것인가?

설사 누군가 이 질문에 대해 확실하게 답변한다 할지라도, 사이버 공간에서의 무단침입이라는 개념은 물리적 경계가 존재하지 않기 때문에 여전히 흥미로운 문제들을 제기하고 있다. 예를 들어 만일 누군가가 벌레나 바이러스를 유포한다면, 이 바이러스는 자신이 감염시키고 있는 컴퓨터에 무단침입을 하고 있는 것인가? 특히 원치 않는 이메일이나 스팸이 개인의 사적 공간의 일부인 다른 누군가의 전자우편함에 강제로 배달되었다면 이는 일종의 무단침입인가? 혹은 승인을 받지 않고 이루어지는 다른 웹사이트로의 연결은 무단침입에 해당하는가? 만일 이러한 행위들이 무단침입에 대한 법적 기준이 된다면 무단침입은 일종의 범죄행위가 되기 때문에 그 피해자들에게는 또 다른 보상의 기준이 될 것이다.

1996년에 마지막으로 수정된 컴퓨터 사기와 남용에 관한 법(CFAA, Computer Fraud and Abuse Act)은 미국 사법당국이 이 문제를 좀더 진지하게 대하기 시작했음을 보여주는 것이다. 이 법의 조항들은 소유정보의 비밀성을 보장하고 있으며, "분류된 정보에 대하여 승인을 받지 않고 혹은 허용범위 이상으로 컴퓨터에 의식적으로 접속하는 행위"를 범죄로 규정하고 있다. 또한 이 법은 "보호를 받고 있는 컴퓨터"에 대해 승인을 받지 않고 이루어지는 모든 접속 행위 뿐만 아니라, 그러한 접속 행위를 통해 누군가의 재산을 사취하거나 혹은 손상을 야기하는 행위도 범죄 행위로 규정하고 있다. 보호를 받는 컴퓨터에는 정부나 금융기관, 혹은 국내외 상거래에 종사하는 모든 기업이 사용하는 컴퓨터가 포함된다. 그러므로 분류된 정보를 훔치거나, 사기를 치거나, 혹은 손상(예를 들어, 파일을 파괴하거나 운영 체계를 망가뜨리는 행위)을 입히기 위해서 무단침입을 하였다면 이는 일종의 연방범죄가 된다. 이 법의 무단침입 조항은 설사 어떠한 손상도 끼치지 않았고 어떠한 정보도 유출하지 않았다 하더라도, 정부가 사용하는 모든 컴퓨터에 대한 승인받지 않은 접속을 금지하고 있다.

버몬트(Vermont) 주를 제외한 미국의 모든 주는 나름대로의 컴퓨터 범죄에 관한 법률을 시행하고 있으며, 이러한 법률들은 이따금 CFAA의 적용범위를 넘어서고 있다. 특히 대부분의 주 법률들은 상황에 관계없이 컴퓨터에 대한 승인되지 않은 사용을 범죄로 규정하고 있다.

일부 사람들은 법률을 시행하는 공직자들은 순수하게 재미삼아 하는 해킹, 즉 재산상의 피해나 데이터 절도를 유발하지 않는 무단침입 사건에 대해 그와 같이 강경한 입장을 취해서는 안 된다고 주장하고 있다. 특히 어떠한 고의적인 재산상의 피해도 생기지 않았을 경우, 해커에 의한 무단침입을 변론하는 수많은 주장들이 제기되어 왔다. 이러한 주장들 중에서 특히 다음과 같은 것들이 눈에 띈다 : 무단침입을 통해 그렇지 않았을 경우에는 모르고 지나칠 뻔했던 보안상의 결점을 발견할 수 있다는 점에서 무단침입은 사실상 매우 중요한 기능을 수행하고 있는 것이며, 또한 침입자는 대개 유휴자원만을 사용하고 있기 때문에 실질적으로 피해는 거의 없다. 또한 스패포드(Eugene Spafford)가 학생 해커의 주장이라고 부르는 것도 있다――"일부 무단침입자들은 자신들은 아무런 해도 끼치지 않으며 아무 것도 변화시키지 않고 있다고 주장한다――이들은 단지 컴퓨터 시스템의 작동 방식에 대해 배우고 있을 뿐이다." 여전히 많은 사람들은 인터넷 사이트상의 아주 자그마한 디지털 낙서는 단지 장난에 불과한 것이며, 따라서 이에 걸맞게 처리되어야 한다고 주장할지 모른다.

표면상으로는 일부 이러한 주장들이 그럴 듯해 보이고 또한 대부분의 전자침입들은 거의 혹은 전혀 해를 끼치지 않는 것처럼 보일 수도 있다. 예를 들어, 어떤 해커가 안전하다는 환경을 뚫고 들어가 일부 프로그램을 검색했지만 어떠한 손상도 끼치지 않았다면 피해가 발생했다고 할 수 있을까? 이는 마치 아무 것도 건드리지 않고 누군가의 사유지를 걷는 것과 같은 것이다. 그러므로 환경을 교란시키지 않는 무단접속은 단지 사소한 윤리적 죄에 불과한 것으로 공공연히 소란을 피울만한 것이 아니라는 주장도 일면 타당하다 할 것이다. 그리고 디지털 낙서는 스프레이 페인트로 쓰여진 낙서에 비해 훨씬 쉽게 지워질 수 있기 때문에 그렇게 나쁜 것만도 아니다.

이 문제를 레시그(Lessig)의 관점에서 살펴볼 경우, 이러한 일탈적 행위에 대한 가장 강력한 규제 수단은 결국 기술과 법규라는 것이 분명해진다. 해커를 막기 위해 수많은 기술들과 무단침입에 대한 강력한 처벌을 담고 있는 CFAA와 같은 법규들이 제정되어 왔다. 다른 한편으로는, 사이버 공간에서의 해킹에 대해 어느 정도 문화적으로 수용하고 있기 때문에 사회 규범들은 이중적인 성격을 띠고 있다. 사회는 해커를 이중적으로 인식하고 있는데, 해커는 악당이나 건달로 인식될 뿐만 아니라 때로는 자신의 기술과 재능을 어느 정도 인정받을 자격이 있는 현대판 로빈 훗이자 모험가로 인식되기도 한다.

그러나 윤리적 기준을 해킹에 적용하게 될 경우 이러한 이중성은 나타나지 않는다. 즉, 설사 어떠한 직접적인 손상도 야기하지 않았다 하더라도 불법침입은 그 자체가 옳지 않음을 보편적으로 알 수 있다. 누군가가 무단으로 침입하는 경우, 그는 중요한 윤리적 그리고 사회적 가치인 재산권을 침해하고 있는 것이다. 자율이라는 도덕적 선은 재산권에 의해 뒷받침된다. 왜냐하면 재산권은 개인들로 하여금 자신들이 소유하고 있는 것을 통제할 수 있게 해주기 때문이며, 이는 상업적 그리고 개인적 안녕에 필수적이기 때문이다. 근무 시간이 끝난 어떤 사유기업의 본사에 몰래 들어가서 그냥 로비를 둘러보는 행위는 설사 어떠한 파일도 훔치지 않거나 혹은 어떠한 손상도 미치지 않았다 하더라도 엄연한 불법침입에 해당된다. 안전장치가 되어 있는 컴퓨터 사이트에 무단으로 침입하여 단지 "둘러보는" 해커를 다르게 대우할 만한 어떠한 근거도 없다. 개인들은 현실에서건 사이버 공간에서건 간에 자신들이 소속되지 않은 곳에 가서는 안 된다——이것은 근본적인 법의 규칙인 동시에 근본적인 도덕성의 원리인 것이다.

더군다나 해커는 특정 시스템에 침입하여 어떠한 손해도 끼칠 의도가 갖고 있지 않을 수도 있지만, 그는 본의 아니게 파일이나 프로그램을 망가뜨릴 수도 있다. 시스템이 복잡하면 할수록 뜻밖의 사고가 일어날 가능성은 더욱 높아진다. 더구나 컴퓨터 시스템의 무단사용은 귀중한 CPU 자원을 낭비하게 되며, 이는 보다 실제적인 절도 행위에 해당된다. 더군다나 웹 페이지에 대한 어떠한 악의적인 의도나 파괴 행위가 없다 하더라도, 허가받지 않은 모든 침입에 대해 시스템 관리자는 반드시 점검을 해야만 하기 때문에 불법침입자의 행위는 여전히 파괴적이고 희생을 초래하는 행위이다. 시스템 관리자는 많은 시간을 들여 그들 시스템과 소프트웨어가 아무런 손상을 입지 않았다는 것을 확인하고 점검해야만 한다. 결국 존슨(Deborah Johnson)이 지적하고 있듯이 "무단접속을 꾀하거나 벌레나 바이러스를 유포하거나 하는 등의 행위를 시도하는 사람들은 컴퓨터 공동체로 하여금 기술 향상을 위해 사용될 에너지와 자원들을 시스템과 파일을 보호하는 데 투입하도록 만들고 있다."

그러므로 스패로드와 다른 사람들이 강조해 온 바와 같이 해커들을 옹호하는 대부분의 주장들은 잘못된 것으로 객관적으로 자세하게 검토할 만한 것이 못 된다. 소유물을 도둑 맞거나 혹은 웹 페이지가 손상되었을 경우 해킹에 대한 더욱 강력한 소송들이 제기되는데, 그 이유는 피해자들의 경우 이러한 문제를 해결하기 위해 보다 많은 자원들을 소비해야 한다는 보다 심각한 손해를 감당해야 하기 때문이다.

무단침입과 웹사이트

일반적으로 웹사이트 소유자의 재산권에 대한 침해는 두 가지 방법에 의해 이루어지고 있다. 첫번째는 웹 페이지가 침입자에 의해 해킹을 당하는 경우이다. 이 경우 대개 웹 서버에 파일들이 추가되어 내용물이 손상을 입게 된다. 두 번째는 특정 웹사이트에 대해 무단방문을 포함하는 것으로, 그리 심각한 것은 아니지만 그렇다고 절대 가볍게 다룰 문제는 아니다. 누군가가 온라인 세미나에 접속할 수 있는 비밀번호를 해독하여 이를 통해 허락 없이 참여하는 경우가 이런 사례에 해당한다. 대부분의 웹사이트들은 일반 시민들에게 개방되어 있지만 일부 사이트들은 승인을 얻은 사용자만이 접속할 수 있으며, 사이트에 들어가기 전에 비밀번호와 이용자 이름을 확인하고 있다. 아주 드문 경우이긴 하지만 웹사이트 소유자들은 무감독 시스템을 채택하여 자신들의 사이트로의 접속을 제한하고 있다. 예를 들어 몇몇 법률회사들은 어느 누구라도 분단위로 사용요금을 부과하는 상업적인 컴퓨터 서비스를 사용하지 않는 한, 자신들의 사이트들 검색할 수 있다는 점을 자신들의 홈페이지에 명기하고 있다. 이러한 지시를 무시하고 검색을 계속하는 사람들은 법적으로 불법침입의 죄를 범하고 있는 것이다.

만일 이러한 행위에 있어 그 어떤 것이라도 불법침입에 해당된다면 이는 웹사이트들을 자산으로 간주하고 있음을 의미하는 것이다. 일반적으로 자산이란 물리적 자산이나 특정 부류의 동산으로 인식되고 있다. 그러나 웹사이트가 실질적인 사유재산의 자격을 갖는가? 인터넷이 이용자들의 참여가 이루어지는 하나의 개방적이고 공적인 환경이라는 사실에도 불구하고 웹사이트는 그 소유자의 재산이라는 개념은 상당한 공감을 얻고 있다.

하디(Trotter Hardy)는 이미 우리가 제4장에서 다루어 익히 알고 있는 철학적 주장들에 근거하여 웹사이트는 사실상 재산으로 분류되어야 한다는 점을 강조하고 있다. 그러므로 무단방문자와 웹페이지 해커 모두는 불법침입이라는 범죄를 저지르고 있는 것이다. 그는 로크의 "노동보상"(labor - desert) 이론과 공리주의 이론을 인용하여 자신의 주장을 정당화하고 있다. 로크주의적 관점에서 볼 때, "웹사이트의 가치와 나아가 웹사이트가 존재하는 것은 전적으로 이 사이트를 만든 누군가의 노동에서 비롯된 것이기" 때문에 웹사이트에는 당연히 재산권이 존재해야 한다. 하나의 웹사이트를 만들어내는 것은 대개의 경우 노동집약적 행위이며, 따라서 그러한 사이트를 만들기 위해 시간과 노력을 투자한 사람들에게 재산권이 부여되어야만 한다. 마찬가지로 소유권은 사회적 효용성을 극대화할 뿐만 아니라 웹사이트를 만들게 하는 동기를 부여하기 때문에 정당하다는 공리주의의 주장은 설득력은 다소 떨어지지만 여전히 상당한 적실성을 지니고 있다. 어떤 점에서는 웹사이트에 대한 사유재산권을 인정하게 되면 이는 새로운 사이트를 개발하려는 하나의 동기로 작용하게 된다. 왜냐하면 개발자들은 그 사이트로의 접속에 대한 강력한 통제권을 자신들이 행사할 수 있음을 알게 될 것이기 때문이다.

그러므로 하디의 결론은 일종의 불문율인 "'웹사이트에 대한 무단침입'의 대의명분이 웹사이트에 대한 접속을 통제하는 수단으로 존재해야만 한다"는 것이다. 비록 웹 페이지에 대한 해킹이 보다 심각한 위법 행위이기는 하지만, 이용자들 또한 특정 웹사이트가 제한 규정을 적절하게 명시하고 있다면 접근을 금지하고 있는 웹사이트들을 존중해야만 한다. 현재 거의 모든 웹사이트 소유자들은 방문자들을 환영하고 있으며, 이는 당연히 그래야 되는 것이다. 인터넷은 생각과 정보를 교환하는 공개적인 광장인 공공장소가 되어야 한다. 그와 같은 공개적인 접속을 통해 인터넷 사용자들의 공공선(public good)은 확실히 증진된다. 그러나 그렇다고 해서 웹사이트들은 공공의 재산이며 사용자와 해커들을 위한 공정한 게임이라는 것은 아니다.

인터넷이 경이적인 성장을 지속하고 있기 때문에 사적으로 소유되는 웹사이트들이 더욱 많이 늘어나서 접속을 금지하거나 제한하게 될 것인지의 여부를 예측하기는 매우 어렵다. 여기서 우리가 강조하고자 하는 것은, 사유재산제와 불법침입에 관한 불문율이 그러한 사이트에 대한 무단접속과 밀접하게 관련되어 있다는 것이다. 더군다나 설사 우리는 이용자의 검색 활동을 방해하거나 정보의 흐름을 규제하지 않는 개방적인 인터넷을 추구해야만 한다 할지라도, 하나의 웹 서버가 지닌 재산상의 경계와 그것이 만들어내는 웹 페이지를 존중해야 한다는 강력한 도덕적 명령이 존재한다.

스팸은 불법침입에 해당하는가?

다른 문제로 넘어가기에 앞서서 스팸의 문제를 다시 한 번 살펴볼 필요가 있다. 제3장에서 논의했듯이 스팸은 이를 받아보는 사람들에게, 그리고 특히 스팸 메일의 매체로 이용되는 인터넷 서비스 제공자(ISPs)에게 상당한 부담을 안겨주고 있다. 일부 ISPs는 사유재산에 대한 불법침입으로 스팸 메일을 보내는 사람들을 고소함으로써 이에 강력 대응해 왔으며, 또한 그러한 재산을 보호하기 위한 강제적인 해결 방안을 모색해 왔다.

스팸과 관련되고 있는 재산권 문제는 다소 복잡하다. 스팸은 메일 서버를 통해 발송자로부터 전송되는데, 메일 서버에서 스팸은 수취자에게 전달되기 전에 잠시 머무르게 된다. 그러므로 스팸은 메일 서버를 소유하고 운용하는 ISP의 재산과 최종 수취자의 재산 모두에 영향을 미치게 된다.

컴퓨서브사와 사이버프로모션사(CompuServev v. Cyber Promotions, Inc.)의 사례는 ISP를 통해 전송된 스팸이 재산권을 침해한다는 주장이 지닌 애매모호함과 문제점을 단적으로 보여주고 있다. 이 사건의 발단은 컴퓨서브사가 사이버프로모션사에게 자신들의 메일 서버를 사용해 원치 않는 광고물을 전송하는 것을 금지한다는 통지를 하면서 비롯되었다. 사이버프로모션사는 이를 받아들이지 않았고, 컴퓨서브사는 사이버프로모션사가 자신들의 재산을 불법 침해하고 있다며 소송을 제기하였다. 사이버프로모션사의 주장은 컴퓨서브사가 사업상의 목적으로 다른 사람들을 자신들의 재산 속으로 끌어들였기 때문에 그 이후에 자신들의 재산에 대한 접근을 규제할 수는 없다는 것이었다. 다시 말해 컴퓨서브사가 인터넷에 자신의 메일 서버를 올렸다는 자체가 그 서버를 사용하기 위해 돈을 지불한 모든 고객들에게 암묵적인 승인을 의미한다는 것이다. 이들은 또한 컴퓨서브사가 헌법 제1수정조항의 모든 구속력이 적용되는 우체국장으로서의 역할을 자청했으며, 또한 이러한 맥락에서 컴퓨서브사가 자신들의 컴퓨터 장비에 대해 법적으로 보장된 이익을 추구하도록 하는 것은 일종의 검열권을 부여하는 것으로 헌법 제1수정조항에 위배된다고 주장하였다.

1997년 2월에 내려진 판결에서 오하이오 주 지방법원의 그라함(Graham) 판사는 사이버프로모션사의 주장이 이유가 없다며 패소판결을 내렸다. 그라함 판사는 스팸으로 인해 메일 서버가 안게 되는 부담을 전적으로 인정하면서 "개인 소유자의 재산권은 헌법 제1수정 조항에 의해 침해될 수 없다"고 판결하였다. 더군다나 판사가 내린 추론에 따르면 컴퓨서브사는 일종의 사적 행위자이지 사이버프로모션사의 통신권을 억누르려고 하는 정부기관이 아니기 때문에, 또한 컴퓨서브사는 무단침해가 발생하는 컴퓨터 자산의 소유자이기 때문에 피고측의 반항적인 행위는 명백한 불법침입에 해당된다. 그 결과 사이버프로모션사는 컴퓨서브사가 운영하는 어떠한 전자우편에 대해서도 원치 않는 광고물을 보낼 수 없다는 예비명령이 내려졌다.

이 사건에 대한 법원의 논고에 있어 잘못된 점을 찾아내기가 쉽지 않다. ISP의 손을 들어준 판결은 물리적인 불법침입에 대한 유추에 근거하고 있으며, 이러한 유추는 이번 경우에 있어 적절한 것으로 보인다. 이 사건을 다소 쉽게 해결할 수 있도록 하는 것은 바로 사이버프로모션사가 실질적으로 컴퓨서브사에 상당한 비용을 지불하고 이 회사의 컴퓨터 시스템과 디스크 드라이브를 사용하여 메시지를 전송하고 있었다는 점이다.

재산권을 정의하는 여러 요소들 가운데 하나가 다른 사람들이 사용하지 못하도록 할 수 있는 권리라는 점을 상기해 보라. 이러한 권리의 당연한 결과는 소유자의 승인을 얻어야만 비로소 그의 재산을 이용할 수 있다는 것이다. 사이버프로모션사는 컴퓨서브사의 메일 서버를 아무런 제약 없이 이용할 수 있는 승인을 받았음을 전제하고 있다. 그러나 컴퓨서브사는 하나의 단서 조항을 제시한 상태에서 자신의 메일 서버를 사용할 수 있는 "승인"을 내주고 있다. 즉, 메일 서버에 과도한 부담을 주어서 이 시스템을 약화시켜서는 안 된다는 조건이다. 컴퓨서브사는 일종의 자율적인 도덕적 행위자로 볼 수 있기 때문에 컴퓨서브사는 사용자에게 그와 같은 합리적인 규제를 부과할 수 있는 모든 도덕적 그리고 법적 권리를 지닌다고 할 수 있다.

그러나 이 사건은 스팸이라는 궁극적인 대상과 관련되어 아직 해결되지 않은 보다 중요한 문제를 제기하고 있다 : 스팸은 사용자 수준에서도 불법침입에 해당되는가? 만일 어떤 회사가 나에게 원치 않은 이메일을 보낸다면 이들은 나의 재산에 불법침입하고 있는 것인가? 이는 보다 복잡한 문제이며 따라서 좀더 자세하게 살펴볼 필요가 있다.

스팸 메일을 보내는 사람에 대해 반대하는 일부 사람들은 모든 인터넷 커뮤니케이션은 합의에 토대를 두어야만 한다고 주장해 왔다. 이는 어떠한 윤리적 관점이나 실천적 기준에 의해서도 정당화하기 힘든 하나의 극단적인 입장이다. 그와 같은 배타적인 정책은 이득보다는 엄청난 비용을 초래할 것이다. 대부분의 인터넷 사용자들은 과연 자신들이 동의하지 않은 모든 커뮤니케이션을 배제시키기를 진정으로 원하고 있는가? 그와 같은 규제로 인해 이들이 피해를 보지는 않겠는가? 만일 우리가 모든 교환은 합의를 바탕으로 하여야 한다는 점을 고집한다면, 인터넷을 통해 가능해진 개방적인 커뮤니케이션과 민주적인 표현이 심각하게 손상될 수도 있다.

더군다나 자유롭게 표현할 수 있는 권리는 대부분의 국가에서 상업적 표현의 권리를 포함할 만큼 충분히 확대되고 있다. 이것이 의미하는 바는, 상인과 기타 단체들은 우편으로 광고물이나 전단을 보내듯이 잠재적 소비 대상인 온라인상의 고객들에게 자신들의 상품 판촉물을 보낼 수 있는 권리를 지녀야만 한다는 것이다.

그러나 설사 광고주들이 이러한 메일을 보낼 수 있는 권리를 지니고 있다 하더라도 누군가에게 이를 강요할 권리는 이들에게 없다. 만일 그러한 일이 벌어진다면 스팸을 일종의 불법침입으로 간주하는 것은 타당하다. 커뮤니케이션 권리는 재산권과 프라이버시권, 즉 자신만의 개인적 영역에 혼자 있을 수 있는 권리 사이에서 균형을 이루어야만 한다. 이러한 상황하에서 어떤 타협점을 모색하기 위해서는 개인들이 이러한 원치않은 메일에 대해 어느 정도 통제할 수 있어야만 한다. 각 개인들은 자신의 영역이나 사적인 공간에 대한 통제권을 지니고 있어야만 한다. 여기에는 누군가의 집에 배달되는 일상적인 메일이건 아니면 개인의 사적인 공간 혹은 재산의 연장으로 간주되어야만 되는 전자우편함에 배달되는 이메일이건 간에, 그러한 원치 않은 메일로부터 자신의 사적인 영역을 보호할 수 있는 특권이 포함되어야만 한다. 이는 한 개인의 개성과 직업에 대한 자율성이라는 보다 근본적인 권리로부터 도출된 것으로, 누군가를 다른 사람의 커뮤니케이션의 피동적 청취자로 만들려는 강제적 행위는 이를 침해하는 것이다. 물론 이용자는 원치 않은 메시지를 단순히 삭제함으로써 통제권을 행사할 수 있다. 그러나 한 단계 더 나아가 이용자가 발송자에게 더 이상의 메일이나 메시지를 보내지 말 것을 요청할 수도 있어야만 한다. 이러한 요청에 순응하지 않을 경우, 이는 누군가의 개인적 공간에 대한 불법침입에 해당될 수 있다. 커뮤니케이션 권리는 고객의 선택에 의해 제한되어야만 한다. 최소한 개인의 의사에 반하여 강요될 경우 원치 않은 이메일은 불법침입에 해당된다.

사이버 공간에서의 불법침입에 대한 다른 측면들 또한 자세한 검토가 이루어져야 하겠지만, 이러한 것들 또한 다른 사건과 마찬가지로 복잡한 법적인 문제를 제기한다. 우리는 단지 이러한 문제에 대해 개괄적으로 검토하고 있을 뿐이며, 이를 통해 독자들에게 그러한 불법침입이 언제 일어나는지, 그리고 그것이 불법침입인지를 판단할 수 있는 토대를 제시해 주려는 것뿐이다.

암호화를 둘러싼 논쟁 : 공공정책의 관점

인터넷에서의 암호화

이미 살펴본 바와 같이 정보의 보호라는 어려운 목적을 달성할 수 있는 최적의 방법은 암호화 기술을 사용하는 것이다. 이 기술을 사용하여 이용자들은 인터넷과 같은 불안전한 네트워크상에서 민감한 자료들을 안심하고 전송할 수 있다. 인터넷에서 이루어지는 대부분의 커뮤니케이션은 암호화의 형태로 보호되지 않았을 경우 엿듣거나 파괴하는 행위에 대해 취약성을 보인다. 근본적인 문제는 인터넷이 마치 우편엽서처럼 정보를 전달한다는 점이다. 우편엽서는 누구라도 마음만 먹으면 그 내용을 살펴볼 수 있을 만큼 공개되어 있다. 마찬가지로 이메일 메시지나 기타 커뮤니케이션은 다양한 서버를 통해 전달되기 때문에 시스템 관리자나 심지어 단순한 해커들에 의해 중간에서 가로채임을 당하거나 읽힐 가능성이 있다. 암호화는 데이터를 뒤섞어서 정확한 암호 해독 열쇠 없이는 판독할 수 없게 함으로써 이러한 가능성을 방지한다.

여기서는 주로 공식적인 암호화의 사용을 둘러싸고 상당한 논란이 되고 있는 문제들을 살펴볼 것이다. 먼저 암호 표기법 그 자체와 공식적인 암호화의 성격에 대한 배경에 대해 살펴보고, 공공정책이 암호화를 추구해 온 역사를 검토해 볼 것이다. 그리고 나서 이러한 기술의 사용에 따른 윤리적인 측면들과 정부의 적절한 역할에 대한 결론을 도출할 것이다.

일반적으로 암호 표기법(Cryptography)이라는 용어는 데이터의 암호화를 의미하는 것으로 일종의 비밀스런 암호에 불과한 것이다. 군대는 이러한 암호들을 수천 년 동안 사용해 왔다. 암호 표기법은 "내일 공격한다"와 같은 간단 명료한 메시지를 복잡난해하고 이해할 수 없는 것으로 전환시키는 것이다. 이를 해독할 수 있는 유일한 방법은 암호 해독이라는 열쇠를 사용하는 것이다. 예를 들면, 로마 정복자인 줄리어스 시이저(Julius Caesar)가 사용했던 암호는 알파벳상의 특정 문자를 다음 세 번째 문자로 고쳐 쓰는 (따라서 d는 g로 고쳐 쓰는) 것이었다. 이러한 암호 덕택에 메시지들은 쉽게 해독되어 판독될 수 있었었다.

컴퓨터를 사용한 암호 표기법 혹은 암호화는 1960년대 이후 널리 사용되어 오고 있다. 수많은 암호화 방법들이 개발되어 왔지만 상업적으로 가장 널리 사용되는 암호화 기술은 DES 혹은 데이터 암호화 기준(Data Encryption Standard)으로, 정부는 1977년 이후 이를 하나의 기준으로 사용하여 오고 있다. 본래 DES는 IBM 연구진에 의해 1960년대에 개발되었지만 하나의 기준으로 채용되기에 앞서 국가안전국(NSA, National Security Agency)에 의해 상당부분 수정되었다. 이와 더불어 MIT의 세 명의 연구자에 의해 창안된 연산 방식으로 이들의 이름을 붙인 RSA(Rivest-Shamir-Adelman)도 있다. DES는 현재 많은 이메일과 네트워킹 패키지로 사용되고 있으며, 1993년에 정부에 의해 재인증되었다.

DES는 대칭을 이루는 부호를 이용한 암호 표기 시스템이다. 이는 동일한 비밀 열쇠를 사용해 암호화하기도 하고 또한 해독하기도 한다는 것을 의미한다. 이것이 효과적으로 작동하기 위해서는 데이터의 발송자와 수취자 모두가 이러한 열쇠를 공유해야만 한다. 그렇다면 열쇠 그 자체는 안전한 방식으로 소통되어야만 하며, 그렇지 않을 경우 열쇠가 제3자에 의해 중간에서 가로채이거나 다른 사람의 수중에 넘어갈 수 있다. 이것이 바로 비공식적인(개인적인) 열쇠를 사용하는 데 있어 제기되는 심각한 문제점이다.

널리 사용되는 또 하나의 암호화 기법인 RSA는 공식적인 열쇠 암호 표기법에 기초하고 있다. 공식적 열쇠를 통한 암호화 또한 이용자들이 불안전한 네트워크를 통해 데이터를 안전하게 전송할 수 있도록 해준다. 각기 상대방은 공식적인 것과 사적인 것으로 이루어진 한 쌍의 열쇠를 지닌다. 공식적 열쇠는 대개 디렉토리에 저장되어 메시지를 암호화하는 데 사용되며, 사적인 열쇠는 메시지를 해독하는 데 사용된다.

열쇠가 길면 길수록 해독하기는 어려워진다. 128비트 암호는 거의 해독이 불가능한 반면에 40비트 암호는 손쉽게 해독이 가능해진다. 1996년에 일단의 암호 표기론자들은 "잘 훈련된 적으로부터 보호"하기 위해서는 암호는 최소한 75에서 90비트가 되어야 한다고 추천하였다.

공식적 암호 표기의 가장 대표적인 장점은 바로 메시지의 발송자와 수취인이 커뮤니케이션을 하기 전에 사적인 비밀열쇠를 교환할 필요가 없다는 점이다. 바움(Michael Baum)에 따르면, 가장 핵심적인 사항은 "공식적인 암호화는 사업을 하는 모든 당사자들에게 믿을 수 있는 상거래를 보장한다"는 것이다.

그러나 정부관리들이 이 기술을 지원하는 데 있어 소극적인 태도를 취하고 있기 때문에 공식적인 암호화는 "믿을 수 있는 상거래"를 달성하는 수단으로는 문제가 되고 있다. 정부는 정교한 암호 시스템(예를 들어, 128비트 키)의 유출을 우려하고 있으며, 모든 공식적 그리고 사적 열쇠에 대한 일종의 통제인 "은밀한 접속"(back door access)을 요구하고 있다. 정부는 국제적인 테러리스트나 범죄 단체가 법적인 권위를 지닌 당국자자 열쇠를 갖고 있지 않아서 해독할 수 없는 암호 시스템을 입수하게 될 것을 가장 우려하고 있다. 그러므로 이러한 시스템의 확산은 이것이 지닌 감시와 도청의 능력을 약화시키게 될 것이며, 이로 인해 장기적으로는 국가 안보를 위태롭게 할 수도 있다. 현재 국내에서 사용되는 암호화에 대한 규제는 없지만, 미연방정부는 암호화 시스템의 수출을 엄격하게 규제하고 있다. 정부는 40비트 키로 암호 표기한 소프트웨어에 대해서는 수출을 허용하고 있는데, 이는 일반적인 사이버 침입자로부터 사용자들을 보호해 줄 수는 있지만 전문가의 침입은 막아내질 못한다. 그러나 미 정부는 은밀한 접속이 제공되지 않는 한 고도의 암호화 시스템에 대해서는 확고하게 규제하고 있다.

정부가 모든 암호화 시스템의 열쇠를 지닌다는 것은 너무나도 강압적이고 또한 무언가 오웰(Orwell)주의적 함축을 불러일으키기 때문에 프라이버시 옹호론자나 소프트웨어 사업자들은 이를 쉽사리 받아들이지 않고 있다. 지난 몇 년간에 걸쳐 정부는 이 문제를 해결하고 또한 국가 안보를 위태롭지 않게 하면서 동시에 개인의 프라이버시를 보존하는 문제를 다루기 위해 수많은 법안들을 제기해왔다. 이러한 법안들과 이에 대한 비판들을 함께 검토해 보는 것이 의미가 있을 것이다.

암호화에 관한 공공 정책 법안

클리퍼 칩 (The Clipper Chip)

국가안전국(NSA)에 의해 개발된 클리퍼 칩은 원래 전화를 이용한 통신을 암호화하기 위해 창안되었다. 클리퍼 칩 그 자체는 스킵잭(Skipjack)이라고 알려진 암호화된 연산 방식을 지닌 일종의 마이크로 프로세서로 모든 전화에 설치될 예정이었다. 이러한 클리퍼 칩 암호장치가 내장된 전화를 이용하는 두 당사자들이 자신들의 통화내용을 보호하고자 할 경우, 이들은 이러한 장치를 작동시켜 LEAF(Law Enforcement Access Field, 법률로 규정된 접속영역)라고 불리는 한 묶음의 정보를 교환하게 된다. LEAF에는 통화자가 자신의 통화 내용을 암호화하고 복호화(해독화)할 수 있는 특별한 세션키가 포함되어 있다. 또한 LEAF에는 클리퍼 칩의 일련번호가 포함되어 있다. FBI는 세션열쇠는 아니지만 일련번호는 해독할 수 있는 일종의 만능 열쇠를 갖도록 되어있다. FBI가 법원으로부터 도청에 대한 영장을 발부받았을 경우, FBI는 LEAF에서 현재 사용중인 클리퍼 칩의 일련번호를 추출해낼 수 있게 된다.

이 계획의 일부가 되고 있는 것은, 정부가 각각의 클리퍼 칩에 대한 만능열쇠를 일종의 '조건부 위임'(escrow)의 형태로 보관한다는 것이다. 이 의안은 이러한 독특한 숫자화된 열쇠들을 보호(관리)인으로서 효과적으로 행동할 수 있는 두 개의 정부 기관에 나누어 갖게 하고 있다. 한 기관이 특정 열쇠의 절반을 지니고 다른 기관은 그 나머지 절반을 갖게 하는 것이다. 일단 FBI가 적절한 일련번호를 입수하게 되면 각각의 정부기관이 따로 보관하고 있는 열쇠의 두 부분을 요구하게 된다. 각 기관은 FBI가 제공한 일련번호를 조사해서 그 번호에 해당하는 (자신들이 보관하고 있는) 열쇠의 부분을 제공한다. FBI는 이 열쇠의 두 부분을 결합하여 LEAF에 있는 세션열쇠를 복호화(해독)하여 암호화된 통화 내용을 판독하게 된다.

클리퍼 칩 법안은 수많은 비판을 야기하였으며 첨예한 논쟁을 불러일으켰다. 보안 전문가들은 곧바로 이것이 지닌 기술적인 결점들을 지적하였다 : 스킵잭(Skipjack) 연산 방식은 기밀로 분류되었고, 내용을 뒤섞는 작업은 소프트웨어에 의해서가 아니라 변조방지용 컴퓨터 칩 속에 견고하게 설치된 회로판에 의해 이루어지게 되어 있다. 이로 인해 앞으로 이 기술을 변화시키거나 기능을 향상시키는 것은 더욱 어려워질 것이다. 또한 특정한 조건에 맞춰 주문 제작된 칩은 상당히 비싸기 때문에 이러한 장치를 갖춘 상품을 생산하는 데 상당한 비용이 들어가게 될 것이다. 마지막으로 이러한 칩을 내장한 전화기는 다른 전화기와의 호환성을 갖지 않을 것이다.

그러나 대부분의 비판은 기술의 취약성에 근거한 것이 아니라 이데올로기에 근거하고 있다. 많은 사람들은 클리퍼 칩과 같이 열쇠를 임의로 맡긴다는 계획은 문제가 많다고 믿고 있다. 왜냐하면 이 계획은 "신뢰할 수 있는" 제3자를 전제로 하고 있으며, 따라서 암호화 표기 계획에 관여하는 당사자들이 많아지면 질수록 이 계획이 취약해질 가능성은 더 높기 때문이다. 시민자유주의자들은 이러한 "계획"을 프라이버시권에 대한 일종의 거대한 공격이자 사적인 시민들의 사적인 업무를 일상적으로 파헤치려는 정부관리들의 망령으로 간주하고 있다. 클리퍼 칩에 대한 발로우(John Perry Barlow)의 반론은 마치 전쟁을 선포하는 것처럼 들리고 있다.

> 클리퍼는 구 산업화시대의 마지막 거대한 힘인 미국이 사이버 공간에 대한 제국주의적 통제를 확립하기 위해 벌이는 마지막 시도이다. 만일 미국이 승리한다면 우리 후손들의 도덕성을 감시하는 감시체계는 인류역사상 가장 자유롭게 발전하게 될 것이다. 우리는 그 보다 더 훌륭한 조상이 될 수 있다.

어떠한 은밀한 접근도 허용하지 않는 거의 침입이 불가능한 암호화 기술로 인해 도청이 불가능할 때 벌어질 일들을 두려워하는 사람들은 클리퍼를 지지하고 있다. 이들은 해독 불가능한 암호 코드의 확산을 방지하려는 정부의 정당한 목적을 높이 평가하고 있다. 베이커(Stewart Baker)에 따르면, 클리퍼에 대한 격렬하고도 과도한 반대는 "컴퓨터 세계 전반에 걸쳐 돌연히 출현하고 있는 고도의 기술을 지닌 낭만적 무정부주의라는 하나의 보편적인 추세"를 반영하고 있는 것이다.

이러한 주장 속에는 상당한 장점들이 존재하고 있다는 점을 부인할 수 없다. 테러리스트나 컴퓨터 범죄자들에 의한 암호화의 악용은 공공의 안전에 관한 하나의 법적인 문제가 된다. 최근에 FBI가 아동 포르노 네트워크를 붕괴시켰을 때 FBI는 암호화된 컴퓨터 파일과 싸워야만 했다. 또한 암호화는 교황 요한 바오로 2세에 대한 암살 기도와 관련된 비밀스런 교신에 있어 하나의 중요한 요소이기도 했다. 범죄자들이 컴퓨터 시스템에 보다 깊이 의존하여 그들의 범죄를 계획하고 실행하고 있기 때문에, 이들이 자신들의 이러한 위법 행위를 숨기기 위해 암호화를 추구할 가능성은 더욱 높아질 것이다.

그렇지만 다소 과장이 있다 하더라도 발로우와 그의 동료들 또한 클리퍼 칩이 지닌 잠재적 위험성에 관한 정당한 주장을 하고 있는 것이다. 국가 안보의 필요성과 프라이버시간의 균형을 모색함에 있어서 이 기술은 국가 안보를 보다 중시함으로써 프라이버시를 침해할 위험성이 지나치게, 그리고 불필요하게 높은 시스템을 창안해낸 것이다.

수출(대외유출)의 규제

이러한 엄청난 비판과 계속적인 국민들의 부정적 인식으로 인해 클리퍼 칩 원안은 곧 폐기되었으며, 정부는 1995년 가을에 데이터 암호화에 관한 새로운 형태의 규제조치들을 제정하였다. 이 조치에서는 56비트 DES까지의 연산 방식을 지닌 제품의 수출을 허용하고 있지만 여전히 정부는 은밀한 접속을 원하고 있었다. 그 결과 그러한 제품을 따고 들어갈 수 있는 "예비 열쇠"를 조건부 위임 형식으로 받아둠으로써 법률이 정한 기관들이 사용할 수 있도록 만들었다. 조건부 위임된 열쇠들을 사용하고자 하는 기관들은 도청을 하고자 할 때 밟아야 하는 절차와 동일한 절차를 밟아야만 했다. 이 법안은 폐기된 클리퍼 칩안에 비해 침해의 소지를 상당히 줄인 것 같아 보였지만, 56비트 DES는 부적절하다는 정서가 광범위하게 퍼져있었기 때문에 이 또한 재계의 지지를 이끌어내지는 못하였다. 또한 프라이버시 옹호론자들은 설사 남용을 방지할 수 있는 어떠한 안전 장치가 갖추어졌다 하더라도, 여전히 어느 정부 기관에 대해서도 커뮤니케이션에 접근할 수 있는 이러한 열쇠를 제공하는 것을 달가워하지 않았다.

1996년 5월, 이러한 복잡한 문제와 관련하여 국립조사위원회(NRC, National Research Council)는 "정보화 사회의 보호에 있어 암호화 표기의 역할"이라는 제목을 지닌 하나의 중요한 보고서를 제출하였다. 이 보고서가 강조하고 있는 바는, 수출규제는 단계적으로 완화되어야만 하지만 완전히 철폐되어서는 안 되며, 연방정부는 이미 해외에서 사용되고 있는 암호화 관련 소프트웨어에 대해서는 수출규제를 중단해야만 하고, 또한 사적으로 이루어지는 암호코드를 분쇄할 수 있도록 FBI와 CIA의 능력을 신장시킬 수 있는 프로그램을 개발하는 데 더욱 집중적으로 투자를 해야만 한다는 것이다. 이 보고서의 논리는 이러한 조치들을 통해 비밀을 보장하면서 커뮤니케이션의 안전을 향상시킬 수 있다는 것이었다.

해독 열쇠 관리를 위한 기반구조

NRC의 보고서가 공개됨과 동시에 정부는 '열쇠 관리를 위한 기반구조' (KMI, Key Management Infrastructure)라는 세 번째 암호화 의안을 발표하였다. NRC 또한 열쇠 복구 행위를 갖춘 정부의 기반구조를 승인하였다. KMI는 모든 공식적인 열쇠에는 정당하게 인증된 확증서가 있어야만 한다는 전제를 기초로 하고 있다. 이를 위해 모든 열쇠를 위임받은 기관과 함께 등록하고 인증 당국자들(certification authorities, CAs)이 이에 대해 서명하도록 하고 있다. 이러한 CAs는 특정 열쇠와 관련된 개인의 신원을 확인하는 일종의 "디지털 공증인"(digital notary's public)으로서의 기능을 수행하게 된다. 공적인 암호 열쇠에 대한 확증서는 이에 대한 해독 열쇠가 열쇠를 복구하는 기관으로 넘어가는 경우에 한해 문제가 될 것이다. 열쇠를 위임받은 기관과 인증 당국자들 모두는 안전과 수행에 있어 최소한의 기준을 충족시켜야만 한다.

이러한 의안에 따르면 조건부로 열쇠를 위임만 한다면(정부는 이를 열쇠의 복구라고 부르고 있다), 다시 말해 어느 조직이건 필요한 확증서만 얻게 되면 아무리 긴 열쇠를 지닌 암호화 상품이라도 수출될 수 있다.

미국 정부가 열쇠 복구 조건을 포기하지 않았기 때문에 프라이버시 옹호론자들과 소프트웨어 제조업체는 이 의안에 대해 반대하였다. 그러나 일부 제조업체들은 이상적인 해결책을 기다리다 지쳐 결국에는 정부와의 타협을 모색하기 시작하였다. 1996년 초, 로터스사(Lotus Development Corp.)는 고도의 64비트 암호화 기능을 지닌 Notes 4.0판을 수출하기 위한 정부의 승인을 얻었음을 공표하였다. 이 회사는 법률이 허용한 기관이 Notes에 암호화된 서류나 메시지를 해독할 수 있도록 비밀 매스터 키를 정부에 제공하기로 합의하였다. 이는 로터스의 해외 고객들이 취약한 상태에 놓이게 되었음을 의미하는 것이다. 왜냐하면 이들의 암호화된 커뮤니케이션은 언제라도 사전 통고 없이 미국 정부의 관리들에게 노출될 수 있기 때문이다. Lotus사가 이것을 일종의 타협으로 간주하고 있는 이유는 64비트 중에서 오직 24비트에 대해서만 정부의 접근을 허용하였기 때문이었다. 정부가 이에 동의한 이유는 40비트 키는 취약해서 필요하면 언제든 쉽게 해독할 수 있기 때문이었다.

KMI 의안 또한 일부 정책지침들을 포함하고 있었으며, 이러한 것들은 1996년 가을에 채택되었다. 상당한 논란을 겪은 후에 다음과 같은 변화가 이루어졌다 :

- 암호 표기법 수출에 대한 관할권은 국무부에서 상공부로 이관될 것이다.
- 기업들은 2년 안에 해독 열쇠 복구를 실행할 계획을 제출해야만 한다는 조건하에 56비트 DES를 사용한 암호화제품의

수출 승인을 신청할 수 있다.

* 마지막으로, (128비트 DES와 같은)고도의 암호화 제품은 해독 열쇠 복구를 포함하고 있을 경우에만 수출될 수 있다.

최근의 전개 현황

지난 2년간 암호화 규제에 관한 수많은 법률안들이 제기되어 왔지만 반대 세력은 전혀 입장의 변화를 보이지 않아 왔다. KMI 정책들은 시행되고 있으며, 많은 기업들이 정부가 제시한 조건에 맞춰 56비트 DES의 수출 승인을 얻고 있다. '암호화를 통한 안전과 자유에 관한 법'(SAFE Act, Security and Freedom Through Encryption Act)은 1998년 하원 상공위원회의 심의를 통과하지는 못했지만 1999년에 개정안이 재차 상정되었다. 이 법안은 그 제품에 열쇠 복구가 내장되어 있는가에 관계없이 암호화 소프트웨어에 대한 수출 규제를 철폐하고 있다. 이 법안은 미국 시민이라면 누구나 전세계 어디에서든, 비트의 길이와 관계없이 암호화 상품을 사용하고 매매할 수 있는 권리를 지니고 있음을 강조하고 있다. 이에 대한 상원의 수정안은 '전자 프라이버시에 관한 법'(E-Privacy Act)으로, 이 또한 1998년에 위원회에 상정되었다. 이러한 법안이 통과되지 않고 있기 때문에 조건부로 해독 열쇠를 위임한다는 것은 결국 정직한 사용자들이 그러한 기술을 얻게 될 기회를 계속해서 지체시키는 결과를 낳고 있는 것이다.

1999년 9월에 클린턴 행정부는 수출 규제에 대한 그 동안의 입장을 뒤집는 주요한 발표를 하였다. 백악관이 제시한 법안은 비트에 관계없이 암호화 소프트웨어를 승인 없이 수출할 수 있게 하는 것이었다. 그 결과 미국 기업들은 고도의 암호화 제품들을 일반 회사와 정부 이외의 사용자들에게 수출할 수 있게 되었다. 단 한 가지 조건은 상공부가 행하는 기술적 검토를 받아야 한다는 것이었다. 이 검토가 어떤 것인지는 아직 밝혀지지 않고 있다.

암호화의 윤리적 측면들

암호화를 둘러싸고 고조된 논쟁은 이 책에서 논의되고 있는 몇몇 다른 주요한 주제들과 밀접한 관련이 있으며, 특히 프라이버시와 표현의 자유의 문제와 밀접하게 연관되어 있다. 고드윈(Micheal Godwin)에 따르면, 암호화 표기는 인터넷과 같은 불안전한 매체에 있어서 표현의 자유에 매우 중요한데, 그 이유는 암호화 표기를 통해 우리들은 "비밀이 보장된다는 확신을 갖고 이야기 할 수 있기" 때문이다.

수출규제에서 예외가 되지 않는 시민들 또한 그러한 규제조치들이 수정헌법에 명시된 자유로운 표현권을 침해하고 있다고 주장한다. 물론 연방정부는 그러한 규제조치들이 표현의 자유를 침해하고 있다는 것을 부인하고 있다. 비록 암호화 코드를 일종의 "표현"의 형태로 간주해야 하는가에 대한 의문이 일부에서 제기되고는 있지만, 사법부는 이 문제에 관해서 연방정부와는 다른 입장을 표명하고 있는 것 같다. 1997년 초, 샌프란시스코 지방법원은 국무성으로부터 자신이 개발한 암호화 프로그램의 인터넷 게재를 금지 당한 수학 교수인 번스타인(Daniel Bernstein)의 손을 들어주는 판결을 내렸다. 이 사건의 담당 판사는 그와 같은 금지조치는 번스타인이 지닌 자유로운 표현권에 대한 위헌적 침해라고 판결하였다. 이러한 판결에도 불구하고 법원은 상업적인 성격을 지닌 자유로운 표현을 위한 암호화를 규제하려는 조치들을 철폐하려고는 하지 않고 있는데, 법원은 이에 대해서는 정치적 혹은 학문적 표현에 비해 좀더 제한되어야 하는 것으로 간주하고 있다.

어떤 점에서 볼 때 암호화 표기 기술을 통제하기란 사실상 불가능하기 때문에 정부의 노력은 헛된 것일 수 있다. 현재의 상황에 있어서 이는 마치 암호라는 "요정"을 다시 병 속에 가둬두려고 노력하는 것과도 같다고 할 수 있다. 미국 정부는 더 이상 과거와 같이 정보의 유통을 철저하게 통제할 수는 없다는 사실을 깨달아야만 할 것이다. 이러한 열쇠 복구 계획안을 비판하는 사람들은 현재 미국을 제외한 다른 소프트웨어 상인들에 의해 고도의 128비트 암호화가 널리 사용되고 있다는 점을 지적하고 있다. 예를 들어, 호주의 한 회사는 현재 128비트 암호화가 내장된 네츠케이프 브라우저를 판매하고 있다. 근본적인 문제는 암호화에 관한 국제적인 협약이 이루어지지 않고 있다는 점이다. 일부 국가들은 자유방임적인 태도를 취하고 있는 반면에, 미국과 같은 다른 국가들은 수출규제를 통해 이 기술을 통제하고 있다. 일관된 정책이 취해지지 않는 한, 이 기술을 효과적으로 통제하기란 불가능할 것이다.

이제 암호화 논쟁은 기술이나 "암호"가 어떻게 행위에 영향을 미치며 또한 이를 통제하는 가를 보여주는 또 하나의 사례가 되고 있다. 암호화의 목적은 통신상의 프라이버시와 안전성을 보장해 주기 위한 것이다. 이러한 암호를 사용함으로써 개인들은 합법적인 권위당국자들이나 혹은 그 밖의 사람들이 해독할 수 없는 방식으로 자신들의 통신 내용을 보호할 수 있는 능력을 갖게 되는 것이다. 그러나 네트워크 기술이 급격하게 분권화됨으로써 개인들은 이제 국가를 위협할 수 있을 정도의 힘을 지니게 되었다.

그 결과 미국 정부는 자신들이 정한 규칙에 따라 행위를 통제하기 위해 그러한 암호를 규제할 수 있도록 중앙통제를 재구축하고자 노력하고 있다. 정부는 법률과 수출규제라는 강제력을 통해 기술을 규제하려 하고 있다.

지금까지 살펴본 바와 같이 정부는 암호화라는 강력한 기술로 인해 가능해진 너무나도 많은 프라이버시와 비밀 보장을 우려하고 있다. 더군다나 정부의 KMI 계획안은 정부의 승인을 전제로 하고 있기 때문에 수출규제를 훨씬 뛰어넘는 것으로, 이는 결국 정부가 인터넷 전송에 대해 인증을 하겠다는 것이다. 따라서 원래 암호화 기술은 프라이버시와 비밀성을 보장하기 위해 개발되었음에도 불구하고, 정부가 은밀하게 접근할 수 있는 열쇠와 신원 확인이라는 방법을 통해 이러한 기술을 규제함으로써 개인의 프라이버시는 이제 크게 침해당할 위험에 처해지게 되었다.

이 문제를 도덕적인 관점에서 접근할 경우 무엇보다도 결과에 대해 평가할 필요가 있다. 바로 무어(Moor)의 결과주의적 모델이 이 사례를 분석하는 데 적합하다. 이 모델의 핵심 내용을 상기해 보라 : 결과주의는 정의의 원리, 인간권리의 보호가 핵심이다. 정의는 공평함을 의미하며, 따라서 누구든 다른 사람들이 수용할 수 없는 정책을 수용하는 것은 정의롭지 못한(불공평한) 것이다.

많은 결점을 지니고는 있지만 열쇠 복구라는 정부의 정책이 모든 합리적이고 편견 없는 사람들에 의해 불공평한 것으로 간주될 것이라고 주장하기는 어렵다. 이 정책이 시행된다고 해서 반드시 프라이버시권이 흔쾌히 양보될 수 있음을 의미하는 것은 아니다. 오히려 정부에게 은밀한 접근권을 부여함으로써 남용의 가능성을 더욱 커지게 하고 있다. 더군다나 법을 시행하려고 노력하는 사람들에게 있어서 해독 불가능한 암호화 표기는 하나의 실제적인 위협이 되고 있으며, 이에 따라 공공의 안전 문제는 위험에 직면해 있다. 다른 한편으로는, 이와는 대조적으로 열쇠의 조건부 위임을 배제하고 강력한 전자 프라이버시권을 옹호하면서 이를 위해서는 일부 위험도 기꺼이 감수하려는 정책에는 불공정하거나 불합리한 측면이 전혀 없다.

그러므로 객관적인 비용/효과 분석으로 다시 돌아갈 수밖에 없다. 정부는 열쇠 복구 정책의 효과가 이에 들어가는 비용보다 훨씬 크다는 것을 입증해 왔는가? 이 정책이 지닌 하나의 그러나 중요한 효과는 바로 정부가 암호화에 대하여 제한적이나마 통제권을 행사할 수 있다는 것이다. 즉, 수출을 규제함으로써 고도의 암호 시스템이 유통될 가능성은 훨씬 줄어들게 될 것이며, 이는 공공의 안전에 기여하게 될 것이다. 암호화 기술이 미국 이외의 다른 국가로 유출되지 못하게 함으로써 미국은 별다른 장애 없이 해외정보를 수집할 수 있는 것이다. 그러나 다른 국가의 상인들로부터 쉽게 구할 수 있으며 또한 이 기술에 관한 국제적인 협약이 이루어지지 않고 있기 때문에 결코 이러한 규제를 통해 고도의 암호 소프트웨어를 완벽하게 봉쇄할 수는 없다.

다른 한편으로, 열쇠 복구에 들어가는 비용은 매우 크다. 아래의 항목들을 한번 살펴보자 :

- 정부 기관들이 암호화된 커뮤니케이션을 해독할 수 있는 열쇠를 보유하게 됨으로써 프라이버시권이 위협을 받고 위태로워질 수 있는 높은 위험성
- 열쇠 복구 시스템을 설계하고 시행하고 또한 운용하고 있는 법률이 정한 기관들과 다른 사람들이 이를 남용할 위험성
- 매우 높은 운용 및 거래 비용이 드는 (KMI와 같은) 전지구적

인 열쇠 복구 기반구조를 구축할 필요성
- 공식적으로 기록된 열쇠를 요청하는 개인이나 조직을 인증함에 있어 오류의 위험성
- 일부 억압적인 정부가 반정부 인사들과 인권을 강조하는 사람들의 통신을 해독할 수 있는 결과를 낳게 하는, 조건부로 위임된 열쇠를 외국 정부에 건네주는 데 필요한 조건

더군다나 수많은 암호화 제품들이 사용되고 있고, 전세계에 수많은 합법적 기관들이 존재하며, 또한 암호를 이용하는 수백 만의 인터넷 사용자들이 존재하고 있다는 사실에 비추어 볼 때, 이 계획이 관장하는 영역의 협소함으로 인해 열쇠 복구 시스템의 운영은 결코 경제적이지도 않을 뿐만 아니라 현실적으로 실행 가능하지도 않다.

그렇다면 열쇠 복구를 통해 부인할 수 없는 혜택을 얻을 수 있다 하더라도 이 시스템의 시행이 가져올 또 다른 측면들이 중요하다. 누군가는 이러한 정책의 효과가 관련된 이해 당사자 집단에 있어서 현실적으로 소요되는 비용보다 더 크다고 굳게 믿고 있을 수 있다. 만일 그렇다면 이는 현재와 같은 형태의 열쇠 복구 시스템을 시행하는 것은 도덕적으로 수용할 수 없다는 이러한 윤리적 모델의 유리한 입장을 따르고 있는 것이다.

기타 다른 해결책들이 가능한가? 다른 어떤 중용적 입장을 취할 수 있을 것인가? 합법적 기관들이 직면하는 문제들을 별 것 아닌 것처럼 외면해서는 안 된다. 그러므로 만일 전세계적으로 암호기술이 범죄자의 수중에 넘어갈 경우 발생할 위험성과 관련하여 어떤 합의를 도출할 경우, 중립적인 국제기관으로 하여금 이 기술에 대하여 (적절한 안전장치를 통해) 어떠한 통제권을 행사하도록

하는 것이 타당하다. 그러나 그와 같은 안전장치들은, 적절한 기반구조를 갖추고 있을 뿐만 아니라 이제까지 미국의 공공정책에 나타난 것보다 훨씬 더 조직과 개인의 프라이버시권을 존중하는 방향으로 설계되어야만 할 것이다.

이러한 딜레마를 쉽게 해결할 수 있는 이상적인 해결 방안을 도출해내기는 쉽지 않을 것이며, 이것이 바로 정부관리들과 책임 있는 시민자유주의자들 모두가 이 문제를 둘러싸고 수년 동안 만족할 만한 타협점을 찾지 못한 채 서로 갈등을 빚어온 이유이기도 하다. 만일 전세계 정부들이 적절한 규칙을 마련할 수만 있다면, 특정한 형태의 열쇠 복구 메커니즘은 서로 상충하는 이해 관계를 조절할 수 있는 하나의 방법이 될 수도 있겠지만 그렇게 될 가능성은 거의 없어 보인다. 이들 정부들은 오웰주의적인 감시지향적 사회가 아닌 다른 방식으로 자신들의 안보를 보장할 수 있는 방안을 찾기 위해 노력해야만 한다.

전자 상거래의 안전 문제

웹사이트에 불법으로 침입하여 이를 손상시키는 해커들은 기업들과 온라인 상인들을 괴롭히는 위험요소들 중 단지 하나에 불과하다. 더욱 심각한 폐해를 초래하는 문제들이 나타나는 경우는 용의자들이 비밀번호를 훔쳐내서 위조된 신분을 이용하여 사기구매를 하는 경우이다. 비록 대부분의 전자상거래 사이트들이 적절한 안전장치를 구비하고 있다 하더라도 수많은 안전상의 결함들이 존재하고 있으며, 이러한 결함들로 인해서 이따금 민감한 고객 정보들이 위험한 상태에 놓이게 된다.

앞다투어 웹사이트를 구축하고 있는 기업들에게 경종을 울릴 만한 사례들이 나타나고 있으며, 이들 기업들이 성급하게 행동할수록 적절한 온라인상의 안전 문제에 대한 필요성은 더욱 간과되고 있다. 다른 경우에 있어서는 기술에 대한 부적절한 지식으로 인해 위험한 안전상의 결함들이 생겨나고 있다. 하나의 대표적인 사례로 시애틀에 위치한 ISP인 블라그 온라인(Blarg Online)사의 보고에 따르면, 많은 웹사이트에서 사용되는 "쇼핑 카트"를 만드는 데 사용된 소프트웨어 제품들이 올바로 설치되지 않았을 경우에는 신용카드 번호를 그대로 노출시킨다는 것이다. 문제가 되는 소프트웨어를 판매한 상인들은 이 문제를 해결했지만, 이러한 과실은 온라인상의 안전 문제가 잘못 다루어졌을 경우에 고객 정보가 얼마나 취약해지는가를 잘 보여주고 있다.

상업적 웹사이트들을 어떻게 적절하게 보호할 수 있을 것인가? 안전 문제를 소홀히 했을 경우 어떠한 위험들이 제기될 것인가? 그리고 마지막으로, 이 문제는 어떤 도덕적 중요성을 지니고 있는가 - 어떠한 도덕적 명령이 여기서 문제가 되는가?

만일 상인들이 상업적 웹사이트에 관한 어떤 기본적인 수준의 안전을 획득하고자 한다면, 다음 두 가지 문제에 중점을 두어야만 한다 : (1) 웹 서버와 그것이 담고 있는 파일들을 보호하는 문제와 (2) 웹 서버와 최종 사용자간에 교류되고 있는 정보를 원형 그대로 보존하는 문제이다. 여기에는 이용자 이름·비밀번호·신용카드 번호 등이 포함되며, 이 모든 민간한 정보들이 해커나 도둑에 의해 중간에서 가로채이지 않도록 적절하게 보호되어야만 한다.

그렇다면 첫번째 과제는 웹 서버 그 자체를 보호하는 일이다. 이는 대개의 경우 인증 메커니즘과 침입방지 장치들과 같은 표준화된 컴퓨터 안전기법을 사용함으로써 달성될 수 있다. 문지기(gatekeeper)와 디지털 잠금장치 또한 이러한 서버가 자리잡고 있는 네트워크를 보호할 수 있다.

보다 복잡한 문제는 서버와 이용자간에 교류되는 정보를 보호하는 일이다. 이러한 정보를 보호할 수 있는 단 하나의 확실한 방법은 암호를 사용하는 것으로, 전송된 정보를 암호화해서 이를 해독할 수 있는 적절한 열쇠를 지닌 승인된 수취인만이 읽을 수 있도록 하는 것이다. 인터넷을 통해 전송되는 신용카드 정보를 암호화하는 데 '안전한 전자거래(SET, Secure Electronic Transactions) 표준'과 같은 프로토콜(의정서)들이 사용되고 있다. 하나의 대안적인 프로토콜로는 넷스케이프의 Secure Socket Layer(SSL)가 있는데, 여기서는 웹사이트로 보내지는 정보의 암호화와 수취인이 읽기 전에 암호의 해독 과정이 자동적으로 이루어진다.

왜 SSL과 같은 프로토콜이 필요한 것일까? 전형적인 온라인 거래에 있어서 벌어지는 일들에 대해 한번 살펴보도록 하자. 만일 누군가가 온라인 서점에서 책을 한 권 구입하고자 할 경우, 그 사람은 일단의 개인 정보와 함께 신용카드 번호를 제시해야만 거래가 성사될 수 있다. 신용카드 번호나 비밀번호가 해커에 의해 "탐지될" 위험성이 존재한다. 탐지기는 안전상의 결함을 찾아내는 데, 그리고 네트워크를 통해 전달되는 취약한 커뮤니케이션을 가로채는 데 사용되는 자동화된 프로그램이다. 이를 방지하기 위해 SSL는 고객의 웹 브라우저와 온라인 서점간의 정보 교류가 전송 도중에 탐지되거나 감시되지 못하도록 하기 위해서 암호를 사용하고 있다. 또한 SSL은 디지털 신원확인 장치를 채택하여 각 당사자들이 서로의 신원을 확인할 수 있도록 하고 있다. 이는 신분위조(가짜 신분을 사용해 물품을 구입하는 범죄자)를 방지하는 데 도움이 된다.

신원을 확인하는 가장 좋은 방법은 디지털 서명을 사용하는 것이다. 이 기술 또한 메시지를 암호화하고 해독하는 데 암호화 열쇠를 사용하고 있다. 이 경우에 있어서 비공식적(개인적) 열쇠는 어떤 메시지나 데이터의 일부에 대해 자신의 서명을 날인하는 데 사용되며, 공식적인 열쇠는 이것이 전송된 후 서명을 확인하는 데 사용된다. 공식적인 열쇠는 어떤 디렉토리에 저장되거나 아니면 다른 사용자들이 이용가능한 상태로 만들어지게 된다. 죤과 마리가 전자우편을 주고받고 있으며 마리가 죤의 신원을 확인하고 싶어한다고 한번 가정해 보자. 마리는 죤에게 임의의 숫자가 담긴 편지를 보내서 죤에게 그 숫자로 디지털 서명을 한 후 다시 보내도록 요청할 수 있다. 죤은 그 편지를 받은 후, 그 임의의 숫자에 대해 자신의 개인적 키를 사용해 디지털 서명을 한다. 이 편지가 마리에게 재발송되면 마리는 자신이 갖고 있는 존의 공식적 키의 복사본을 통해 그 서명을 확인한다. 만일 서명이 일치하면 그녀는 존이 자기의 개인적 키를 잘 관리하고 있다고 생각하면서 지금 자신이 존과 커뮤니케이션하고 있음을 알게 된다. 전자상거래에 있어 위장신분을 막는 데 이러한 디지털 서명이 주요한 역할을 수행할 것이라는 데에는 의심의 여지가 없다.

대부분의 안전분석가들에 의하면 방화벽(차단벽, fire wall)이 반드시 전반적인 안전방안의 일부로 들어 있어야만 한다. 방화벽은 하드웨어나 소프트웨어, 혹은 이 둘 모두로 구성되어 인터넷으로부터 조직의 내부 네트워크를 차단(격리)시키도록 설계되어 있다. 방화벽 소프트웨어는 승인된 인터넷 주소들만의 접근을 허용하고 있으며, 전달되는 자료들이 불법적인지 혹은 위험성을 지니고 있는지를 세밀하게 살핀다. 가핑클(Garfinkel)과 스패포드(Spafford)

에 따르면 "이상적인 것은 내부 네트워크로의 모든 접속이 비교적 협소하면서도 잘 살펴볼 수 있는 장소를 거쳐가도록 방화벽을 만드는 것이다." 경우에 따라서는 웹 서버를 보호하기 위해 방화벽이 사용될 수도 있지만, 대부분의 회사들은 공개적인 웹사이트에 방화벽을 설치하지 않음으로써 자신들의 상품을 구매하려고 하는 사람들이 쉽게 접근할 수 있도록 하고 있다.

물론 회사들이 이러한 보안기법들을 시행하려고 하는 데는 많은 이유가 있다. 기업들로 하여금 보안에 심혈을 기울이게 하는 시장의 압력이 작용하고 있다. 소비자들은 자신들의 개인 정보와 신용카드 번호에 대해 신중한 태도를 취하지 않는 상인들에게는 그들의 웹사이트를 찾지 않음으로써 이들에게 응분의 대가를 치루게 할 것이다. 반면에 견고한 보안 메커니즘은 소비자들에게 인터넷은 거래를 하기에 안전한 장소라는 확신을 가져다 줄 것이다.

덧붙여 적절한 수준의 온라인 보안을 강조하는 도덕적 명령이 존재한다. 소비자들이 온라인으로 상품을 구매하는 경우, 소비자들은 이러한 전자 상거래 회사들을 전적으로 신뢰하고 있는 것이다. 만일 이들 회사들이 부주의하거나 적절한 보안의식을 지니지 않고 있다면 소비자들의 신용카드 번호가 새어나갈 경우 결국 소비자들이 신용카드 사기의 피해자가 되는 불행한 결과를 초래하게 될 것이다. 그러므로 온라인 거래의 안전성을 제공하고 믿고 행동하는 소비자들의 피해를 방지할 수 있는 합리적인 예방책을 취하고 또한 적절한 보안장치를 설치해야 할 도덕적 의무가 존재한다. 전자 상거래 소비자들의 정보를 보호하는 데 있어 "불성실"(bad faith)한 태도는 도덕성의 기준이나 혹은 보다 엄격한 시장의 기준을 충족시킬 수 없다.

토의문제

1. 스팸은 일종의 전자 불법침입이라는 점에 동의하는가? 만일 그렇다면 "이를 어떻게 규제해야 하는가"라는 논의가 주는 시사점은 무엇인가?
2. 하나의 웹사이트는 사유재산으로 간주되어야 하는가? 어떤 점에서 이는 물리적 재산과는 다르게 취급되어야만 하는가?
3. 논란이 되고 있는 암호화 문제에 있어서 당신은 어떤 입장을 취하고 있는가? 미국과 같은 정부들은 특정한 암호화 통신을 해독할 수 있는 열쇠를 위임받아야만 하는가?

사례연구

Pretty Good Privacy 암호 프로그램의 사례

1991년 6월, 필립 지머맨(Philip Zimmerman)은 복잡하고도 정교한 암호프로그램을 완성하였는데, 그는 이를 최고의 프라이버시(Pretty Good Privacy) 혹은 PGP라고 명명하였다. 이 프로그램은 공개적 열쇠 암호 표기법(RSA)을 토대로 하고 있으며, 일반 이용자들이 자신의 메시지를 암호화하여 법적으로 허용된 당국자들을 포함하여 승인을 받지 않은 개인들이 이를 판독할 수 없도록 하고 있다. 정부관료들을 당황하게 만든 것은 이 프로그램이 일반 대중들에게 무료로 제공되었다는 점이다. 지머맨은 1991년 여름에 신원이 밝혀지지 않은 "친구"에게 PGP를 건네 주었다. 어떠한 요금이나 작성해야 할 등록 양식 또는 질의 사항도 요구하지 않은 채 이 친구는 누구나 쉽게 접근할 수 있는 인터넷상의 게시판에 이 프로그램을 올려놓았다.

지머맨이 사용자에게 유리한 이러한 프로그램을 배포했기 때문에 이는 사이버 공간에서 가장 널리 사용되는 암호 프로그램으로 자리잡게 되었다. 자신이 결코 이 제품을 다른 국가로 운송한 (미국의 대외수출법의 위반한) 적은 없지만 다른 사람들이 이 무료 프로그램을 얻게 되었고, 또한 이를 전세계의 사용자들이 이용 가능하게 만들었다는 것은 분명하다. 지머맨에 따르면, "마치 수천 개의 민들레 씨앗이 바람을 타고 날려가듯이" PGP는 사이버 공간을 통해 확산된 것이다.

비록 지머맨이 많은 시민 자유주의자들과 암호화 제품에 대한 미국의 수출규제를 반대하는 사람들로부터 찬사를 받고 있지만, 법적인 권한을 부여받은 관료들로부터는 그러한 대접을 받지 못하고 있다. 수년 동안 이들은 PGP로 인해 범죄자를 체포하고 범죄를 막으려는 자신들의 노력이 방해를 받고 있다고 주장하여 왔다. 문제는 테러분자나 범죄자들이 PGP를 사용해 자신들의 통신 내용을 암호화하고 있으며, 이로 인해 이들의 통신 내용을 감시할 수 없다는 데에 있다.

정부의 견해에 따르면, PGP가 암호 소프트웨어에 대한 미국의 수출규제와 범죄자의 수중에 해독 불가능한 암호 프로그램이 들어가는 것을 막으려는 노력을 위태롭게 하고 있다는 것이다. 몇 년 전에 캘리포니아 경찰의 보고서에 따르면, 광범위하게 퍼져 있는 아동 포르노 제작자들의 연결망을 분쇄할 수 있는 결정적인 단서가 되는 한 이상성욕자의 전자일기를 PGP로 인해 판독하지 못했다는 것이다.

지머맨은 그 동안 FBI와 연방 대배심의 조사를 받아왔지만 어떤 불법 행위로도 기소되지는 않았다. 그는 많은 토론회에서 자신의 행동을 설명하고 정당화하였다. PGP의 완성과 동시에 씌어진 수필에서 그는 모든 시민들의 프라이버시를 보호할 필요성이 바로 자신이 이 프로그램을 만들게 된 주요한 동기였음을 강조하고 있다 :

만일 프라이버시가 법적인 보호를 받지 못하게 된다면 오직 무법자만이 프라이버시를 지니게 될 것이다. 정보기관들은 훌륭한 암호 표기 기술을 사용하고 있다. 거대한 군대와 마약 거래업자들도 이를 사용하고 있다. 또한 군수업자, 석유회사, 그리고 다른 거대 기업들 또한 마찬가지이다. 그러나 보통 사람들과 기초적인 정치조직들은 대부분 "군대 수준"의 공식적인 열쇠 암호 표기 기술을 사용할 권한이 없다. 아직까지는 말이다.

PGP는 사람들로 하여금 자신들의 프라이버시를 스스로 관리할 수 있게 해준다. 이에 대한 사회적 필요성이 점증하고 있다. 이것이 바로 내가 이 프로그램을 만든 이유이다.

질문

1. 도덕적인 관점에서 바라보았을 때, 당신은 인터넷을 통해 PGP를 그와 같이 무료로 유포시키려 했던 지머맨의 결정에 찬성하는가?
2. PGP와 같은 프로그램에 대한 미국의 법적 규제가 타당하고 정당한 것인가?

주석

1) Krause, J. 1998. You've been hacked. *The Industry Standard,* September 28, p. 50.
2) Yasin, R. 1998. Hackers : Users, feds vulnrable, *InternetWeek,* May 25, p. 1.
3) 이에 대해 좀더 자세히 알고 싶으면, The Internet worm. In Spinello, R. A. 1995. *Ethical aspects of information technology.* Englewood Cliffs, NJ : Prentice Hall, pp. 208—212를 살펴볼 것.
4) Denning, D. 1996. Concerning hackers who break into computer systems. In Ludlow, P. (Ed.). *High noon on the electronic frontier.* Cambridge, MA : MIT Press, p. 141.
5) *The Computer Fraud and Abuse Act,* Section 1030(a), (1)—(9).
6) Spafford, E. 1992. Are computer hacker break-ins ethical? *Journal of Online Law art.* 7, par. 29.
7) Johnson, D. 1994. Computer ethics (2nd). Englewood Cliffs, NJ : Prentice Hall, p. 116.
8) Hardy, T. 1996. The ancient doctrine of trespass to Web sites. *Journal of Online Law art.* 7, par. 29.
9) Ibid., par. 53.
10) *CompuServe, Inc. v. CyberPromotions, Inc.,* Case No. C2—96—1070, U.S. District Court for the Southern Division of Ohio, Eastern Division, 9624 (1015).
11) Denning, D. 1998. Encrytion policy and market trends. In Denning, D. (Ed.). *Internet besieged.* Reading, MA : Addison-Wesley, p. 457.
12) Quoted in DiDio, L. 1998. Internet boosts cryptography. *Computerworld,* March 16, p. 32.

13) Barlow, J. P. 1994. Jackboots on the infobahn. *Wired* April : 87.

14) Baker, S. 1994. Don't worry be happy : Why Clipper is good for you. *Wired* June : 91.

15) Godwin, M. 1998. *CyberRights.* New York : Random House, p. 156.

16) 이러한 비용에 관한 보다 포괄적인 목록은 Abelson, H., et al.이 제시하고 있는 온라인 백서에서 찾아볼 수 있다. 키 복구, 키의 조건부위임 그리고 승인을 받은 제3자에 의한 암호화의 위험성을 다루고 있다.

17) Garfinkel, S. (with Spafford, G.). 1997. *Web security and commerce* Cambridge, MA: O'Reilly & Associates, p. 21.

18) Levy, S. 1996. Crypto rebels. In Ludlow, P. (Ed.). *High noon on the electronic frontier.* Cambridge, MA : MIT Press, p. 192에서 재인용.

19) Zimmerman, P. 1996. How PGP works/why do you need PGP? In Ludlow, P. (Ed.). *High noon on the electronic frontier.* Cambridge, MA : MIT Press, p. 184.

참고문헌

더 많은 자료를 원하는 독자들은 다음의 웹사이트, www.jbpub.com을 참고하길 바란다.

인터넷과 사회에 관련된 일반 문헌들(제1장과 제2장)

Doheny-Farina, S. 1996. *The wired neighborhood.* New Haven : Yale University Press.

Dyson, E. 1998. *Release* 2.1. New York : Broadway Books.

Gibson, W. 1984. *Neuromancer.* New York: Ace books.

Grossman, W. 1997. *Net wars.* New York : New York University Press.

Hance, O. 1996. *Business and law on the Internet.* New York : McGraw-Hill.

Huber, P. 1997. *Law and disorder in cyberspace.* New York : Oxford University Press.

Kahin, B., and J. Keller (Eds.). 1995. *Public access to the Internet.* Cambridge : MIT Press.

Kahin, B., and C. Nesson(Eds.). 1997. *Borders in cyberspace : Information policy and global information infrastructure.* Cambridge : MIT Press.

Lessig, L. 1999. *Code : And other laws of cyberspace.* New York : Basic Books.

Lessig, L. "The law of cyberspace." Paper delivered at Taiwan Net '98 Conference. http://cyber.harvard.edu/lessig.html.

Ludlow, P. (Ed.). 1996. *High noon on the electronic frontier : Conceptual issues in cyberspace.* Cambridge : MIT Press.

Miller, S. 1996. *Civilizing cyberspace : Policy, power, and the information superhighway.* Reading, MA : Addison-Wesley.

Negroponte, N. 1995. *Being digital.* New York : Knopf.

Post, D. "Of horses, black holes, and decentralized law-making in cyberspace." Paper delivered at Private Censorship/Perfect Choice conference at Yale Law School, April 9-11.

Rheingold, H. 1993. *The virtual community : Homesteading on the electronic frontier.* Reading, MA: Addison-Wesley.

Shapiro, A. 1999. *The control revolution.* New York : Century Foundation Books.

Shenk, D. 1997. *Data smog: Surviving the information glut.* New York : HarperCollins.

Stefik, M. 1996. *Internet dreams.* Cambridge, MA: MIT Press.

Stoll, C. 1995. *Silicon snake oil.* New York: Doubleday.

Wriston, W. 1992. *The twilight of sovereignty : How the information revolution is transforming our world.* New York : Charles Scribner's Sons.

인터넷과 컴퓨터 윤리(제1장과 제2장)

Baase, S. 1997. *A gift of fire: Social, legal and ethical issues in computing.* Upper Saddle River, NJ : Prentice Hall.

Bynum, T. W. 1998. *Information ethics: An introduction.* Cambridge, MA: Blackwell Publishers.

Edgar, S. 1997. *Morality and machines.* Sudbury, MA: Jones and Bartlett.

Ermann, M. D., M. Williams, and M. Shauf (Eds.). 1997. *Computer, ethics, and society.* 2nd ed. New York : Oxford University Press.

Forrester, T., and P. Morrison. 1990. *Computer ethics : Cautionary tales and ethical dilemmas in computing.* Cambridge, MA : MIT Press.

Gotterbarn, D., K. Miller, and S. Rogerson. 1997. Software engineering code of ethics. *Communications of the ACM* 40(11):110-118.

Gould, C. (Ed.). 1989. *The information web : Ethical and social implications of computers.* Boulder, CO : Westview Press.

Johnson, D. 1994. *Computer ethics,* 2nd ed. Englewood Cliffs, NJ : Prentice Hall.

Johnson, D., and H. Nissenbaum (Eds.). 1995. *Computers, ethics and social values.* Englewood Cliffs, NJ : Prentice Hall.

Kling, R. (Ed.). 1996. *Computerization and controversy,* 2nd ed. San Diego : Academic Press.

O'Reilly and Associates (Ed.). 1997. *The Internet and society* (Proceedings of Harvard Conference on the Internet and Society). Cambridge: Harvard University Press.

Rogerson, S., and T. W. Bynum. 1998. *Information ethics : A reader.* Cambridge, MA : Blackwell Publishers.

Rosenberg, R. 1997. *The social impact of computers,* 2nd ed. San Diego : Academic Press.

Severson, R. 1997. *The principles of informations ethics.* Armonk, NY: M.E. Sharpe.

Spinello, R. 1995. *Ethical aspects of information technology.* Englewood Cliffs, NJ: Prentice Hall.

Spinello, R. 1997. *Case studies in information and computer ethics.* Upper Saddle River, NJ : Prentice Hall.

Willard, N. 1997. *The cyberethics reader.* New York : McGraw-Hill.

표현의 자유와 게재물 통제 (제3장)

Branscomb, A. 1995. Anonymity, autonomy, and accountability: Challenges to the First Amendment in cyberspace. *Yale Law Journal* 104:1628-1645.

Elmer-Dewitt, P. 1995. Cyberporn. *Time* July 3:37-41.

Froomkin, M. 1996. Food control on the information ocean: Living with anonymity, digital cash, and distributed data bases. *University of Pittsburgh Journal of Law and Commerce* 39:245-306.

Godwin, M. 1998. *Cyberrights.* New York: Random House.

Katz, J. 1997. *Virtuous reality.* New York : Random House.

Lessig, L. 1997. Tyranny in the infrastructure. *Wired* July:96.

Pool, I. 1983. *Technologies of freedom.* Cambridge, MA: Belknap Press.

Resnick, P., and J. Miller. 1996. PICS: Internet access controls without censorship. *Communications of the ACM* 39(10):87-93.

Rosenberg, R. 1993. Free speech, pornography, sexual harassment, and electronic networks. *The Information Society* 9:285-331.

Sopinka, J. 1997. Freedom of speech and privacy in the information age. *The Information Society* 13:171-184.

Sunstein, C. 1995. The First Amendment in cyberspace. *Yale Law Journal* 104:1757-1786.

Sunstein, C. 1993. *Democracy and the problem of free speech.* New york : Free Press.

Turner, W. B. 1996. What part of 'no law' don't you understand? A primer on the First Amendment and the Internet. *Wired* March:104-112.

Wallace, J., and M. Mangan. 1996. *Sex, laws, and cyberspace.* New York : Henry Holt Books.

지적 재산권(제4장)

Bettig, R.. 1996. *Copyrighting culture.* Boulder, CO : Westview Press.

Boyle, J. 1996. *Shamans, software and spleens.* Cambridge : Harvard University Press.

Clapes, A. L. 1993. *Software: The legal battles for control of the global software industry.* Westport, CT : Quorum Books.

Goldstein, P. 1994. *Copyright's highway.* New York : Hill and Wang.

Moore, A (Ed.). 1997. *Intellectual property : Moral, legal and intellectual dilemmas.* Lanham, MD : Rowman & Littlefield.

Raymond, E. 1998. The cathedral and the bazaar. www.tuxedo.org/～esr/writings/cathedral-bazaar/cathedral.

Sumuelson, P., et al. 1996. A new view of intellectual property and software, *Communications of the ACM* 39(3):21-30.

Spinello, R. 1999. Web site linking: Right or privilege. Paper Delivered at Fourth Annual Ethics and Technology Conference, Boston College.

Stallman, R. 1985. GNU manifesto. www.gnu.org/gnu/manifesto.html.

Stefik, M. 1997. Trusted systems. *Scientific American* March:78-81.

Steidlmeier, P. 1993. The moral legitimacy of intellectual property claims : American business and developing country perspectives. *Journal of Business Ethics* 16:157-164.

프라이버시 논제(제5장)

Agre, P., and M. Rotenberg (Eds.). 1997. *Technology and privacy: The new landscape.* Cambridge : MIT Press.

Behar, R. 1997. Who's reading your e-mail? *Fortune* February:57-61.

Branscomb, A. 1994. *Who owns information?* New York : Basic Books.

Brin, W. 1998. *The transparent society.* Reading, MA : Addison-Wesley.

Clarke, R. 1988. Information technology and dataveillance. *Communications of the ACM* May : 498-512.

DeCew, J. 1997. *In pursuit of privacy : Law, ethics, and the rise of technology.* Ithaca, NY: Cornell University Press.

Etzioni, A. 1999. *The limits of privacy.* New York: Basic Books.

Flaherty, D. 1989. *Protecting privacy in surveillance societies.* Chapel Hill, NC : University of North Carolina Press.

Gandy, O. 1993. *The panoptic sort: A political economy of personal information.* Boulder. CO: Westview Press.

Gandy, O. 1996. Coming to terms with the panoptic sort. In D. Lyon (Ed.), *Computers, surveilance & privacy.* Minneapolis : University of Minnesota Press, pp.132-158.

Gavison, R. 1984. Privacy and the limits of the law. *Yale Law Journal* 89:421-471.

Gurak, L. 1997. *Persuasion and privacy in cyberspace.* New Haven: Yale University Press.

Lyon, D., and E. Zureik (Eds.). 1996. *Computers, surveillance, & privacy.* Minneapolis : University of Minnesota Press.

Moor, J. 1997. Towards a theory of privacy in the information age.

Computers and Society September:27-32.

Rothfeder, J. 1992. *Privacy for sale: How computerization has everyone's life an open secret.* New York : Simon & Schuster.

Smith, J. 1994. *Managing privacy : Information technology and corporate America.* Chapel Hill, NC : The University of North Carolina Press.

Tavani, H. 1997. Internet search engines personal privacy. In J. van den Hoven(Ed.), *Proceedings of Conference on Computer Ethics : Philosophical Enquiry.* Rotterdam, The Netherlands : Erasmus University Press, pp. 169-178.

Ware, W. 1993. The new faces of privacy. *The Information Society* March-April:191-205.

Westin, A. 1967. *Privacy and freedom.* New York : Atheneum.

Wright, M., and J. Kahalik. 1997. The erosion of privacy. *Computers and Society* 27(4):22-26.

암호화와 보안 논제(제6장)

Barker, R. 1991. *Computer security handbook.* Blue Ridge Summit, PA: TAB Professional Reference Books.

Barlow, J. P. 1994. Jackboots on the Infobahn. *Wired* April:87-88.

Denning, D., and P. Denning. 1998. *Internet besieged.* Reading, MA: Addison-Wesley.

Diffie, W. 1998. The first ten years of public key cryptography. *Proceedings of the IEEE* May:560-577.

Froomkin, M. 1995. The metaphor is the Key : Cryptography, the Clipper Chip, and the Constitution. *University of Pennsylvania Law Review* 143:709-897.

Garfinkel, S., and G. Spafford. 1997. Web *security and commerce.* New York : O'Reilly Publishing.

Hardy, I. 1996. The ancient doctrine of trespass to web sites. *Journal of Online Law,* article 7.

Hoffman, L. 1990. *Rogue programs: Viruses, worms, and Trojan horses.*

New York: Van Nostrand Reinhold.

Levy, S. 1984. *Hackers.* New York: Dell Publishing.

Spafford, E. 1992. Are computer hacker break-ins ethical? *Journal of Systems Software* January:41-47.

Whitfield, D.., and S. Landau. 1998. *Privacy on the line: The politics of wiretapping and encryption.* Cambridge : MIT Press.

용어해설 : 인터넷 언어

브라우저(Browser) : 이용자들이 인터넷을 검색하고 특정 웹사이트에서 다른 웹사이트로 연결할 수 있게 해주는 소프트웨어 프로그램.

클리퍼 칩(Clipper Chip) : 미 국가안전국(NSA)에서 전화통신을 암호화하기 위해 개발한 시스템으로, 프라이버시 문제로 인해 사용되지는 않고 있는 시스템.

쿠키(Cookie) : 웹 서버로부터 이용자의 브라우저로 전달되는 작은 파일로, 그 안에는 이용자가 웹사이트에서 검색한 것에 대한 간결한 정보가 저장된다.

데이터 암호화 표준(Data Encryption Standard, DES) : 미국 정부가 승인한 암호 체계로 대칭이 되는 프라이비트 키를 사용하며, 동일한 두 쌍의 키가 암호화와 복호화(암호 해독)에 사용된다.

심층 연결(Deep Linking) : 특정 웹사이트의 홈페이지가 아니라 그 사이트의 내부 페이지로 곧바로 연결하는 행위(일부 웹사이트들은 자신들의 홈페이지를 거치지 않는 이러한 행위를 반대하고 있다).

디지털 인증서(Digital Certificate) : 사이버 공간에서 메시지를 보내거나 기타 자료들을 전송하는 사람의 신원에 대한 전자확인서.

도메인 이름(Domain Name) : 전세계적인 명칭부여 규약으로, 각 웹사이트가 자신만의 독특하고 또한 다른 것과 구별되는 명칭을 갖게 해준다.

도청(Eavesdropping) : 여러 컴퓨터 시스템을 통해 최종 목적지에 전달되는 인터넷 데이터를 중간에서 몰래 엿보는 행위.

전자 상거래(Electronic Commerce 혹은 E-Commerce) : 미래의 월드 와이드 웹이 지닌 이점을 이용하여 수익을 산출하고자 하는 사업 모델.

암호화(Encryption) : 도청하는 사람들이 데이터를 판독할 수 없도록 데이터를 부호화하거나 뒤섞어 놓는 과정으로, 데이터는 이를 받기로 한 사람만이 사용할 수 있는 키를 통해 해독되거나 원래의 형태로 복원된다.

방화벽(Fire Wall) : 조직의 내부 컴퓨터와 인터넷간의 하드웨어/소프트웨어에 설치된 보안장치.

창 만들기(Framing): 어떤 웹 페이지 운영자가 자신의 자료를 선전하거나 홍보하기 위한 목적으로 자신의 웹페이지 안에 다른 웹 페이지에 있는 자료를 "창"이나 화면상의 블록의 형태로 올리는 행위.

하이퍼텍스트 표시 언어(Hypertext Markup Language, HTML) : 특정 웹 페이지의 텍스트와 특성을 표현하는 데 사용되는 언어.

아이피 주소[Internet Protocol Address, (IP) Address] : 네트워크를 통해 전달되는 정보가 정확한 목적지에 도달될 수 있도록 인터넷에 연결된 모든 시스템에게 부여된 4부분의 숫자로 이루어진 주소.

인터넷 서비스 제공자(Internet Service Provider, ISP) : 일반적으로 월별로 요금을 받고 개별 가입자나 조직들을 인터넷에 연결해 주는 전세계적인 컴퓨터 네트워크.

연결(Linking) : 두 개의 서로 다른 웹 페이지, 혹은 같은 웹 페이지 내의 서로 다른 부분을 연결하는 것으로, 어떤 웹 페이지 내의 "하이퍼링크"는 다른 웹사이트의 주소를 담고 있는데, 아이콘의 형태로 나타나며 마우스의 클릭으로 실행된다.

매타 태그(Meta Tag) : 이용자들의 눈에는 보이지 않지만 검색장치가 인식할 수 있는, 웹 페이지의 내용물에 대한 간략한 기술.

소스코드 개방운동(Open Source Code Movement) : 적용 혹은 응용 시스템 프로그램의 소스코드는 누구나 수정, 교정, 그리고 재분배할 수 있도록 개방되어야 한다는 운동(소스코드는 JAVA나 C++와 같은 고도의 언어로 쓰여진 컴퓨터 프로그램 서술문으로 이루어져 있다).

자발적 가입(Opt-in) : 사전동의에 기초한 프라이버시를 보호하기 위한 하나의 방법으로, 상인들에게 누군가의 개인 정보를 판매하거나 재사용하기 전에 반드시 승낙을 얻도록 하는 것.

자발적 탈퇴(Opt-out) : 자발적 가입과 유사하지만, 이 경우는 이용자들이 상인에게 자신들의 개인 정보를 이용하지 말 것을 분명히 알리지 않는 한, 그러한 정보가 이용될 것이라는 점이 고지된다.

팬옵틱 소트(Panoptic Sort) : 오스카 간디(Oscar Gandy)가 만들어낸 용어로, 개인 정보를 차별적으로 사용하는 것을 말함.

인터넷 게재물 선택지침(Platform for Internet Content Selection, PICS) : 등급을 부여하는 기준을 말하는 것으로, 욕설이나 음란물과 같은 온라인 자료들을 차단하거나 이에 등급을 매기는 방식을 제시한다.

프라이버시 보호계획안(Platform for Privacy Preferences Project, P3P) : 자신들의 정보가 이용되는 방식과 그것이 제3자에게 유포되는 방식에 대해 이용자들이 사전에 웹사이트와 협의하여 설정해 놓은 기준에 근거한 기술적 토대.

포탈(Portal) : 웹에 기반을 둔 인터페이스를 말하는 것으로, 이용자들에게 뉴스, 상업 사이트, 그리고 이메일과 같은 다양한 이용을 하나의 화면을 통해 모두 할 수 있게 해주며, 또한 검색 기능도 제공한다.

프리티 굳 프라이버시(Pretty Good Privacy, PGP) : 지머만(Philip Zimmerman)이 만든 것으로, 관심 있는 이용자는 누구나 인터넷을 통해 받아볼 수 있는, 데이터를 암호화하는 방법.

사적 키 암호화(Private Key Encryption) : 서로 대칭되는 동일한 비밀키를 사용하여 데이터를 암호화하고 해독하는 암호화 계획안.

공적 키 암호화(Public Key Encryption) : 암호화에 사용된 두 개의 키 중에서 하나는 디렉토리에 저장하거나 공개되고 다른 하나는 개인적으로 보관되는 암호화 계획안.

알·에스·에이(RSA) : RSA 데이터 보안회사로부터 이용 가능한 하나의 표준적인 공적 키 암호화 시스템.

스팸(Spam): 인터넷상의 잠재적인 고객들에게 자신들의 상품이나 서비스를 선전하기 위해 개인이나 조직이 대량으로 발송되는 귀찮고 쓸데없는 전자우편.

티·씨·피/아이·피(TCP/IP) : 인터넷에서 데이터 전송이 가능하게 하는 네트워크 기술.

인증 체계(Trusted System) : 디지털 작품이 이용될 수 있는 시기와 방법에 관한 사용 권한을 확실하게 밝혀둠으로써 저작권 보호가 엄격하게 이루어지도록 프로그램된 하드웨어 그리고/또는 소프트웨어로 구성되어 있다.

보편 출처 확정자(Universal Resource Locator, URL) : 특정 웹사이트의 고유한 전자주소.

웹 서버(Web Server) : 특정 웹사이트가 자리잡고 있는 하드웨어 시스템.

월드 와이드 웹(World Wide Web, WWW) : 웹사이트의 형태로 정보를 다양한 방식으로 소개하는 인터넷 내의 한 장소.

찾아보기

ㄱ

ㄴ

ㄷ

ㄹ

ㅇ

ㅌ

사이버 윤리

초판1쇄 / 2001년 2월 26일
지은이 리차드 스피넬로
옮긴이 이태건 · 노병철
펴낸이 여국동
펴낸곳 도서출판 인간사랑
인쇄 백왕인쇄
제본 정민제본
■
출판등록 1983. 1. 26.
경기도 고양시 백석동 1256—6, 제일—3호
■
(411—360) 경기도 고양시 일산구 백석동 1256—6 1층
대표전화(031) 901—8144, 907—2003
팩시밀리(031) 905—5815
e-mail/IGSR@Yahoo.co.kr
■
정가 12,000원
■
ISBN 89—7418—118—5 04190